ヘーゲル批評集

II

海老澤善一訳編

梓 出 版 社

本書は1999年度愛知大学出版助成金による刊行図書である。

子供たち，M., Ch., L., K., Ph. に

Wilhelm von Humboldt

Carl Wilhelm Ferdinand Solger

Ludwig Tieck

Friedrich Schlegel

Moritz Gottlieb Saphir

Joseph Görres

Eva König

Gotthold Ephraim Lessing

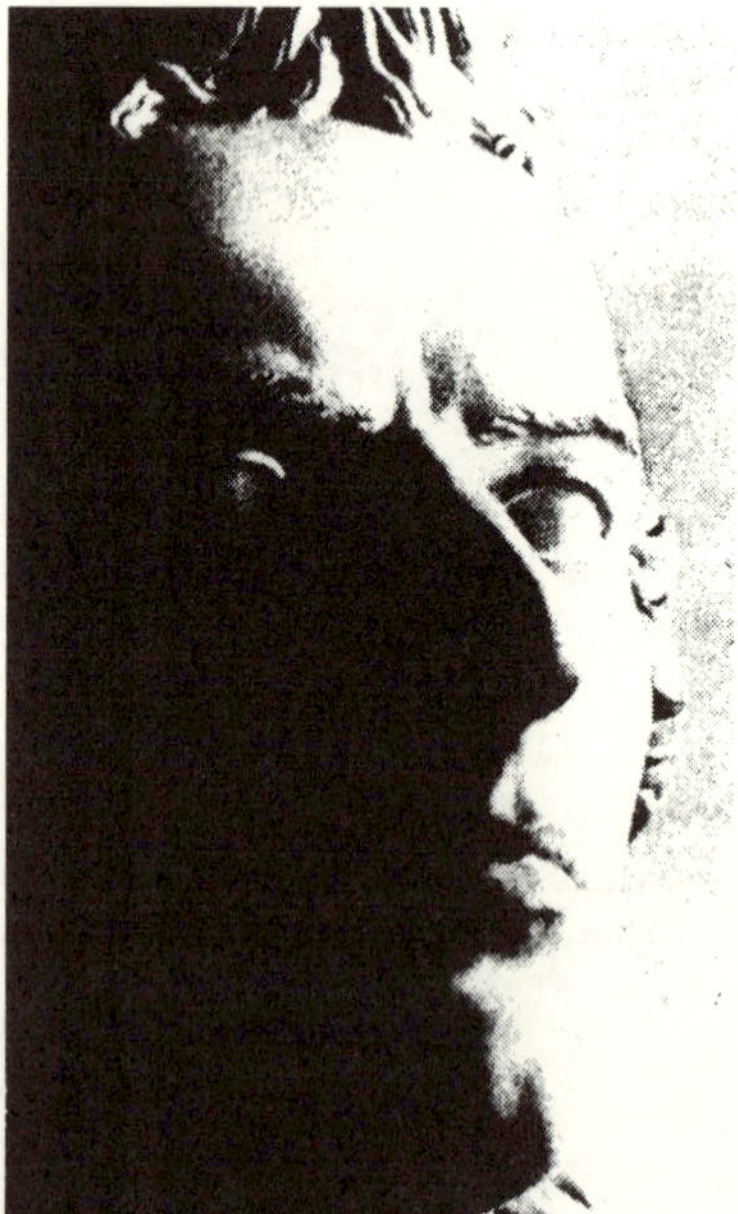

Johann Christoph Friedrich Schiller

はしがき

本書は前書『ヘーゲル批評集』(一九九二年、梓出版社)に収め切れなかったヘーゲルの批評論文を翻訳し、解説をつけたものである。これによってほぼ完全にヘーゲルの批評論文は翻訳された。

凡例については以下の通りである。

一、翻訳の底本については、各論文の末尾にある「解題と解説」を参照されたい。解説はやや長くなった嫌があるが、特に批評論文の場合は、状況の理解が必須であるから、そのための参考として、お読みいただきたい。

二、訳者による注は、脚注として本文の該当箇所の下部に＊と†によって示した。ヘーゲルによる欄外注は、本文のなかに組み込み、段落の終わりに※によって示した。

三、ゴジック書体の小見出しは、内容の把握を容易にするために、かりそめに訳者が付けたものである。

四、雑誌や新聞に掲載された文章は、スペースの関係もあるのだろうか、段落が長くなりがちなので、あまりに長い段落は、訳者の判断で改行した。その場合は、文頭を下げていない。

五、イタリック書体やゲシュペルト(隔字体)によって原文で強調されている箇所は、一般に圏点によって再現したが、書名や人名などを指している場合は、圏点を付すことは美的でないので、書名は『　』で、人名はカタカナで表記して済ませた。

六、原文のダッシュ(——)をすべて再現することは煩雑になるので、論旨の転換があり、半ば段落変えの意思が見られる場合は、四のように処置し、それ以外の場合にのみ再現した。

七、（　）はすべてヘーゲルのものである。引用文中にある（　）もヘーゲルのものであり、彼が引いた文に彼自身がコメントをつけているものである。

八、［　］は、理解を容易にするために、訳者が語句を補ったり、言い換えたものである。

九、目次や柱などでは、論文題名を簡略に記している場合がある。

iii

目次

前書『ヘーゲル批評集』目次（本書『ヘーゲル批評集Ⅱ』を該当の箇所に［　］によって記す）

ヘーゲル批評集Ⅱ

一　改宗者たちについて（一八二六年）

投稿の動機

ラウパッハの新作『改宗者たち』の昨日*の二回目公演終了後、あなたは**、『速達便***』の三号に掲載されたあなたの『改宗者たち』の批評に対して、私が二三の反批判的見解を投稿することを許可されました。フモールにもウィットにも立脚していないこの私の見解を、その両方で溢れんばかりのあなたの紙面に掲載するに値するものかどうか、これはあなたのご判断にお任せいたしましょう。

まず最初に指摘したいのはあなたの御批評と昨日の上演との関係についてです。初演では、あなたもご覧になったように、小屋†が大入りにはならず、桟敷の二列はほとんど空っぽのありさまでした。――われわれの知人の一人は、これまでたくさんの人気作品を掛けてこの舞台を充実させてきた作者だが、今回の新作には新鮮な好奇心が見られなかった、と熱っぽく語っていましたが、私もこの意見に心から同感しました。この知人の言うには、遅れてしまって劇場へと往来を急ぎながら心のなかで、扉の前には外の冷気にさらされ待ち切れずに暖かい劇場に向かってパチパチと手を叩いている人だかりができているか、あるいはまた、書かれた記事‡の結果を予感させるような、つまり、あなたをポカポカ叩き出すような人びとの列が扉の前にすでにできているだろうと期待していたらしいのです。そのどちらでもないこと、つまり、無関心は常に最悪のものです。

*　一八二六年一月一〇日（火曜日）

**　編集兼発行者のザフィール。この人物及び、『速達便』については口絵写真（すでに写真撮影されている）と「解題と解説」を参照。

***　Berliner Schnellpost　この名称は一八二一年に走り出した「急行馬車」から取ったものであろう。これによって三十六時間かかっていたベルリーン―マクデブルク間（約二〇〇キロ）が十五時間に短縮されたという。

†　オペラ座ならば、ベルリーン大学の正面にある。

‡　上記の批評のこと。

そこで、あなたの紙面をお借りして、この作品に関して、少なくとも公衆が新作に対して期待するような関心だけは喚起するような紹介を書いてみたいと思いたった次第です。しかし、この二回目の上演に対して、たとえ初回の一番新鮮な上演であってもですが、手心を加えるようなことをすれば、俳優にとっても作者にとっても励みにはなりますまい。晩になって何となくやってくる観客たちは、ただ家にくすぶっているよりは少しでも退屈を紛らわせられるだろうと、有リ合ワセノ料理でも満足するのが常ですから、このような怠惰な人びとを前にした初回とこの二回目の公演が終わったからといって、詩人にしろ、俳優たちにしろ、そして支配人ですら、作品と演技が公衆にどのように受け取られているかは、正確にはまだわからないものなのです。

『改宗者たち』についての『速達便』の記事は気持ちを決めかねているこの怠惰な人びとを劇を観に行こうとする気に改宗させる類のものではありませんでした。たしかに記事は俳優の全員の演技をしかるべく公正に扱っています、演技はまあまあではなく、卓越しており、まさに出色のものであった、と。この満足感が生みだした調和はそう簡単にお目にかかれるものではありません。この種の調和と、『ドン・ファン』*や『アルミーデ』**の最終公演の結果に見られた不調和とを比較してみれば、それがどんなに違っているかが分かるでしょう。

あなたは俳優たちの出来映えにお墨付きを授けていらっしゃいますが、私はあ

* Don Juan

** Armide

なたのその承認に疑問を付け加えたいと思います。詩人が、われわれが優秀と認めている芸術家のためにその力が発揮されるような場面と性格を描いてあげたとしても、詩人本来の主要な課題を果たしたとはいえないのではないか、と。すぐれた俳優が平凡な役柄でその才能の妙味をいくら発揮しても＊、何にもならないのです。平凡な役柄には平凡な才能が向いているのであり、むしろすぐれた才能は［平凡な役柄では］平凡に見えてしまうでしょう。私は以前『ピサの王子』＊＊を観ましたが、ブショール氏、そしてシュティッヒ夫人ですらそこで演じている役柄と、本来彼らが演じる能力のあるものとの間の矛盾に悩まされた次第です。

＊　新聞には「捏ねても」とあった。本論文末尾の誤植の指摘を参照。

＊＊　Prinz von Pisa

喜劇の本性

さて、あなたの批評を詳しく検討することにします。あなたの批評が特に問題にしている点は、作品の主題にあり、また、ストーリー†、否むしろストーリーの欠如ということにあります。あなたはこの作者の一般的手法を特性化しようとされています。［あなたの批評で言われているこの作品の］主要な特徴として私はまず［あなたの批評から］、作者はあまりにも好んで本質外の事柄、偶然の事柄を弄びすぎていること、――彼の喜劇‡は盲目の偶然から生まれたひねくれた暴力的設定に発していること、この点を取り上げましょう。私はラウパッハの作品をわずかしか知りませんが、しかしあえて再び疑問を付け加えさせていただきたい。し

†　Handlung　もちろん「行為」の意味であるが、俳優の行為によって劇の内容が展開されるという意味で、筋ないしはストーリーと訳す。なお「商売」の意味をも有することは「解題と解説」を参照。

‡　das Lustspiel　単なる諷刺喜劇とは異なって、笑いに真面目な同情の伴うような喜劇を言うのであろう。

かもそれは、われわれは偶然の事柄、本質外の事柄を弄ぶ以上のことをなすべきか、という漠然とした疑問ではなく、偶然の事柄、本質外の事柄を弄ぶことにこそ喜劇の本性があるのではないか、という明確な疑問です。いずれにしろ、この土台［偶然事］の上でこそ、あなたが喜劇に要求されるところの明朗な人生のもめ事も生じてくるものです。はたしてこの種の明朗なものから『改宗者たち』のもめ事の一部は成り立っているのであり、そして他の部分はたしかに真面目な種類のものといえます。しかし、もし喜劇が真面目さをまったく欠いていたら、それは実際は道化芝居に*、いやもっと堕落したものになってしまうでしょう。たしかにあなたはこの作品を道化芝居と見なしたがっているように見受けられますが――とはいってもただある側面からしてあるいは一瞬の気分においてだけですが――、私は道化芝居と呼ぶこと自体は、最近散見されるように、公衆が喜劇を演劇**と呼び変え、作者自身もその名付け親になっていることよりは、よほどすばらしい賛辞ではないか、と常々思っております。もし喜劇がたんに明朗だけからなるものでないことを証明する権威を挙げよとおっしゃられるならば、私は何よりもアリストファネスの作品を挙げます。彼のほとんどの、同時にわれわれにとって少なくとも茶番劇風に進行†していると思われる作品においても、悲痛極まりない真面目さが、すなわち、政治的な真面目ささえもが、しかもその真面目さのみが、主要な関心を占めているのです。私はさらに敷衍して、シェークスピアの喜

＊ das Possenspiel

＊＊ das Schauspiel

† 新聞には「笑劇風のものと」とあった。本論文末尾の誤植の指摘を参照。

劇を例に引くこともできるでしょう。しかし、私は、あなたが明朗さを真面目さにも偶然や偶然の生む暴力的作用にも対立させていないことを知っておりますので、この件に関してはただ次の点を指摘するにとどめます。つまり、この新作の喜劇においては、真面目なもめ事、深遠で高貴な情熱の持ち主、気品のある性格同士のもめ事が、脇役の間の滑稽なもめ事によって引き起こされるという点で、その正しい関係が適切に表現されていると私には思われます。

導入としての偶然の役割

問題は、偶然事を劇のなかにいかにして取り込むか、その具体的な手法にあります。ラウパッハ氏の『浮世の夜』、『イージドール』、『オルガ』*、その外、彼が以前舞台に掛けたものを私は観ていませんが、それらの作品について仄聞したことから推測しますと、ラウパッハ氏の作劇の才はおそらくその後次第に明朗で真実の観点を自家薬籠中のものとなし、より幸運な人生経路を選択してきているように思われます。これら初期の仕事から作られた先入見を、他の作品を考えるに際して、混じえることは正当とは言いかねます。私はこの新作の内には、「批判と反批判」**で言われているような、また『アラングー』†に見られるような、心情が「それ自身で」不調和を来しているというようなところをどこにも見つけることができませんでした。いったい『改宗者たち』を舞台に掛けた作者自身が自分を改宗

* それぞれ Erdennacht, Isidor, Olga

** 『速達便』の付録紙面のことと思われる。

† Alanghu

させえないなどということがあるものでしょうか。ましてや、以前の作品において好ましくなかった点が、才能そのものによりも、むしろ外面的な事柄の領域についての悟性的な観方、すなわち、芸術の理論に属するものである場合は、なおさらのことです。改善し難いものはただ才能の欠如のみです。とはいっても、成功を収める能力を有する才能でも、我流の高尚な芸術理論のとりことなり、それを盾に自分の進む道を正当化するならば、腐りきった外道から離れることは難しいでしょうが。

『改宗者たち』の二日後に上演された『アラングー』を観て、私は『改宗者たち』の方が面白いと思いました。私は、ラウパッハ氏は好んで本質外の事柄、偶然の事柄を弄んでいるという、あなたの記事を読んだとき、頭に浮かんだのはこの『改宗者たち』よりもむしろ『アラングー』の方でした。私はたしかに、ラウパッハ氏は偶然の事柄を正しく扱っていないという点に関しては同意しますが、その持っている意味をまず明らかにしなければなりません。

『アラングー』においては、もめ事は、狂信的で高慢なラマ僧と同盟を結んだ群衆の首謀者の一人の嫉妬によって引き起こされ、僧侶たちに死の火花を撒き散らす花火工場の仕掛けから登場する神によって展開されていきます。『改宗者たち』では、もめ事は幽霊の登場によって、これはここでは道化芝居として使われているだけですが、導入されます。この種のモチーフはいうまでもなくまったく月並みな場当り的展開に属するものであり、詩人に対しては、新機軸を考えて何か刺激的な偶然によって驚かせてくれないものかと、要求するのももっともなことです。しかしながら、実際は事件を創作することに特別の大きな功績を与えるべきではありません。事件とは、キャラクター〔役柄〕、情熱とそれらの〔葛藤の〕シチュエーション、つまり芸術本来の題材にとっては、外面的な枠組にすぎないのです。ソフォクレスが『アンチゴネー』や『エレクトラ』などで扱っている筋もやはりまったくありふれた物語でしたし、シェークスピアが翻案している物語も『年代記』*やよく知られている歴史の物語などから取られたものであり、少なくとも彼の手によって創作されたものではありません。何よりも問題にすべきことは、詩人がそのような枠のなかにいったい何を盛り込んでいるかということです。『アラングー』では、ラウパッハ氏は、おそらくなくもがなで安易と受け取られる端役の外に、さらにタタールの群衆というこじつけとも見られかねない舞台中央の人物群を付け加えています。しかし、この中景の人物群はただちに、われわれが長いあいだ翻弄され涙を涸してきたあのあまねく世間に浸透している女々しい感情、女々しく弱々しく時には拙劣な道徳心、あるいはがんじがらめにされ倒錯してしまっている哀れな魂の痙攣する熱狂というものを駆逐してくれ、代わりに、長いあいだわれわれには厭わしく思われてきた自然児の姿を舞台に復権させることを、外観からしても自然なものにし可能にしているのです。われわれは

＊　ホリンシェドの『年代記』（一五八〇年ころ）。次に出てくる『マクベス』もこれを下敷きにしているといわれる。

枠組の無意味さいやおそらく平凡さとも折り合いを付けることができます。枠組は主人公を導き入れるための外的制約にすぎないからです。主人公は生命と魂であふれんばかりの自然の姿に描かれており、そのように描かれることによって、女優がその才能と心情と精神を全面的に発揮することを可能にしているのであり、そして、彼女は火の如く激しく活発な情熱の魅力的な演技を、あどけない愛すべき若さや生命に満ち溢れ決然とした態度と多感で利発な柔和さや優美さと融合させつつ、われわれの魂の前にもたらしてくれているのです。このような主人公の姿こそ、いかに周囲の事柄を苦労して創作したとしても、そんなものをただちに本質外の偶然事に押し下げてしまうものなのです。

劇の前提

ところが、『改宗者たち』については、あなたは、全くの偶然の出来事にも、強制された、つまり、作為的な偶然をきっかけとして作られた突然の暴力的設定にも触れていらっしゃいません。そこから察すると、若い二人の恋人たちの関係、自然ではあるがまだ熟慮も躾《しつ》けも足りぬ若さのゆえに、情熱が癇癪のぶつけ合いとなり、挙句の果てに敵対して別れてしまうこの二人の関係は、あなたの非難の対象には含まれていないようです。とすると、あなたの非難は逆にすべて老伯爵に向けられていることになります。彼は、甥のためを思ってその恋人を守ろうとして、彼自身が彼女と結婚するはめになり、次いで教皇によって別れさせられ、自分の死と葬儀を装い、そして作品の発端では隠者として登場してくる人物です。こういう野放図な展開はそれ自体あまりにも荒唐無稽であり、喜劇としても荒唐無稽すぎる、そのようにおそらくあちらこちらで言われることでしょう。しかし、仮にそうであるとしても、私は、人びとがなぜそのような一致した見解を持つようになるものなのかを考えないわけにはいきません。

しかし、この場合に、いかなるドラマも前提を有していますが、前提とはドラマの幕が開く前にその背後に存在しているストーリーや事件に依拠しているということを忘れてはいけません。より本当らしいとか本当らしくないとかいうことは、いずれにしろそれは全く相対的な事柄ですが、すでにわれわれの背後にあるものの場合は、それほど気に掛けなくてよいのであり、われわれが本質的に関わるべきものはその前提から導き出されたシチュエーションだけです。これは現に今あるものであり、興味をそそられ、喜劇においてひとを魅了するものでなければなりません。とにかくわれわれは長いあいだ、悲劇の場合もそうですが、前提を考慮せずには多くのことを受け入れないように慣らされてきました。私は、ある知人がしばしば説明するのを聞いていて反対の例に思いいたった最近の例を挙げましょう。『リア王』の場合、その前提は彼の王国からの退去と、彼が上の二人の娘の邪悪な心（これはとても邪悪な考えとは言えないでしょう）と二人の娘婿のまったく卑劣な行いを露ほども感じなかったことですが、このような前提を、そこから劇が展開して精神錯乱に至る苦しみを描いている演劇にとって単に外的な条件にすぎないものである、といくら考えようとしても、この場合はそれをそのようなものとして受け入れることはそれ自体無理な要求です。

強制と暴力的作用

*より重要なことは［前提の問題ではなく］、強制と暴力的作用が作品のストーリー、つまり、劇の発端《ほったん》で与えられているシチュエーションから出発しながら、今はそれだけで現にあるものとして観客の前で展開されているものをも支配しているかどうかということです。こういう偶然的なやり方も思慮深い人間には周知のことであり、彼はこの発端から思慮深く自分の力で筋の通った連関を追っていき、大切《おおぎ》りに至るものなのです。では、おまえは強制や暴力的作用、例えばあなたがその範疇に入れていると思われる幽霊の出現のようなものによってもたらされるものに辛抱できたのか、と聞かれても、私としてはそれに答えることはできません。むしろ私はその場面で、ブルキエルロ**の助言によって捏造されて伝えられそしてただ侍女たちを相手にすることによって、滑稽な、本来ただ滑稽であるべきモチーフが、その所を得ていたのを見たのです。私は、新作のマクベスの魔女たちが逆の意味においてもっと暴力的に私を圧倒してくるだろう、と期待して

* 以下、十九ページの三行目までは、これまでのテクストに欠落していた。

** 道化役

いました。［ところが］魔女たちは真面目なものと受け取られようとして、ために［喜劇には］全く異質な仕草――悲劇そのものの真面目さ、耳をつんざく不快な金切り声――を与えられ、とりわけ豚に惚れられるように修正が加えられ、そして焼栗鍋のおかみはハァハァ、ハァハァ、ハァハァと荒い息を吐いているといった調子でした。この魔女たちに設定されているモチーフそのものを、そのモチーフを演じている登場人物の姿と区別しましょう。すると私には、喜劇のなかで道化芝居として使われているわれわれの舞台の幽霊の方が総じて魔女たちよりもはるかにその場にふさわしいと思われるのです。魔女たちの真面目さは完全に悲劇のそれでありながら、ところが、われわれにとっては、とにかくわれわれにはそう見えるのですが、どう見ても道化芝居以上のものではありえず、ともすれば不愉快で退屈な道化芝居とさえなりうるようなものなのです。

さらに私は、この作品では幽霊によって実現されるはずの目的がその手段［幽霊］そのものによって頓挫させられていますが、これはよく考えられた趣向だと思いました。幽霊のずる賢い製作者たちに対するこの狡智のどんでん返しはそれ自体完全に首尾一貫した連関の上に立てられており、そもそも本来の喜劇のストーリーの魂をなすべきものだと私には思われます。さらにこの連関の細かなディテイル、不安感、その不安から生まれる嘘言など、これらも愉快で筋の通ったものと見なせますし、一方、咳払いも、その合目的性と明朗さによって決して舞台における効果を殺ぐことのない全く見事な思い付きであるといえましょう。どうか喜劇においてもめ事を引き起こす他の多くの方法と比較してみてください。例えば、盗み聞き、それも聞き間違いによってあらぬ方向に導かれていくのではなく、裏切りと直結する場合の盗み聞き、あるいは、誰の目にも明らかな信頼関係を、例えばただ金のために、単純にそのまま裏切るという手段、と。この作品でいざこざを引き起こすことになる手段ときっかけは、このような時に全く陳腐になっているものよりもおそらく優れていることでしょう。

関連して私はさらに次の点を賞賛したいと思います。陰謀は発端のシチュエーションに従ってたしかに初めは老伯爵が使嗾する手先を使ってこの老伯爵から発しています。しかし興味深い本当の陰謀が現われ、それがその家族の中庭に入り込んで来て、こうして初めてこの優雅な人びとのサークルが不信と困惑に突き落とされるのですが、しかし同時に彼らはそれに束縛されているのでもありません。少伯爵*は一度は老伯爵に唆されて陰謀的な振る舞いに走ったとはいえ、詩人は彼をそれ以外のことでは、そしてクロチルデ**は全く、そのような状態に陥らないように工夫しているのです。

＊　トルクヴァート
＊＊　少伯爵の恋人

ストーリーについて

それからもう一言、ストーリーについて、それがこの主人公たちの関係と関わり、彼らの性格とシチュエーションの核心をなす限りにおいて、述べなければなりません。あなたの記事はこの二人の主要人物を作品の発端の直後から、彼らは一瞥しただけで彼ら自身で互いに惨めな状態に追い込む以外には何ごともなしえないように見える無気力な存在である、と見ています。「新しい喜劇詩人たちは」、あなたは彼ら［詩人たち］に罪を帰せて、「すべての登場人物に、彼ら（もちろん登場人物の方です）が本来望んでいることの反対のことを行わしめるものだから」、さらに、「ドラマというものは一幕では、なおさら一場では、終わるべきものではないのだから、侍女たちや道化が作品を支えざるをえなかったのだろう」と言います。このような主張には私は同意できません。むしろ、発端（それは二場からなり、合わせて一つの幕を、したがっておそらく単純すぎる幕を構成しています）が委曲を尽して十分に説明しようとし、二つの場を相互にしかるべく関連づけようとしていることは、クロチルデとトルクヴァートの二人は相手を惨めな状態に追い込もうと望んでいるほどに［今は］心が離れた状態にあるということです。二人は長いあいだ互いに相手を諦めてきた人物として描かれています。この諦めは単に今決断したものでもなければ、外部の事情によってそして過ぎ去った長い歳月を経ることによって根づいてきたにすぎないものでもなく、それ以上のものであり、非難と侮辱の応酬の末に彼ら自身の内部に座を占め心の落ち着きと静寂にまで成長してきたものです。この導入部はたしかに初演では十分明瞭に観客の耳に届きませんでした。安売り切符を手にした観客たちが後から後からひっきりなしに入場してきて、この一場は邪魔されてしまったのです。さらに不明瞭さに輪をかけたのは、初演にはよくあることですが、長たらしい口上（シュティッヒ夫人*がそれを述べながら登場してきました）が上手に正確に話されていなかったことです。（例えば、「一人の大切な客人が彼をローマに伴った」の「一人」がはっきり聞こえませんでしたし、それに類するものがプロンプターの音から聞こえてくるように受け取れ、それがおうむ返しに繰り返されていたのです。それが二回目の公演では別のように聞こえました。）

しかし本題に戻りましょう。二人の主人公の初めのあの気分は二人に共通のものとして示され、性格や気質も共通の基盤を持っています。これはこの作品の工夫を凝らした全体の趣向にとって長所だ、と私は考えます。彼らは家から連れ立って出てきますが、これによってそれだけ改宗は暴力的でないものとなり、また一層根本的なものとなります。なぜなら、彼らは経験を積んでいずれ思慮深くなるだろうと期待されますし、また、彼らはすでに自分たちがそうであるものにただ相手を改宗させればよいだけですから。その場合、喜劇にとってもっとも有利に効果的に働いているのが、あの［気分の］互いの共通性が長い経過によって欺瞞の相似形［互いに相手を欺く仕方が同一であること］に形づくられていること、そして同様に、失望（これは「私は太陽を浴びる価値すらない」などの表現の共

＊ クロチルデ役の女優

通性においても突然現われてきます）の場合にも、初めは自分の不正と各々が自分自身に向けている非難が露見することの相似形へ、続いて他者の不正と他者に対する共通の非難が露見することの相似形へと形づくられていることなのです。

クロチルデの心の動き

しかしながら、詩人がこの共通性に女性と男性に応じて微妙な違いを出さなければならなかったこと、その場合女性の方が見映えがするものであること、このことは当然理解できます。そこで、ここでさらにそのような修正についてのみ縷説することをお許しください。詩人は、『ロミオとジュリエット』のジュリエット役として知られている女優*の手に委ねることによってその効果が完全に発揮されるように、繊細に修正を加えているのです。トルクヴァートにおいては昔の感覚と希望をふたたび蘇らすことが困難である必要はありませんが、クロチルデにおいてはこの変化が美《うるわ》しい段階的な推移によって現われてくるのです。この推移が魅力的であればあるほど、それだけますます同時に彼女は内面の真理を有するものとなります。最初のシチュエーションの気分は、すでに感覚は失われているが関心は残している記憶の、痛みを感じず感覚も嘆きもない悲しみ、その悲しみがまだ蘇ってこない穏やかな高貴な感情の内で、明らかにされています。この平安がクロチルデとトルクヴァートの再会によってかき乱されるのです。この場面の

＊　シュティッヒ夫人〔新聞編集者による脚注〕

最初のきっかけはジュリエットを思い出させますが、もちろん違いがあります。ジュリエットは愛に無知であることによって心がかき乱されるのですが、クロチルデでは眠りと外的な記憶の内にあったこの感覚が、つまりジュリエットが一度も感覚したことのなかったものが、ふたたび目覚めるようにして侵入してくることによって、心をかき乱され困惑に満たされてしまうのです。それゆえにクロチルデの困惑――トルクヴァートに対するよりも自分自身に対する怯え――は［ジュリエット］よりも豊かな場面となるのです。体も腕も止まったままで、目を、普通は目に生き生きした動きが見られるものですが、目をどうしても上げることができない。目の沈黙は溜め息にまでいたらない胸の高まりを［劇場の］あちらこちらで破る。目は、トルクヴァートの視線に出会うことを恐れながらも、二三度思い切って彼を盗み見る。そして、彼の視線が別の方向を向いているとき、目は彼に突き進む。詩人は幸運というべきでしょう。彼の構想は、ひとりの女優によって、表現されるべき内容を言葉によって物語ることを余計なものとし、それ以上に身振りの心のこもった雄弁な所作を演じる女優によって、実現されたのですから。今溢れ出んとしている感覚の迸りとその乾いた記憶とが記憶の手助けによってこの生きた現在に蘇らされる庭園の場面、これについてはこれ以上ふれるのはやめましょう。あなたはその素晴らしさを認めていらっしゃるのですから。

イロニーについて

しかし、二人が仲違いする場面にはふれないわけにはいきません。この場面は、庭園の場面が咳払いというまだ危険を伴わない手段によって中断された後に、その咳払いから生まれた虚言によって引き起こされるものです。仲違いは昂じて激しい怒りに、さらには嘲笑の爆発にまで進んでいきます。これらの場面がみごとに展開されればされるほど、それだけますます暴力的なもの［虚言］に対する感覚を［観客に］かきたてることができるのです。それは、以前は二人とも自分に対しても相手に対しても認めていた寛容さをあれほど互いに賞賛し合っていたのにという視点からして、また、いつかは再び和解に達するだろうという期待がもたらすべき満足という視点からしても、暴力的ではないかと思わせるものです。けれども、根本的な和解の可能性を信じるには、ストーリーが一巡りして完結するイタリア演劇のスタイルの全体を参考にしなければなりません。それは、スペイン演劇の、繊細や名誉を［主題にしながら］実際は［それを］強引に抽象的な仕方で扱うスタイルとも、また、道徳的な心術とも等しく隔たっています。道徳的な心術は移ろいゆく怒りというものが急性の病いであることを知らないのです。そこでは憤懣がむしろ慢性の病い、癒しがたい高慢の果てることのない不快感と軽蔑へと変わっていくのです。

もしこの場面の激しさと他の場面の感覚や気分との間に矛盾を指摘する人がいたならば、その非難をもっとも有効に撥ね除けるには、かかる矛盾こそ芸術の勝利である、これこそイロニーである*、と言えば済むことは済むでしょう。ご存知のように、イロニーは芸術の頂点と見なされているからです。イロニーとは、初めは美しく高貴で興味深いものであったすべてのものはいずれみずからを破壊しその反対のものになっていくというものであり、本当の喜びとは、目的や関心や性格の内には何も存在していないことを知ることである、このような考えからなるとされています。健全な感性はこのように転倒した考えを以前はただ不当で不愉快な欺瞞と考え、徹底できないこのような関心と性格を中途半端と見なし、そのような節操のなさを詩人の無能に帰したものでした。なるほど今では思想は洗練されて、この中途半端さを完結したものより優れているとすら考えるようになってきましたが、しかしながら公衆はまだこの種の理論の誕生に興味も好感も抱くにはいたってはおりません。この作品のなかでたしかに主人公たちは改宗します。けれども彼らはあくまで神に称えられしものであって、［その改宗は］イローニッシュなのではありません。先に挙げたラウパッハの二作品においても、この理論の病いに冒されていない健全な感性と健康な精神が認められるのです。ちなみにこの作品にイロニーがないわけではありませんが、しかしそれはそれに適切な役柄に、侍女と道化に配されているのです。結婚したいという態度を示しなが

＊ 三の「ゾルガー論」におけるシュレーゲルのイロニー論を参照。

ら、幽霊が現われると別の態度を取ること、また、ブルキエルロは結婚を嫌悪していながら、最後にはそれをぐっとこらえねばならないこと、このような完全な矛盾は、イロニーと言うべきなら、十分にイロニー的でしょうが、それ以前にそれらは少なくとも滑稽なものというべきです。

滑稽といえばその前の不協和な数場面も滑稽です。しかしいずれにしろ、不協和が不協和として続いていくのは、喜劇はいずれ終わるものだという可能性においてではなく、主人公たちの気質にもかかわらずもめ事は根本的に解決されるだろうという可能性においてです。老伯爵はカタストローフの最後にいたって、主人公たちを、以前そうしていたように、「子供たち」と呼び、進んで主人公たちや他の人びととともに好意に満ちた麗しい自然のサークルのなかに入っていくのです。この自然性は情熱によって曇らされることもあるかもしれませんが、その曇りはなお道徳的な反省からは自由であり、内面の核が損なわれることもなく、分裂へと突き進むこともないものです。このような明朗さの基盤が主人公たちにももっと感じられるように、発端においてあらかじめ強調しておくこともおそらく可能だったかもしれません。シェークスピアは、主人公たちが道化や侍女とかわす会話や関係によって、しばしばこの種の効果を出しています。もっとも彼がいつでも繊細あるいはましてや上品と見なしうるようなやり方をしているとは限りませんが。侍女を一度解雇すると脅すクロチルデの心性はおそらくこのサークルには異質の傾向でしょう。道化のブルキエルロにほとんど、いや彼だけに、反省的思考と普遍的で真面目な考えが割り当てられていますが、これはその役柄にふさわしいことです。なぜならこの作品は喜劇であるべきであり実際に喜劇なのですから。伯爵が自分の死を偽る「筋道の通らない」演技がブルキエルロの登場する初めの数場面の一つにありますが、これはおそらくやや退屈であると思います。その外はウィットのある思い付きに欠けていませんし、陽気にさせてくれる演技の役柄はグラティオーゾのような上品なスタイルのなかに維持されています。劇の生活領域や配役の性格は一般に明朗で含蓄のある高貴な領域を思い起こさせるものです。カルデロンの喜劇のミューズも、そしてときおりはシェークスピアもまたこのような領域のなかで活動していたのです。

公衆の期待

わが国のドラマ作家たちが模索を重ねている多数のドラマ形式のなかでも、ラウパッハ氏がこの作品で選択した形式は、確実に特別に開拓されるべき価値を有するものです。われわれの国土で育っている含蓄に富む明朗さをもった作品はやはりそれほど多くはありません。その代わりにわれわれの舞台は着想力に富む隣人たちの舞台を頼りにしているのが現状です。それだけに、ラウパッハ氏がここで選択した好ましい道を進んでいけば、ますます公衆の全幅の期待をになうことができるでしょう。最後に述べたこの配慮［公衆の期待］は、以上の私の所見が冗漫に流れてしまったことに対する弁解の意味をも含んでいるものにほかなりません。* しかし、弁解をさらに冗漫に話すことは余計なことでありましょう。もし私がこの弁解を［新聞紙上で］読むことができましたなら、私はあなたのお許しを読んだことになるのですから。ところで、この記事の八号** の初めにいくつか誤植があります。特に例えば、その三一ページ一四行の二段に「その才能の妙味をいくら捏ねても」、三二一ページの三行目に「笑劇風のものに」とあることに注意していただきたい。――これ以上述べることは無用でありましょう。読者、就中『速達便』の読者諸賢は、ひとたび切り株、石ころなどものともせず切り抜けてきたなら、そこに立ち帰らないのが正当なのですから。†

* 新聞編集者が次の脚注を付けている。「このように内容のある優れた「冗漫さ」は本紙の編集者にとっては短い概略的文章よりもつねに歓迎するものであります。」

** 一八二六年一月一八日号

† 「切り株、石ころなどものともせず」は、ゲーテが訪ねてきたクロップシュトックを送る駅逓馬車のなかで作った自由韻律詩の一部である。底本の編集者によると、『速達便』はこの詩「威勢よく、たとえ馬車が揺れようと、切り株、石ころなどものともせず、だく足で、一気に人生に駆け込むのだ」を新聞社のモットーとして新聞に掲げていたという。世の権力と権威に盾突いて、弾圧と告発（切り株や石ころ）の応接に明け暮れたザフィールの面目躍如であるが、ヘーゲルはその社是を引いて、誤植（切り株や石ころ）の多さを軽く揶揄しているわけである。

解題と解説

原題は Über die Bekehrten. Antikritisches (Eingesandt)、すなわち、「改宗者たちについて。反批判（投稿）」である。論文の初めに、「〔［一八二六年］一月一一日」の日付が打たれている。

翻訳の底本には次のものを用いた。G. W. F. Hegel : Berliner Schriften (1818―1831), Hrsg. von Walter Jaeschke, Philosophische Bibliothek Band 504, Felix Meiner, 1997, Sn. 87―100

なお、初めは一般に用いられているズーアカンプ社の二十巻選集版の第十一巻を底本にしていたが、これは二ヶ所でテクストが脱落している（全体の約四分の一）という大きな欠陥のあることを知った。まず、八、九、十の三段落（『ベルリーン速達便』の二三日発行の第一〇号に掲載した部分）、すなわち、私が本文で仮に「強制と暴力作用」及び「ストーリーについて」という小見出しを付けた、この評論でもっとも重要と思われる部分を、最初の全集である『故人の友の会』版全集が見落とし、それを他の諸版とともにズーアカンプ版が踏襲してしまったのである。さらに、最後の段落にある誤植の指摘とヘーゲルのユーモアが感じられる文、これは『友の会』版が意図的に（不必要と考えてか）抹消したのであろう。そして、やはりそれ以後の全集はすべて、『ベルリーン速達便』の原文と照合することなく、この誤りをそのまま踏襲してきたのである。

ザフィールとラウパッハ

『ベルリーン速達便』について述べるには、ヘーゲルの反批判の相手であり、『速達便』の編集者でもあるモーリッツ・ゴットリープ・ザフィール（Moritz Gottlieb Saphir）に簡単に触れなければならない。次の段落の内容は、前川道介著『愉しいビーダーマイヤー』（一九九三年、国書刊行会）による。

ザフィールはハンガリーでユダヤ人収税吏の子として生まれた。十一歳で家を出て、チェコのプラハに行き、タルムードを研究しながらドイツ語を学んだ。帰国してペシュトの新聞に詩や評論を投稿して作家の道を歩みだした。さらにウィーンに出て、『ウィーン演劇新聞』に風刺と諧謔に満ちた、復古体制を揶揄する評論を掲載したが、圧力がかかりベルリーンに移住し、一八二六年に、ベルリーンの文芸、演劇、社交界のニュースを扱う文化紙『ベルリーン速達便（Berliner Schnellpost für Literatur, Theater und Geselligkeit）』を創刊した。翌年には「シュプレー川をまたぐトンネル」という文芸サロンを作っている。彼の批評のあまりの辛辣さに俳優や作家たちは「ハンガリーの狂犬」排斥運動に奔走し、彼の新聞に対する検閲は厳しさを増し、ザフィールはバイエルンのミュンヒェンに移ることを余儀なくされ、その地で『バザー』と『ドイツの地平線』を創刊した。再び彼はこの地も追われ、パリに亡命し、半年ほど同じくユダヤ人ジャーナリストの著名なベルネと暮した。ミュンヒェンで暮したいという希望は一八三一年にかなえられ、翌年、ベルリーンでは許されなかった（プロテスタントへの）改宗が認められた。しかし再びこの地を追われ、ウィーンに戻り、『ユーモリスト』を創刊し、一八四八年、作家同盟代表となるが、わずか二日で辞職、バーデンに逃げ、三月革命が終わるまでそこにとどまった。彼は二十六巻の全集を残している。

クーノ・フィッシャーによれば、ザフィールはヘーゲル家の昼食に招かれるなど、親しい関係にあり、ヘーゲルは『速達便』を五〇〇ターラーで譲ってほしいと申し出たり、新聞が筆禍事件を起こしたときには仲介の労を執ったこともあったようだが、最後は弟子たちに忠告されてこの「いかがわしい」人物を見捨てた、とのことである（玉井・磯江訳『ヘーゲルの生涯』勁草書房、二六二ページ)。演劇狂のヘーゲルが稀代のジャーナリスト、ザフィールの辛辣で諧謔に富む筆に喝采しているさまが容易に想像される。「反批判」といいながら、ヘーゲルの筆はいかにも楽しそうで、クロチルデの演技の分析など、まるで目の前で実際の演技を見ているようで、精彩がある。

『改宗者たち』の作者、ラウパッハ(Ernst Benjamin Salomo Raupach, 1784—1852)は当時三十二歳、ヘーゲルは五十六歳。ラウパッハに関しては喜劇のみならず、悲劇も、さらにいわゆる中間演劇(das Schauspiel)もこなす当時流行の劇作家であったという以上のことは分からない。ラウパッハがヘーゲル家に出入りしていたことは確かであるが(上記フィッシャーの著書による)、ただし親しい弟子に宛てたヘーゲルの私信(一八二六年一〇月三日付けのガンス宛て書簡)では、この劇評のように彼を弁護することはなく、「ラウパッハの『二人の夜警』は風笛を鳴らしても大した効果は収めなかった。一昨日はポツダムで吹いたが、あちらではいくらか被害が少なかったものかどうか、まだニュースは入ってこない」と手厳しい。

ベルリーンに着任して七年余、身辺に公私とも問題がないわけではないが、ヘーゲルは青年のように大都会の芸術的雰囲気を楽しんでいる。ベルリーンでは芸術的なあるいは文芸的な関心が唯一公共的なものだったからである。ハイネは皮肉に書いている。「劇場に通うことなく文学だけしか知らない教養された公衆のために、私は、ラウパッハという男は非常に便利な人物で、悲劇、喜劇の供給人であることを指摘しておきたい。ベルリーンの舞台は素晴らしい施設で、特に夜になって昼のハードな思索の仕事から解放されようとするヘーゲル派の哲学者にとっては好都合なものである。」(『全集』第Ⅲ巻、一二三六ページ)

『改宗者たち』とザフィールの批評

『改宗者たち』は一八二六年一月三日（火）に初演された。ヘーゲルがこの初演も鑑賞したことは本文から知られる。『改宗者』の台本が現在も何らかの形で残されているのかどうか、私は寡聞にして知らないが、その粗筋は、ヘーゲルの批評から推量すると、疎遠になっていた二人の若い恋人（クロチルデと少伯爵トルクヴァート）の愛が、虚言、幽霊の登場、陰謀などによって引き起こされたてんやわんやの騒動の果てに、その混乱によってかえってお互いの心の裡が明るみに引き出され、愛情が復活するに至るというものであろう。そこに、老伯爵、道化（ブルキエルロ）、侍女（フィアメッタ）らの人物が絡むようである。ルソー（彼もまた改宗者、否むしろ再改宗者であるが）のオペレッタ『村の占い師（Le devin du village）』と同様に、嘘はひとを破滅に導く否定的役割を持つものではなく、逆に個人の迷いと相互の誤解を解くものとして劇にとって重要な肯定的役割を与えられている。虚言によって人びとの関係は混乱させられるのだが、それと同時に、それによってその関係の隠れていた真の姿が明るみに出され、人びとはそれぞれ心のむすぼれを解《ほど》くことになるのである。

『改宗者たち』というタイトルはこの二人の恋人を指すのであろうが、彼らが実際に劇のなかで改宗するのか（それらしき指摘はある）、それとも敵対から愛の復活へという二人の心の動きをそう呼んでいるのか、あるいは、他の意味があるのか、残念ながら判断する材料を私は持ち合わせていない。

『改宗者たち』の演劇評は、一月七日（土）、『速達便』に無署名で掲載された。筆者は編集者のザフィールである。二回目の公演は一〇日（火）で、この時も二人はともに観劇し、ヘーゲルがザフィールに彼の批評に対する反批判の執筆を申し出たのであろう。すぐさまヘーゲルは翌一一日にザフィール（本文で「あなた」と呼んでいる）への書簡の体裁でこの劇評を書き上げた。本文末尾で八号の誤植を指摘していることから推測すると、八号の発行日である一八日以降にもその一部が書かれたと考えられるが、批評の論旨は連続しているから、そうであってもそれはごくわずかであり、この誤植の指摘のみを後に新聞社に送ったと考えるのがもっとも適切であろう。ヘーゲルの批評も無署名で、八号から一〇号の紙面に、すなわち一八日（水）、二二日（日）、二三日（月）の本紙面（新聞はabの縦二段に分けられていたものと思われ、その通し段数の三一ａから四〇ｂ）と、二三日の付録（「批判と反批判」のための紙面のＩａからⅡａ）に分載された。

ザフィールの記事は掲載段数（三段以下）から推すと多く見積もってもヘーゲルの批評の三分の一を越えることはないと思われ、ごく短いものであったろう。ヘーゲルが本文で言及しているものからもその記事の主旨はおおよそ理解されるが、翻訳の底本の編集者はその記事から次の文を引用している。

「今日の喜劇詩人たちは商業の不況に慣れっこになっているようだ。彼らはその作品のなかでストーリー（商売）を避けているのだから。」（die Handlung に「商売」と「ストーリー」の二つの意味があることからする駄洒落。）

「評判のよいこの作者を、私はいろいろな作品において高く買っており、彼の精神も多くの美しい場面において輝いているのだが、その才能は本質外の事柄や偶然の事柄を弄ぶのにあまりにも打って付けである。」

そして、作品の題材が「盲目的偶然のひねくれた暴力的設定」から取ってこられており、「決して喜劇と呼べるものではなく、むしろ、善良な伯爵の言うように、道化芝居である。」

また、二人の主人公について、「このいい人たちは、聖書普及協会が彼らを見れば笑みを浮かべるほどに、無気力で改宗しやすい人物である。」

ストーリが欠如し起伏のないこの作品は、したがって「侍女と道化が話をひきのばさなかったならば、一幕で終わったであろう。」

このように劇の展開に辻褄の合ったストーリーを期待するザフィールのこの批判はある意味では至極まっとうなものであろう。ストーリーが欠如しているから、「本質外の事柄（das Außerwesentliche）」あるいは「偶然の事柄（die Zufälligkeiten）」を弄ぶことになり（あるいは逆に偶然の事柄を用いすぎればストーリーが欠如する）、その結果、観客に「暴力的設定（die Gewaltaufgabe）」を強いることになる。しかし、ヘーゲルはこのいわば常識的な批判に異を唱えている。とはいっても、彼の反批判は、ラウパッハ弁護を目的にした「ためにする」ものでも、またあえて常識に逆らい奇を衒うイローニッシュな文章でもない。ヘーゲルの文章は演劇の基本問題にまで及んでおり、ザフィールの批評は彼に自分の喜劇理論を具体的作品に即して展開する、まさに「偶然の」恰好の機会を与えてくれたのである。ヘーゲルの考えでは、「偶然」と「暴力」こそ喜劇の魂をなすものであり、それを欠いてはそもそも喜劇は成立しないのである。この点を次に、ヘーゲル哲学の中心概念である「精神（der Geist）」あるいは「無限なもの（das Unendliche）」の概念とともに説明してみたい。

ヘーゲルの演劇理論

ヘーゲルは「劇」（これを彼は「劇的な詩（die dramatische Poesie）」とよぶ）を芸術の最高段階と考える。その根拠は、第一に、劇詩は言葉をその素材にしている点で、石や木や絵の具を材料にする他の芸術（建築、彫刻、絵画）に比べて、より精神的であることにある。すなわち、言葉は聞き取られることによって消えていく、質料性のもっとも希薄なもの、すなわち精神的なものである。しかし、このことは詩一般に共通する特徴である。そこで、第二に、劇詩にはそれを鑑賞する公衆が必ず存在しているという特徴がある。彼が演劇と公衆との関係を重視するのは本文にも見られる。演劇はそれが上演されるという現在進行の形において、精神が今ここに現在している、ことである。精神の働きがそれを受けとめるものとの関係において臨在的に現出しているのである。

したがって、劇詩は精神の活動を今ここの場で実現させるものである、ただし、概念的にではなく表象的に。精神の活動は無限性あるいは絶対否定性（自己否定）である（その活動の容れ物がロゴス＝論理である）。それは、自らを否定し、規定されたもの（有限なもの）となり、その点で他のものとの葛藤あるいは矛盾に陥りながら、それを克服して、最後に自らに戻る、そのような運動の全体をいうのである。劇においてはこの葛藤（der Konflikt, der Widerspruch, die Verwickelung）が山場、筋の頂上であり、その葛藤は大切りにおいて解消される。そして、この葛藤の生起と解消（die Versöhnung, die Auflösung）の形態に従って、劇は悲劇（die Tragödie）と喜劇（die Komödie）とに分けられる。ただし、ヘーゲルは喜劇を das Lustspiel とも書き、本文ではこの二語がほぼ同数用いられているが、二語の意味の相違は見出されないので私は区別せずに訳した。また、ヘーゲルは彼一流の三分法によって両者の中間にドラマ（das Drama）を置いているが、今はこれを無視して差し支えないであろう。

悲劇では、葛藤は実体（にすぎぬもの［主観にまだ至らぬもの］としての精神）の二面性が二つの個体を借りて演じられる。この場合、ヘーゲルは近代の悲劇ではなく古代ギリシャの悲劇を念頭に置いているから、『精神現象学』の「人倫（真実［にあるにすぎないだけ］の精神）」を考えれば理解しやすい。本文にも出てくるソフォクレスの『アンチゴネー』では、クレオンはポリスの指導者として地上の掟に従って行動し、妹のアンチゴネーは家を守るものとして神々の掟に従って行動するものとして描かれる。彼らは個人の「性格」によって行動するのではなく（そもそも個人の概念はまだない）、実体的基礎を持った「パトス」として行動する。彼らはいずれも実体に根ざしており、したがって正義を持っているのであるから、一見そうは見えても、一方のみが勝利するということはありえない。葛藤の解消はいずれもが（実体のそれぞれの一面性が）没落すること、そして実体の全体が彼らを亡ぼす運命（モイラ）として現われ、実体の全体性が回復されることによってなされるのである。

これに対して、喜劇は、悲劇によって実体的葛藤が解消された状態、すなわち明朗さ（die Heiterkeit）の内で生まれる。悲劇が実体の劇であるのに対して、喜劇は主観性の劇である。そこで、喜劇においては葛藤は主観に外部からもたらされる「偶然」によってのみ生起する。われわれ現代人は、主観内部あるいは自我内部における葛藤、いわば心理ドラマのようなものの可能性を考えがちだが、たんなる自我内部における葛藤はヘーゲルにとっては病いではあっても精神（共同性）の出来事ではないのだから、彼はそれを劇の範疇に入れていない（この点は古典的といえばそう言えるであろう）。喜劇の場合は、悲劇と異なって、人物は「パトス」としてではなく、「性格」（愛、富、名誉）を持った者として描かれる。例えば、愛し合う若者、財富に執着する守銭奴、名誉を守る騎士として。彼らはその性格からしてすでに観る者に葛藤の生起を予感させるけれども、悲劇においてパトスが必然的に葛藤を生み出すようには、その性格のみからして葛藤に陥るのではない。葛藤状況が生まれるには性格に対して偶然が働くことが必要である。例えば、虚言、日常性を切断する異変、理解し難い幽霊など。そして、喜劇の人物に要求されるのは、たとえいかなる葛藤に巻き込まれようとも決して不幸に陥らずに、その事態を超出するだけの主観性の力を持っていることである。つまり、喜劇では葛藤を主観がそれ自身で自分の内で解消しなければならない。葛藤の解消は明朗さの回復であり、主観性の勝利を意味する。こうして喜劇は大切りを迎える。

ただし、喜劇は「笑うべきもの」（道化芝居）とも、またイロニーとも区別される。人物の行動の愚かさが他人にとって愚かに映っているだけならば、それは笑うべきものにすぎない（吉本新喜劇）。喜劇的（komisch）であるとは、その愚かさが愚かに行動している当人自身にも愚かであることが自覚されることなのである。その自覚によって彼は葛藤を超克することができる。主観性が勝利をおさめ、明朗さが回復されるのである。一方、本文でもヘーゲルはごく簡単にイロニーを批判しているが、喜劇がイロニーと異なるのは、喜劇は愚かさ、無価値なものの空虚さを指摘し、真理を回復するものであるのに対して、イロニーは価値あるもの、実質的なものをも無に帰せしめ、湯と一緒に赤子を投げ捨ててしまうように、真理を放棄してしまう点にある。ただし、ここで批判されているのはシュレーゲルのイロニー理論であって、ゾルガーのイロニー理論には汲むところがあるとヘーゲルは考えている（ヘーゲルの「ゾルガー批評」を参照されたい）。

偶然と暴力

したがって、喜劇に偶然事を多用することは決して拙劣な失敗した趣向ではない。われわれのこの世界が、規則や法則によって秩序を保っているように見えながら、その法も権利も人間の意志によって作られたものであり、人と人と人との契約的な関係にすぎないものである限り、実は世界は絶対的なものの存在しない混沌である。その混沌を暴き出すものが偶然であり、精神の本当の力は、相も変わらぬ規則的運行のなかに働いているのではなく、偶然の姿をとって突然現われてくるのである。偶然においてこそ永遠不変はつかまれる。ひとが自分の理解しうるもののみを理解し、理解し難いものを信仰や神秘に、そして偶然に追いやってしまうとき、ヘーゲルはむしろ後者の認識にこそ精神をつかむ力があると考え、それを理性（die Vernunft）と呼び、前者についての認識である悟性（der Verstand）と明確に区別した。彼はこのような精神の活動を「狡智（die List）」ともよんでいる。偶然が喜劇の魂であり原理であることは、歴史において「理性の狡智」が働いていることの認識と同じである。ただ、歴史は過去の表象において精神の力を知ることであるのに対して、演劇は今ここにおいてそれを体験するところが違う。われわれが旅に出るのは必然を求めてではなく（人生もまた然り）、偶然を期待し、そしてそこに意味を見つけることであるように、劇場に通うのも非日常を求めてのことである。

　喜劇の筋の展開にとって偶然事は避けられないものである限り、観客が理解し難い事態を強制されてくるのもまた必然といえよう。本文で「暴力的設定」「暴力的作用（das Gewalttätige）」などと訳したものは、劇が公衆に対して持つべき一種の異化効果をねらったものである。日常を引き摺って有り合わせの料理を食べに来る観客、整合性の内にしか意味を見出そうとしない公衆に暴力を行使するのは、ヘーゲルにとっては精神を顕現させる唯一必然的で効果的な策なのである。もっともこの場合、暴力はストーリーを無化する力があるとしても、シナリオのなかにはその暴力が整合的に組み込まれている。したがって、さらにシナリオまでをも無化する偶然と暴力が、作者と俳優との間においてのみならず、観客との間においても考えられてよいであろう。しかし、このような理論はもはやヘーゲルの喜劇理論を越えた現代の演劇理論に通じるものである。あるいは、このような手法は、三の「ゾルガー論」でふれられている、フリードリッヒ・シュレーゲルのイロニー論（文学の文学の理論）にこそ当てはまるものであるとも考えられる。もしそうであるならば、ヘーゲルの弁証法的な暴力理論と、シュレーゲルのイロニー論との対質は重要な視点を提供するであろう。いずれにしろ、権力と日常性、すなわち、既成的なものに対しては、精神とその思想は本来暴力としてのみ働くものである。このことを、ヘーゲルはこの劇評において述べようとしたのである。

　『大論理学』の目的論（ヘーゲルの精神とはつまるところ目的論的なものである）を説明している箇所で、ヘーゲルは「暴力」と「狡智」に関して次のように言っている。「目的が客観に直接に関係し、その客観を手段と為すこと、また、この手段を介して他の客観を規定すること、このことは、目的が客観と全く異なった本性を持つものとして現われ、上の二つの客観も互いに独立したものである場合には、［その客観にとっては］暴力だと考えることができる。しかし［この場合も］目的は客観との［手段を介した］間接的関係の内に自己を置き、自己とその客観の間に別の客観［手段］をそっと忍び込ませているのであって、これは理性の狡智と見なすことができる。」（ズーアカンプ版、第六巻、四五二ページ）

また、劇場空間は『精神現象学』の「意識の経験」の仕掛けと同じ構造を持っている。『現象学』の叙述が進むにつれ、意識（読者）が自分の諸形態と精神の諸形態を経験していくように、観客は小暗い空間のなかで照明の当たる舞台の上で演じられる出来事を擬似的に自分のものとして体験する。そして意識は次の意識形態に納得づくで移るのではない。意識は、世の常として、以前の安逸さにどこまでも留まろうとするのであって、いやいやながらむりやり暴力的にそこから引き摺りだされ、次の形態に移されるのである。これが『現象学』における意識の経験であるが、観客の体験もまた、理解し難い偶然事を暴力的に蒙ることによって、すなわち自らの意識が疎外されることを経験して、まさにそこに精神が現出していることを知ることなのである。

二　ヴィルヘルム・フォン・フンボルトの『マハーバーラタのバガヴァッドーギーターの名によって知られるエピソードについて』（一八二七年）

第一編

インド研究の現状

尊敬する著者がこれまでにその諸研究を通して公衆に提供しようと望まれてきたこの論文*を目にしてまず印象に残ったのは、インドの知恵の栄誉は歴史における最古の伝統に属するものであるという指摘である。哲学の源泉が問題になるときには、ただ単にオリエント一般のみならず、特にそして何よりも、インドが挙げられてきたのである。学問の基盤がインドにあったというこの優れた見解は以前から、例えば訪問者によって、ピュタゴラスもインドを訪問したことがあるといわれているが、その詳細な報告を通して認められてきた。そして、いかなる時代にもインドの宗教と哲学が話題にされ報告されてきたのである。しかしながら、その原典への通路がわれわれに開放されたのはごく最近のことであり、そしてそれによって得た知識に促された研究の進歩によって、以前の認識の一部は重要ならざるものであり、一部は誤っており利用できないものであることが明らかになってきた。

インドは、この国に対して抱いているヨーロッパ人の一般的理解からすれば古い

以下の脚注において、『バガヴァッド－ギーター』からの引用は上村勝彦訳『バガヴァッド－ギーター』（岩波文庫、一九九二年）による。また『マヌ法典』からの引用は田辺繁子訳『マヌの法典』（岩波文庫、一九五三年）による。サンスクリット語に関しては、荻原雲来編纂『漢訳対照梵和大辞典　増補改訂版』（鈴木学術財団、一九七九年）及び Klaus Mylius: Wörterbuch Sanskrit-Deutsch, Langenscheidt 1975 を参照した。ヘーゲルはサンスクリット語をローマ字に転写するにあたって、書法上の符号を一切省略している。

* Über die unter dem Nahmen Bhagavad-Gita bekannte Episode des Mahabharata 一八二六年にベルリーンで出版された上記の批評対象の書物のこと。脚注では、フンボルトのこの論文からの引用ページの表記は Wilhelm von Humboldts Werke Bd. V. Hrsg. von Albert Leitzmann, Behr's Verlag, 1906 により、「全集」と略す。この書物については「解題と解説」を参照。

世界であるとともに、その文学、学問、芸術から見ればわれわれにとって初めて発見された新しい世界でもある。この宝庫を見出した最初の喜びは穏やかに節度をもって受け取られることを許されなかった。ウィリアム・ジョーンズ*、われわれは彼に特にこの宝庫を開いてくれたことに対して感謝の意を表しよう、それから彼に続く人びとは、その発見の意義を、この宝物の内に特に、アジアと関連する古代の世界史のための、またより広範な意味において西洋の伝説や神話のための、ある場合にはその直接の源泉を、ある場合にはそのための新しい証拠を、見出すことにあると考えていた。しかし、原典そのものが知られるにつれ、また広く流布していた明白な欺瞞が暴露され、——例えば、ウィルフォード大尉**は、アジア史に対してモーゼの物語やヨーロッパ的な表象、知識、情報が影響していることを、インド文学のなかで跡づけようと試みたのであるが、彼のその情熱はご親切なバラモン※たちの恰好の餌食となったのである——、その結果、研究はまず原典にのみ依拠し、インドの考え方と表象の固有性の研究にとどまるように促されたのである。

※ ウィルフォードは、モーゼ書や、ギリシャやその他の文献によって語られている歴史についての調査をあるインドの学者「バラモン」に依頼した。ウィルフォード自身も明らかに不注意だったと言っているが、この学者は、

* Sir William Jones (1746—1794) イギリスの東洋語学者、法律家。カルカッタ近郊のウィリアム・フォートの最高法院の裁判官の職にあったとき(1783—1794)、サンスクリット語の研究に没頭し、サンスクリット語がラテン語、ギリシャ語と類似性を持つことを初めて指摘し印欧語族の存在を予想した(一七八六年)。一七九六年にはもっとも早い時期の『マヌ法典』の特筆すべき英訳を出版している。

** Kapitän Wilford 詳細は不明。

うまい具合に大尉が期待していたすべてを彼に高額で売り捌いた書物のなかに見出したのである。大尉が出来上がってきた抜粋の誤りに気づいたとき、「抜粋を作るために厚顔無恥にも草稿を改竄したこの学者は、怒りの激しい発作に陥り、この抜粋が正しくないというのであれば、すさまじく恐ろしいことこの上ない呪詛の言葉をもって、天の復讐を我と我が子供たちの上に呼び寄せよう、というのである。彼は十人のバラモン*を連れてやって来た。彼らはこの学者を守るつもりでいるだけではない。ことは彼らの宗教の至聖事に関わることであるがゆえに初めからこの抜粋の正しさをいささかも疑うことはなかった。私は彼らに僧侶としての資格の悪用をきびしく叱責し、そのようなことを続けることを許さなかった。」『アジア研究』**第Ⅶ巻二五三ページにあるウィルフォード自身による説明。

労多き尊敬すべき努力の成果である著作、例えばドゥ・ポリエの『インドの神話』†のような著作についても、今では(同書の初版は一八〇九年出版)使用するのが躊躇されるであろう。なぜなら、バラモンの口述と口頭による報告に依拠しているからであり、なかんずくわれわれはコールブルック‡から、これらの書物が、いかなる改竄、恣意的改訂、そして付加すらにもさらされてきたか、またこれからもさらされていくかを、知らされたからである。そのうえ天文関係の書物の場合はその古さと著者の権威のゆえに一層崇拝され

＊　der Brahmane (n)　祭祀の執行者としての僧侶。もちろんカースト制における最高位の身分をも指している。後の脚注を参照。

＊＊　Asiat. Researches

†　de Polier : Mythologie des Indous

‡　Henry Thomas Colebrooke (1765－1837)　イギリスの東洋学者。インドで行政官をつとめ、サンスクリット語を学び、アジアの言語と文化を研究した。

ているのである。

われわれの認識が真に促進されるのはただこの方向*によってのみであることは言をまたない。この意味においてフンボルト氏はマハーバーラタの著名な挿話を扱われているのであり、われわれの視野を精神の最高の関心事に関するインドの表象様式の内へと根本的に拡張させてくれたのである。実際に影響力を持つ訓戒は、本論文において如実に示されているように、原語についての根本的理解力と哲学に対する信頼に足る知識、そして原典の厳密な意味を踏み越えずそこに表現されている以外の事柄やそれ以上のものをうかがうことはしない冷静な抑制心、これらの稀有な一致によってこそ生まれるのである。以上述べた点においてわれわれは著者の次の戒めに完全に同意する。著者は初めの注**で次のように忠告しているのである。

「インドの神話と哲学の内になお残されているさまざまな曖昧さを啓蒙する方法としては、主要な源泉と見なしうる個々の作品に関して、それを他の作品と比較する前に、一つ一つ抜粋を作り、その後にその作品を単独に一つの全体として取り扱うという以外にはほとんど考えられないであろう（われわれはこの抑制した表現「ほとんど考えられないであろう」を躊躇せずに「全く考えられない」に代える必要がある）。――このような作業がなされれば、ただそれのみが、すべての

＊　原典に依拠しインド固有の考え方を研究すること。

＊＊　全集一九〇ページ

インドの哲学と神話の体系を、混乱の危険をともなわずに、相互に比較するための基盤の役を担うようになるであろう。」

これまでは、ある原典に関わった新しい著述家から、インドの宗教、宇宙論、神統紀、神話などの知識を獲得しさえすれば足りた。そうしてただちにその著述家からインド宗教の基礎について一定の知識を獲得し終えたと思い込み、次に別の著述家に当たると、そこでは全く別の名前や表象や歴史などに取り囲まれていることに気づく、そういう経験をしてきたのである。このようにして醸成された不信感を払拭するには、これまでになされたことは結局は部分的叙述だけであって、普遍的なインドの教説に関する知識はまだ全く獲得されていない、と考える以外にはない。明確に、あるいはついでの折に、インドの宗教と哲学に言及している、これほど多数のドイツ語文献や、それらを引用せざるをえない多数の哲学史を見ると、だれか一人の著述家が作り上げた特殊な形態がインドの宗教と哲学そのものだと称されているのが現状なのである。

ギーターについて

ところで、ここに取り上げる詩は、インドの宗教が有するもっとも普遍的で最高のものについての明確な表象をわれわれが獲得するのに、特に恰好のものであるように思われる。この詩はエピソードの形で表現されて教義を伝えるという使命を有しており、またインドの詩においては、それが物語られ、英雄や神々の事跡と行動、世界の生成などについて描写される場合に、原始的でとてつもない空想が支配的になるものであるが、そのような空想からも自由である。たしかにこの詩においても、興味深いものを選り出すには、多くの不必要なものに堪え、それを取り除く努力をしなければならないであろう。

偉大なインド総督、ウォレン・ヘースティングス*には、われわれは何よりも［翻訳者に］激励の言葉をかけることによってこの詩の全体を最初に世に知らしめたことに対して感謝しなければならない。最初の翻訳者、ウィルキンズ**はこの激励の言葉のゆえに彼に恩義を感じているのである。ヘースティングスはその英訳の前に置かれた序文のなかで、この種の作品の価値を正しく評価するには、ヨーロッパの古代あるいは現代の文学から作られた規則を、またわれわれの思惟と行動において固有の基盤となっている実感あるいは習慣を援用することを、そしてわれわれの啓示宗教の教説や道徳的義務に訴えることを、一切排除しなければならないと言っている。それからさらに彼は、すべての読者はあらかじめ、曖昧、不合理、原始的風習、堕落した道徳を容認してかからねばならない、とも付け加え、仮にそのなかにそれと反対の事柄が認められても、読者はそれを拾い物と考え、逆のことを予期していたことから生じる報酬であると思え、と言っている。このような寛容さを読者に要求しなかったなら、彼はあえてこの詩の出版を推薦

＊ Warren Hastings (1792 — 1818)
サンスクリット語文献をペルシア語に翻訳させ、さらに英語に重訳させた。

＊＊ Charles Wilkins (1750 — 1833)
彼のギーターの英訳は一七八五年に刊行された。

する労は取らなかったであろう。フンボルト氏はこの作品の十八の章の内に乱雑に紛れ込んでいるその根本思想を苦労し熟慮しながらまとめており、* これによって上に述べた「取り除く」という苦役は軽減ないしは免除されているのであり、またこの抜粋は特にインドの詩に見られる退屈な繰り返しから生じる疲労からもわれわれを解放してくれるのである。

　この詩、クリシュナの話し合い（バガヴァッド**とは、W．ヘースティングスが不案内な読者に教えているように、私もこの点について彼に感謝するものだが、クリシュナのいくつかの異名の一つである）は、インドにおいてインド宗教†におけるもっとも普遍的なものを伝承しているという名誉を授かっている。A．W．シュレーゲル氏‡は、彼の校訂版の序文において（Ⅷページ）、この詩を「すべてのインド人から他に並ぶものなき知恵であり聖なるものとしてあまねく称賛されている哲学的な歌」と特徴づけている。同じ趣旨のことをウィルキンズもその翻訳の序文で述べており、彼は、バラモンたちはここにはその宗教の偉大なる神秘のすべてがあると考えている、と言っている。——この点にこそ以下の注解が収斂していくべき視点が存在しているのである。そのきっかけを与えてくれたこの［フンボルトの］論文は基本的教説を明瞭にまとめてくれており、おのずから上述の考察へとわれわれを導くものであり、その指導に従いさえすればよいという便

＊　上述のフンボルトのギーター論文のⅡ（全集三二八から三三一ページ）にはギーターの十八の章の短い梗概がある。

＊＊　Bhagavad　崇高なるもの、神を意味する。

†　die indische Religion を、ヒンドゥー教と訳さずに、こう訳す。

‡　August Wilhelm Schlegel (1767—1845)

宜を与えてくれるのである。

アルジュナの迷い

まずこの詩が語られるシチュエーションを描くことにしよう。それが全体をただちに十分に特徴づけているからである。勇士アルジュナは彼の親族たちとの戦いにおいて、軍隊の先頭に立ち、神クリシュナの操る戦車に乗り、戦闘に向かって行進してくる敵の軍勢を前にしている。角笛、ほら貝、トランペット、シンバルなど、戦《いくさ》の音楽が天と地を鳴りどよめかせ、今にも矢が射られんとするとき、彼は突然臆病な感情に襲われ、弓矢を投げ捨て、クリシュナに助言を乞う。これをきっかけに始まる二人の会話は申し分のない哲学の体系を十八の章にわたって提示するものであって、二人の翻訳者はこれを「聖句」*と名づけており、バガヴァッド－ギーター**の名を与えられているのである。

* Lectionen

** 神の歌の意。

このような場面設定は、二つの大軍団が対峙している戦闘の一触即発の瞬間というものに対して抱くわれわれヨーロッパ人の表象とは明らかに矛盾している。さらに、詩の構成に対する要求とも矛盾しているのみならず、完全な哲学体系の省察と叙述を少なくともこのような決定的瞬間において司令官や御者の口から語らせるようなことはせずに、書斎やそれに類した場所で考えさせるのが普通であるわれわれの習慣とも矛盾している。――このような外面的な入り方からしても、内面的なもの、宗教や道徳についてもわれわれの普通の表象と全く異なるものを予期するように心構えせよと、われわれは要求されているのである。

　われわれの精神の大きな関心は一般に理論的と実践的の二つの視点のもとにはたらき、前者は認識に、後者は行為*に係わるものである。この二つの規定に従って著者［フンボルト］の哲学的センスはこの作品の諸教説を配列している。まず会話のきっかけ**からして、実践的関心が主題になっている。ここでは原理としては「行為の果報、結果に対する関心を放棄することとの必要性」(六ページ***)が語られる。クリシュナは言う、「決して行為の価値を果報に向けてはならない」****と。この「平等観」†は、尊敬する著者がいみじくも言うように、「疑いもなく哲学的に見て崇高とも呼びうる心のあり方」‡を意味するものである。われわれはここに、善をそれ自体のためにのみ行い、義務を義務のためにのみ遂行する道徳的要求を認めることができる。しかし、結果に対して無関心であれというこの要求が「大きな詩的効果を生んでいる」(同所)という［著者の］判断については、疑問がないわけではない。むしろ詩におけるキャラクターに要求されるものは具体的個性であり、また、彼らの間の緊張が各人の目的とその目的同士の葛藤へと向かっていく方向であり、そしてただ彼らの意志の力と彼らの主張する関心との一致の内にこそ詩の生命と偉大な詩的効果を見ることが一般に望まれているのではないであろうか。‡‡

*　das Erkennen 及び das Handeln

**　アルジュナが戦意を喪失すること。

***　全集一九五ページ

****　第二章四七頌。「あなたの職務は行為そのものにある。決してその結果にはない。行為の結果を動機としてはいけない。また無為に執着してはならぬ。」

†　der Gleichmut　無感動の意味も持っているであろう。

‡　全集一九五ページ

‡‡　ヘーゲルはギーターをまず何よりも「ドラマ」として見ており、その見地からギーターの欠陥を指摘しようとしている。「改宗者たち」や「ヴァレンシュタイン」についての批評を参照。

さて以上の偉大な道徳的意味の外に、実践的関心に対してただちに第二の要求が生じてくる。つまり、行為はいかなる目的を持ち、いかなる義務を果たすべきであるか、あるいは、恣意や境遇に規定されている関心から行為する場合であっても義務を顧慮すべきであるか、というものである。これらの点については、上述のインドの原理はまだ［西洋］近代のモラルのようにそれ自体で詳細に展開されるまでには至っておらず、その原理のみではいかなる人倫的義務も生まれえないのであるから、私はさしあたってエピソード的にその着眼点を指摘するにとどめる。この［人倫的］規定はとりあえず詩全体の導入の役割を果していると見るべきであり、その探究もさしあたってはその点にのみ限定されるべきである。後に義務と行為との関係からヨーガ理論が一般的に考慮されることになるであろう。アルジュナが親族たちに対して行う戦争が正義であることは、とにかく前提しておかなければならない。その正しさの原理を詳しく述べることはバガヴァッド―ギーターの詩の範囲外のことである。しかし、アルジュナが戦端を開くべき瞬間に陥った疑い、これは、彼の戦うべき相手が彼と彼の軍隊の親族、正確に列挙すれば――師、父親たち、息子たち、さらにまた祖父たち、叔父たち、舅たち、甥たち、義兄弟たち、男系の親族――である、という事情から起こっている。

ところでこのアルジュナの疑念が、われわれはまずそう考えるに違いないが、人倫的規定を有するものであるかどうか、この問いに対する回答は、インド人であるアルジュナの感性において家族の絆がいかなる価値を持っているかに左右されることであろう。ヨーロッパ人の道徳的感性にとっては、この絆の感情は人倫そのものであって、家族愛はそれ自体創造的なものであり、人倫が成立するのは、畏敬、服従、友情など、家族と結びつくすべての感情が、また家族関係に関わる行為と義務が、家族への愛を根底としており、その愛がそれ自体で人倫の十分な出発点となっていることによるのである。

ところが、この勇士に親族を屠殺台に送ることをためらわせた動機はこのような道徳的感情にあるのではないことは明らかである。彼［アルジュナ］は言う、「われわれはこの略奪者（ウィルキンズ訳では「暴君」）［ドリタラーシトラの子ら］を殺せば罪に落ちるであろう」*。親族（師も常にその中に含まれている）である彼らを殺すこと自体が罪だというのではない。罪は［その行為によってもたらされる］結果にある、つまり、一族を皆殺しにしてしまえば、「祖霊供養」——家族に義務として課されている宗教的行為——が滅んでしまう、というのである。その結果、種族全体（「種族全体」とは整合的でないように思われる。数語前には「種族の絶滅」と言われている［ゆえに種族は絶えてしまうはずである］から）に瀆神が支配するようになり、かくして、高貴な女性たち——戦うのは男だけであるから、まず男たちが種族から消える——は堕落し、そこからVarna-sankra**、すなわちカーストの混淆（「不純な

* 第一章三六頌。「ドリタラーシトラの息子たちを殺して、我らにいかなる喜びがあろうか。この危害を加えようとする者たちを殺せば、まさに我々に罪悪がかかるであろう。」

** varna-samkaraとも書かれる。「（雑婚による）種姓《しゅじょう》の混乱」の意。

血*」）が生じる。そしてカーストの秩序が乱れれば、種族は没落し罪が生じ、種族そのものが永遠に堕落していく（シュレーゲル訳では「地獄に落ちる」、ウィルキンズ訳では「彼らに地獄がもたらされる」）のである。なぜなら、先祖は、団子と水をそれ以後供えてもらえないので、天界から墜落してしまう、——つまり、子孫が種族の純粋さを保てないときは、犠牲はもはや受け入れられないからである。犠牲を受けてもらえるような先祖なら、子孫はいつまでも先祖を持つことが許されるであろう。しかし、その犠牲は彼らにとって不幸となるであろう。というのは、その場合、その犠牲は不純な血によってもたらされることになるし、そもそもそのような犠牲はなされるはずがないからである。**——ウィルキンズが述べているところでは（その書の三二ページの注）、この団子はヴェーダの指示に従って先祖の霊の第三世代に至るまでそれぞれの新月の日に供えられ、献水の方は毎日捧げられるとのことである。※もし死者がこの犠牲を供えてもらえないときは、彼には繰り返し不純な獣に生まれ変わるという運命が宣告されるのである。

※　この犠牲の詳細はガンス・エアブレヒト（Gans Erbrecht）の『世界史の展開（Weltgeschichtliche Entwicklung）』第I巻八〇ページ以下に見出される。そこには一般的にインドの婚姻と家族の絆の本性が叙述されている。

父権に関しては、彼が子供をもうけるのは先祖に対する死者の犠牲の罪を除

＊　ヘーゲルはカーストについてしばしば批判的に言及している。Kaste（caste）とは元来ラテン語の castus（純粋な）を原とする。十五世紀末にインドに上陸したポルトガル人がその社会体系を、純血なもの、血統の意味でカーストと呼んだ。上記の varna は「色」を意味し、バラモン（僧侶）、クシャトリヤ（政治・軍指導者層）、ヴァイシャ（商農層）、シュードラ（奉仕者の層）の別は、『マヌ法典』（前二〇〇年から後二〇〇年）によって確立した。一方、「生まれ」を意味する jāti（元来は「誕生」の意）と称される閉鎖集団が、信仰、職業、種族などを基準にして形成された。一般にカーストとはこのヴァルナとジャーティを合わせていわれるものである。

＊＊　第一章四一、四二頌。「不徳の支配により、一族の婦女たちが堕落する。婦女たちが堕落すれば、種姓の混乱が生ずる。このような混乱は、一族の破壊者と一族とを地獄に導く。というのは、彼らの祖先は、団子と水の供養を受けられず、地獄に堕ちるから。」

くための道具であるといわれているが、これは興味深い。この目的のために子供を手に入れるその極端な方法については七八ページ以下に引用されている。また九〇ページでは、上述のように親族の内に算えられていた師は親族がいない場合には、その継承者になると述べられている。

実践的原理に関心を持つ者にとって明らかになることは、われわれが見たように、たしかにここには家族の絆の感情が基盤として現われてはいるが、しかしその価値は家族の愛情にあるとは見なされておらず、したがってそれは道徳的規定とも見なされていないことである。このような絆の感情なら動物でも持っている。しかし人間においてはそれは同時に精神的、人倫的なものでもあり、そうであるのは、その感情が純粋な姿で維持されているとき、あるいはむしろその純粋さのなかで愛情へと育ち、そしてすでに指摘したようにこの愛情が基盤としてしっかりと維持されているときである。むしろここではこの絆は迷信に属する事柄、すなわち、親族、しかもカースト制に忠実に従った親族の死後の魂の運命が団子や献水に左右されるという、同時に非道徳的でもある信仰に、転換するものであることに重点が置かれているのである。

したがって、アルジュナが自分の疑いを説明している箇所で、宗教を讃えているかのように見える句に出会っても、その第一印象のすばらしさに騙されてはならない。このすでに引用した句、シュレーゲル訳では（一三二ページ）「宗教は絶えた、すべての子孫に不敬が広まった」*は、われわれヨーロッパ人の感性には一般にすばらしく心地よく響いてくるであろう。しかしその注によれば、「宗教」とは団子の供養と献水を、「不敬」とは一部はその儀礼の中止を、一部は下層カーストの結婚を、――つまりは、われわれが宗教的にも道徳的にも敬意を払えぬような内容を――意味しているのである。――『インド叢書』第Ⅱ巻第二冊**では、フンボルト氏はさらに詳しくこの「不敬」について、それは非難に値する意味を持つと規定している。――詩人［ギーターの作者］はここで一般に流布しているインドの迷信を越えて、人倫的な、真に宗教的あるいは哲学的な規定へ高まることはなかったのである。

カーストの義務

次にクリシュナがこのアルジュナのためらいに対していかに応えているかを見てみよう。初めは、クリシュナはその厭戦気分を弱気と呼び、勇気を奮って抜け出さねばならぬ不名誉な臆病心と呼んでいる。ウィルキンズ訳ではより明確に「義務」（彼の説明によれば、一般の道徳的義務に対立する武士としての義務）を想起することとなっている。道徳的葛藤が明瞭な表現をともなって浮かび上がってくることがないならば、それはそのままに残され、クリシュナが単に叱責する

* 第一巻四二頌。シュレーゲルは上記のようにラテン語に訳した。「団子と水の供養を受けられず、彼らの祖先は［婦女たちが堕落して］地獄に堕ちる」」の意味である。

** 『インド叢書（Indische Bibliothek）』はシュレーゲル兄が発行していた雑誌であり、その第Ⅱ巻の第二冊と第三冊（一八二六年）にフンボルトは「バガヴァッド－ギーターについて。パリのアジア雑誌に掲載されたシュレーゲル版の評価に関連して（Ueber Bhagavad-Gita. Mit Bezug auf die Beurtheilung der Schlegel'schen Ausgabe im Pariser Asiatischen Journal）」を発表した。全集一五八から一八九ページに収録されている。

だけでは満足すべき解決は生まれない。アルジュナも満足せず、むしろ同じ言葉を繰り返すだけで、戦いはせぬという決断にどこまでも固執するのである。

さてクリシュナはものごとの一切を支配している優れた形而上学を語り始める。この形而上学は、一面では行為を完全に越えて純粋な直観ないしは認識へ、したがってインド精神の核心へと移っていくものであり、他面ではそのような抽象的思想と、実践との間に葛藤を引き起こすものでもあり、したがってその葛藤がいかにして媒介され解消されるのか、そのさまを探究すべく関心をそそるものである。

ところが初めにクリシュナがそれに応えているものはただちにそのような高みへと導いていくものではない。この形而上学的出発点が導いていく先はさしあたっては普通の通俗的な考えにすぎない。クリシュナは、アルジュナは賢い言葉を語るが、賢き者は死者をも生者をも嘆き悲しむことはしない、と言う。「予、クリシュナはかつて存在しなかったことはない、汝も、ここにいるすべての王たちも。またいつか将来、われわれが存在しなくなることもない。——変化せず、破壊されず、無限であるところの魂によって生かされているこの肉体は滅びやすいと言われる。それゆえに、戦え、アルジュナよ。——魂の不滅を知る者は、どうしてそれを殺さしめようか、殺し得るであろうか。汝はどうして魂を嘆くことができようか。もしまた汝が、魂が生まれ、再び死ぬ、と信じていても、汝は魂を嘆くことはできない。なぜなら、生まれたものには死は必定《ひつじょう》であり、死んだものには生は確実なのであるから。それゆえ、避けうべくもないものに関して、汝は嘆くべきでない。*」

ここにわれわれの求める道徳的規定を見ることはできないであろう。別の箇所で目にする「友よ、死すべき人間たちがいる、汝は彼らを殺すところだ。しかし魂を汝は殺すことはない。なぜなら、魂は殺され得ぬものだからだ**」についても、同じである。われわれが目にするのは、あまりにも多くのことを証明しようとするもの（単なる殺人からはこのように多くの表象は出てこないものである）は何一つ証明しない、ということに相違ない。

　クリシュナはさらに続ける。「汝の属するカーストの義務を考えれば、戦《おのの》かぬことが汝にはふさわしい。クシャトリヤにとって戦いに優るものはない。†」シュレーゲル訳では、前の句は「公の特性を考えれば」、後の句は「武士たるものには戦い以外に優れたものを認められない」となっている。この訳を読むヨーロッパ人はこれを武士としての武士の義務の意味に受け取るに違いない。そして彼らはこの激励を、もしインドにおいては武士の立場と義務がそれ自体として存在するものではなく、カーストと結び付きそれに制約されていることに、気がつくことがなければ、これを道徳的な意味にとってしまうであろう。ウィルキンズはその翻訳において「特殊な種族の義務」というより明確な表現を与え、「クシャトリヤの種

＊　第二章一一頌から二七頌までの抜粋。

＊＊　第二章三〇頌

†　第二章三一頌

族の武士は戦い以上に優れた義務を持たない」としている。

「公の特性」や「武士」という一般的表現は、先の「宗教」や「不敬」と同じように、まずわれわれにヨーロッパ的表象を思い出させ、その内容からそれの持つあやを奪い取り、容易にそれ固有の意味を誤認させ、この詩句を実際に言われている以上に素晴らしいものと受け取らすことになろう。――上引の句にはやはり、われわれが義務と呼ぶもの、人倫的規定は存在しておらず、ただ自然的規定だけがその根底にある。――さらに付け加えれば、アルジュナが友人と敵を前にして今まさに陥らんとしているこの不名誉を、クリシュナが叱責するというモチーフ、これは適切なモチーフではあるが、それだけでは形式的にすぎない。この種のものは名誉や不名誉が考えられるところではどこでも話題にされるものだからである。

サーンキヤとヨーガ

さて次に、クリシュナは、これまではサーンキヤの知恵によってアルジュナを叱責してきたが、これからはヨーガの知恵によって話そう、*と付け加える。こうしてインドの考察方法の全く別の領域が初めて開かれることになる。尊敬すべき著者は、この詩のなかでもっとも傑出しているこの側面に関して、その深いセンスと学識の宝庫から、われわれにそれらの編成、解明、情報を与えてくれている

＊　第二章三九頌。「以上、サーンキヤ（理論）における知性《ブッディ》が説かれた。次に、ヨーガ（実践）における知性を聞け。その知性をそなえれば、あなたは行為の束縛を離れるであろう。」

のであるが、これこそ特にわれわれの関心をそそるものである。ここに開示されている高きものへの飛躍、いやむしろ崇高なものへの沈潜は、われわれをしてただちにこの叙述の初めにあった実践的なものと理論的なものとの間のヨーロッパ的対立を超越させてしまい、行為は認識の内であるいはむしろ意識の自己への抽象的沈潜*の内で解消されることになる。宗教も哲学もここではたがいに流れ込み溶け合い、さしあたっては区別がなくなるように見える。それゆえ著者「フンボルト」は初めからただちに上述したように、この詩の内容を完全に「哲学的体系」であると指摘していたのである。

そもそも哲学の歴史には大きな困難と困惑が支配しているものであるが、特に民族の教養の古い時代に関してはそうである。それは、至高なるもの、したがって精神的なもの、ただ思想の内にのみ住まうもの、これを等しく対象としている意識のいくつかのあり方の間に限界を設定する際に、またその内容をあれこれの宗教のどれに属させるか、その判断の根拠となるべき特性を見出すにあたって、生じてくる困難と困惑である。インドの教養に関してそのような判定が最終的に可能となったのは、著者もまたしばしば引用している、コールブルックがインド人の手になる哲学の原典から収録して『アジア協会』の紀要第一号においてヨーロッパの読者に与えた抜粋によってであり、これはこの分野においてこれまでわれわれの知識が獲得しえたもっとも貴重な財産の一つである。

* die abstrakte Vertiefung

［インド］哲学の諸体系の間にもやはり、この詩にあるように、サーンキヤの教えとヨーガの教えとの根本的な違いの存することは明らかである。たしかにサーンキヤとは、それがまず理解されたうえで、次にヨーガの教えが把握されるというように、比較的に一般的な規定を持っているもの（コールブルックによる）と受け取られているが、しかし内容上の区別は特に表現上の相違とも結び付いている。

さしあたってサーンキヤに関していうと、その哲学の体系はいくつかの原理を数え上げる際のその数えることあるいは計算することの精確さがそこにおいて観察されるものである、というコールブルックの言葉を引用したい。サーンキヤとは「数」を意味するという。* 実際、彼がわれわれに教えてくれた哲学諸体系の相違が、何よりもまず、それぞれの体系が受け入れ、まず順に説明し、次に個々に詳細に規定し説明しているところの、対象、エレメント、カテゴリーなどの数え方の違いにあることは明らかである。サーンキヤの原語はそもそも「計算あるいは熟考」**の意味だという。フンボルト氏も、シュレーゲルのバガヴァッド－ギーターのテクストと翻訳に対するラングロア氏の批評†に対して「シュレーゲルの編集する」『インド叢書』に掲載した論稿‡において（同書第二巻第二分冊二三六ページ）、サーンキヤ思想はやはり「推論的、哲学的に」熟考することと規定される、と述べている通りである。

* Kapila を開祖とするサーンキヤ学派 Sāṃkhya は、「数」を意味するサンキヤー saṃkhyā から出て、「計算する人」「熟慮する人」の意を持つ。

** reasoning or deliberation

† Langlois 詳細は不明。この批評はパリの『アジア雑誌（Journal Asiatique）』第Ⅳ号に掲載された。

‡ 前述の論文。全集一六三ページ。「サーンキヤの教説とヨーガの教説は対立する。サーンキヤにおいては、推論的（raisonnierend）、哲学的な熟考が存在し、ヨーガにおいては、推論することなしに、内面的沈潜によって真理の直接的直観に、しかも元真理との合一そのものにまで、到達しようとするのである。」

先に道徳的規定に関して取り上げたものは明らかに無意味であり、われわれはそれらを通俗的で全く日常的なモチーフにすぎないと考えることができよう。ところがフンボルト氏が三二ページで*、「クリシュナはその語りの間中ヨーガに立脚していることは明白である」と指摘しているもう一つモチーフには興味深いものがある。しかしその場合でもただちに次の点に注意しなければならない。一面では、インドの最高の立場に達すれば、バガヴァット-ギーターの第五章五頌にも言われているように、両者の区別は消え、二つの方法は共通の目標を持つことになり、「理性的学説（サーンキヤ-シャーストラ）と献身的学説（ヨーガ-シャーストラ）とを同一であると見る人は真実に見る」（シュレーゲル訳による）のである。** このように最終の目標においてはインドの宗教と哲学は一致するのであるが、他面では、この共通の目標を形成するその仕方、そして本質的にはその目標へ至る道、つまり両者がいかにして思想を通してまた思想のために実現されるか、その道の形成の仕方は、宗教的形態と異なるものを生むのであり、それはたしかに哲学の名を受けるにふさわしいものである。ましてやその哲学の指し示す道が、インド宗教の描く道と、またインド宗教それ自身がヨーガの意味へ高揚しようとするときにいわば折衷的に許している道と比較されるときは、それが独特で価値あるものであることが明らかになる。したがって、上記のようにバガヴァット-ギーター内部でサーンキヤの教えと呼ばれているもの、すなわち一般

* 全集二二〇ページ。「クリシュナははっきりと二つの教説を区別している。第二章で、彼はアルジュナに、これまで理性の根拠（サーンキヤ）によって説いてきたことを、これからはヨーガの意味において聞け（第二章三九頌）、と言う。クリシュナは残りの語りの間中ヨーガに立脚していることは明白である。」

** 引用の（ ）内の語はヘーゲルが補ったもの。シュレーゲルはヘーゲルの記すサーンキヤ-シャーストラ Sanc'hya-Sastra (Sāmkhya-sāstra)を disciplinam rationalem と、ヨーガ-シャーストラ Yoga-Sastra(Yoga-śāstra)を disciplinam devotionem と訳している。シャーストラとは「規則」「（学問のある部門の）提要」の意。「聖説」「経論」などと漢訳される。

的で通俗的－宗教的な表象を越え出ていないものを根拠にして、インド哲学とその賢者たちに対して評価を下すようなことがあれば、本来のサーンキヤ理論であるインド哲学に対して最高の不正を働くことになるであろう。

［次に］ヨーガ理論とは何であるかを簡単に規定するには、同じくフンボルト氏がそれについて述べている（『インド叢書』同上）「そこに働いているのは熟考*である」（別の言い方が可能かもしれない）という言葉を引用するのがもっとも目的に適ったことであろう。熟考とは理屈を混じえずに、沈潜**によって、真理の直接的直観へ、いや元真理†そのものとの合一へ到達しようとすることである。著者の文章のなかから、このようなヨーガ理解によって明らかにされる、神の規定、人間と神との関係、さらに再び行為と人倫に関する視点を取り出すことができるが、それは次の第二編の課題としよう。

ヘーゲル‡　［以上、一月号］

* Nachdenken

** Vertiefung

† Urwahrheit

‡ 「学的批評協会」の「規約第三十二条」によれば、執筆者は必ず署名を付すことになっていた。「解説」を参照。

第二編

ヨーガ理論について

第一編（本年報の七号）では、インド人の人倫的規定の何たるかをこの著名な詩によって解明するために、尊敬する著者のこの学術的労作を利用させていただいた。そこで今回は、この民族の宗教的視点に関して、著者のこの最高に価値のある論述が与えてくれる梗概及び説明のなかから、その二三の根本規定を考察し評価を下すための便益を引き出させていただこう。われわれが一層の興味を抱くのは、「クリシュナの」語りから獲得される知識が、限りなく多種多様に形作られたインド神話のある特殊な側面に関わるものではなく、何よりもヨーガ理論、この民族の宗教の核心に、関わるものだからであり、そこにはこの民族の宗教性の持つ本性のみならず、その民族の神に関する最高概念の本性も含まれている。この詩の全体を支配しそれを世に通用させている根本的考えがこの理論にほかならないのである。

まず注意したいのは、「ヨーガ理論」という表現から、あたかもヨーガが何か一つの学問であり展開された体系であるかのごとく誤認してはならない点である。

その理論は、例えば神秘的な理論について言うときに、理論として考えればごく少数の主張と確信を含むにすぎないが、何よりも敬神的で、要求されている宗教的高揚を促し喚起するような立場を指すときに用いられるような意味における理論にほかならない。これが、フンボルト氏が三三ページ*で言われるように、この理論が「秘教」である所以である。それはその本性からして客観的ではありえない。なぜなら、それは証明の地盤に立ちうるような展開された内容を持っていないからである。ところが、インドの最高の理論、ヴェーダ**の場合には、それは外面的にも秘密にされており、バラモンのみが本来この書物を独占的に所有し読誦することができるのであり、他のカーストはそれを黙認されているにすぎない。これに対してラーマーヤーナとマハーバーラタの大部分の詩には、バラモンの専有から排除された国民にも宗教的知識を与えるという使命が持たされているようである。ただし明らかに国民の利用できるのは一定程度までで、ヨーガ理論の概要として問題にされうる意味に限られる。

　著者は前述の箇所において、コールブルックはインド人の哲学諸体系の抜粋（『王立アジア協会紀要』***第I巻）のなかでは、パタンドシャリ†の（コールブルックでは「パタンジャリ」の、神話的に現れる実在［神］についての）ヨーガ理論を含む書物‡についておおまかに述べているだけだから、その書物がバガヴァッドーギーターのなかでクリシュナが述べている事柄とどこまで一致するかは判断で

＊　全集二二一ページ。「ヨーガ理論は高位の者にしか伝えられない秘教（Geheimlehre）である。」

＊＊　インドの古聖典の総称であるが、狭義には『リグ－ヴェーダ』『ヤジュル－ヴェーダ』『サーマ－ヴェーダ』『アタルヴァ－ヴェーダ』の四種をいう。啓示によって書かれたものと考えられている。

＊＊＊　Transacttion of the royal asiatic Society I、論文名は「インド人の哲学について（On the philosophy of the Hindus）」である。

†　Patandschali　コールブルックはPatanjaliと表記している。パタンジャリ Patanjali はヨーガ派の開祖。ヨーガ－スートラ yoga-sūtra は彼がまとめたもので紀元二世紀から四世紀に成立したと推定される。

‡　次にあるヨーガ－スートラのこと。

きない、と言っている。コールブルックが言うところの、この理論において瞑想が行き着く「特別の主題*」とはそれ独自のものを含むものかも知れないが、少なくともヨーガと呼ばれているものの本性及びヨーガにおいて考えられている最終目標は、主要な点では二つの書物において同じ仕方で表現されていると考えて間違いない。著者が「慎重な教師」と呼んでいるこのパタンジャリのヨーガ－スートラの四つの章の内容も、またそこから引かれた長い引用文もそのことを結論させるに十分であり、そしてそれらの章の対象である特殊な観点もギーターの内容の内に見出されるものである。

私はそれらの章をごく簡単に記すことにする。コールブルックによれば、第一章(padu*)では観照(瞑想**)が扱われ、第二章はそれに到達する手段、第三章は超自然的な力の実修(「並外れた力の実修」、ヴィブーティー†)、第四章は三昧ないしは精神的な孤立‡を扱うものである。コールブルックが、他の理論については非常に詳細で明確な抜粋を与えているのに比べて、パタンジャリ理論の「特殊な主題」に関してはこれ以上のことを引用していないのは、それなりの理由があるのであろう。いや「あろう」というのではなく、事柄の本性から見て、「もし引用していれば」われわれにとって異質で野蛮で迷信的で、学問と何の関わりもない多くの事柄を報告する事態に陥ることが避けられなかったからである。

サーンキヤ理論は本質的にはパタンジャリ理論と異なってはいるが、それはまた

* special topics

* pada すなわち「足」から転じて、四つからなるものの一つの部分、「章」か。

** Beschauung (Kontemplation)

† exercise of transcendent power, vibhuti ヴィブーティーについてはこの後で主題にされている。

‡ Abstraktion oder geistige Isolierung

最終の唯一の目的においてはやはりパタンジャリ理論と一致するものであり、その一致するところにヨーガ理論が存在しているのである。違いはただそれに至る行程にある。サーンキヤでは明らかに特殊な対象や自然と精神のカテゴリーについての思惟的考察を通して目標に到達するように指示されているのに対して、パタンジャリに固有のヨーガ理論ではそのような媒介を経ずに暴力的に一どきにこの中心に立つよう促されるのである。コールブルックはサーンキヤの解明をはっきりと次のような言葉から開始しているのである。すべての学派、すなわち定立学派（このなかにパタンジャリ理論も属する）、反定立学派、神話学派、そのほかインド人の哲学体系のすべての間で認められている目的は、死後あるいは死の前に、いかにすれば永遠の浄福に到達することができるか、その手段を学ぶことにある、と。

『ヴェーダ』に関しては、コールブルックは以上のこととの関連でただ一か所を引用しているにすぎない。『ヴェーダーンタ』（ヴェーダの論証部門としての神学[*]）については、彼は、その目的の全体はそれによって輪廻からの解脱を獲得する認識を学ぶことにあり、そしてそのことを上述の神学において提示された手段を介して到達されるべき偉大な目標として肝に銘じさせることにある、と述べている。また他の箇所では（『アジア研究』Ⅸ巻二八九ページ）、彼はより明確に次のように述べている。ヴェーダの信奉者は、人間の魂は神的実在と完全に一致す

＊　Vedanta「ヴェーダ聖典の終わりないしは究極の事柄（anta）」を意味し、具体的にはウパニシャッドのこと。

ることが可能であり、ヴェーダの教えに従い神を知ることによってその境地に達すると信じているのみならず、彼らはまたこの手段によってある特殊な魂も神となり、至高の力をすら実際に獲得するに至ると知らされている、と。ニヤーヤ学説、ゴータマの哲学についても、コールブルックはインド哲学に関する二番目の論文（『王立アジア協会紀要』第I巻一ページ）において詳細な抜粋――インドにおいて無数のコメンタールの対象になっているといわれるかなり無味乾燥で形式的な論理学からの抜粋――を載せているが、その箴言のなかにも、ヨーガの哲学的学問の完全な知識が与えられる報酬が約束されているという。したがって、われわれはヨーガと称されているものがインドの宗教と哲学の普遍的な中心をなしていると考えて間違いないであろう。

ヨーガの意味

さて、ヨーガとは何か。著者はそれを三三ページで、[*] 語源学的に、[**] またより広い意味においても分析しており、また『インド叢書』第II巻第二分冊二四八ページ以下でも、著者とシュレーゲル氏によるこの語の翻訳の難しさについて興味深い説明を見ることができる。さて上記三三ページには、ヨーガとは「固く心情を神性へ向けることであり、他のいかなる対象からも、内面的思想からさえも離れ、自己に還り、いかなる動きも肉体的活動も可能な限り抑制し、ただ一つにそして

＊ 全集二二一ページ。以下の引用はここからなされている。

＊＊ フンボルトは次のように言っている。「yoga は、一つにする、結びつけるの意味の yuj、ラテン語の jungere から作られた名詞であり、ある対象を別の対象と結び付けることを表わしている。」

排他的に神性の本質に沈潜し、それと結合するよう努めること」と記されている。著者はこの語［ヨーガ］を「沈潜」*と訳すのである。それは「自己に還っていることがヨーガの状態にある人間にもっとも目立った兆候であり、そこにまたそのような人間に固有の神秘的気分も存する」からである。ただし、「ある言語に固有なものの見方から生まれた表現を別の言語の一つの単語に移し替えることには欠陥が付きまとうことではあるが」と断っている。この断り書きはおそらくシュレーゲル氏に対する弁明を含むものであろう。彼はヨーガを、ラングロワやウィルキンズが「献身（devotion）」の語を与えている（『インド叢書』同上二五〇ページ）ように、特に devotio の語に翻訳しているのであるが、その外に、「専心（applicatio）」、「任命（destinatio）」、「実修（exercitatio）」などの語も当てているのである（この場合には、意味がやや曖昧になっているように思われる）。しかし、やはりフンボルト氏は、「このように種々の表現が当てられると、読者はその語が本来持っていた普遍的概念を見失ってしまう。この普遍的概念があって初めて個々の単語への適用がそれぞれの場合に応じてその固有性において把握されるのである」**と、その弊害に注意を促している。シュレーゲル氏は翻訳の困難を知悉し翻訳者の苦悩についての深い感情を有しており、この指摘に同意している。

われわれのものの考え方や教養と対立して、独自の考え方と教養を持っている民

* Vertiefung yoga は元来「軛をつけること」の意。フンボルトはこの何かに自己を結びつけることの何かを絶対者と考え、そのように自己が絶対者と結ばれているときには、自らに沈潜している状態であるから、この訳語を与えたのであろう。漢訳で「修習」「修行」などと訳されるのもその意味であろう。

** 全集一六九ページ。フンボルトはここではさらに disciplia, activa, mysterium, facultas, mystica の語も挙げて、シュレーゲルの訳語のあまりの多さを難じている。

族の言語表現は、太陽、海、樹木、薔薇などのように全く感覚的対象に関する場合ならいざ知らず、精神的な内容に関連している場合には、それをそれと完璧に対応するわれわれの言語表現を用いて再現可能であるなどと考えることは、まさに事柄の本性に反することであろう。われわれの言語のある単語を取ってみれば、それはそれの対象についての一定のわれわれの表象を与えるのであって、他の民族の、すなわち単に言語が違うのみならず異なった表象をも有する異なった民族の表象を与えるものではない。すべての民族に共通な精神というものが存在し、そして同時にその精神が教養されていることも前提されているならば、相違があるとしても、それはある内容がその類から見られているのか、それとも類のある規定すなわち種から見られているのか、その違いだけであろう。言語においては多数の（すべてではないであろうが）規定性に対してそれぞれ特殊な表現が存在しているが、それらを包括する普遍的主体［類］に対してはそうではないであろう。あるいはそのような表現が存在したとしても、その表現は普遍的なもののみを指しているか、ある特殊な種の意味をも指すものであるか、いずれかである。例えば、ドイツ語の「時間（die Zeit）」には充実した時間も空虚な時間も正確な時間の意味も含まれており、それゆえにラテン語の「時間（tempus）」は時には「状況」*や「ぴったりの時」**の語によっても翻訳されざるをえないのである。辞書の内にわれわれはある一つの単語の異なった複数の意味が引かれているのを

* Umstäende

** die rechte Zeit

見るが、そのほとんどは同一のものを基盤とする諸規定性なのである。シュレーゲル氏の言うように（『インド叢書』第二巻第二分冊二五六ページ）、ヨーロッパの諸民族は、言語、趣味、社交文化、学問的教養に関して一つの大家族を形成しているとしても、しかしそれらの言語の相違はこのようなずれを生み続けているのであり、翻訳に携わる者には何はともあれそのような困難を除きうる資格が、シュレーゲル氏がさまざまな試みにおいて示しているような洗練された感覚と精神豊かな才能が、求められているのである。

　フンボルト氏は、ヨーガのフランス語訳 devotion とラテン語訳 devotio はヨーガ本来の意味を指しておらず、実際に表現されているものはヨーガの一般的規定ではなく、ヨーガには含まれない特殊な意味にすぎない、と指摘している（同上二五〇ページ）*。尊敬する著者が用いている（四一ページ）** Vertiefung なるドイツ語表現が重要で適切であることはただちに明らかである。それは、ヨーガ一般を意味しているとともに「決定」*** や「専心」† にも当てはまる一般的規定性を表現しているからである。そしてヨーガが持っている本来の意味は、特にインドの諸宗教のすばらしさを知るためにもっとも興味を引くものである。ウィルキンズは彼の翻訳の一四〇ページの注において、「ヨーガを」「結合及び身体的ないしは精神的な専心」‡ としてその直接的意味と一般的意味を述べた後に、この語はバガヴァッドーギーターにおいては「一般に、霊的事柄への専心と宗教的儀礼の遂

* 全集一七〇ページ
** 全集二三一ページ
*** destinatio
† applicatio
‡ conjunction (und) bodily or mental application

行を表現する神学用語として用いられている」と述べている。したがってこの特殊な意味が一般的基盤の表現のなかで優勢であることは明らかである。われわれの言語はこのような規定に対応する単語を持っていないであろう。そういう事柄はわれわれの教養と文化の内には存在しないからである。

それゆえ「沈潜」という［フンボルトの］適切な表現もまたそれほど広範に当てはまるものではない。この意味におけるヨーガは、絵画を直観したり学問的対象へ没頭するように対象一般へ沈潜することではない。また、自分自身へすなわち自分の具体的精神へ、精神の知覚や願望などへと沈潜することでもない。むしろヨーガはいかなる内容も持たない沈潜であり、外的対象への志向の放棄、意味の創出の放棄であり、また、願望や希望や恐怖の蠕動をとらえる内的知覚の抑制でもあり、一切の傾向と情熱の寂滅であるとともに、像、表象など、一切の規定された思想の不在でもある。このような高揚は瞬間的状態としてのみ考えられるのであるから、われわれはそれを祈り＊と呼ぶこともできよう。しかし、われわれの祈りは具体的精神から生まれ、内実のある神に向かうものであり、内容を伴う祈禱、宗教的心情の充実した動きである。それゆえヨーガ（die Yoga）※を祈りと呼ぶとしても、それはただ抽象的な祈りであるといえる。それはただ主観と対象の完全な無内容へ、したがって没意識的状態へ進むものにすぎないからである。

＊ Andacht
『精神現象学』では祈りは「芸術宗教」（古代ギリシャの共同精神）のなかで語られている。それは神的実在に心を向け、それに近づこうとする行為であるが、ヘーゲルにおいてはそもそも「宗教」とは共同体の表象を獲得する精神の働きのことであるから、祈りの場合もその共同的実在に対象的な存在を与えるために具体的な内容と、それを生み出す労働が要請されるのである。

※　多くの場合性質を指示するのが普通であるドイツ語の女性冠詞 die を用いて、die Yoga と記すことを許されたい。*

成就に至る諸段階

ヨーガを明確に規定するために、まず次のことを指摘しておきたい。その祈りの持つ抽象性は一過性の緊張としてではなく、そもそも祈りというものが敬虔的なものになるものであるように、それは精神の習慣的な気分や性格として理解される必要があるということである。そのような精神の恒常的な没我状態に至る道にはさまざまな段階があり、したがってさまざまの価値を有している。

クリシュナはバガヴァッド-ギーターの第七章三頌で、「幾千もの死すべき者のうち、稀に一人が成就**をめざして努力し、努力して成就した人びとのうち、稀に一人が私を完全に知る」と言っている。したがって、いくつかの下位の（いま引用した詩頌からすればこのように表現せざるをえないが）段階の成就を特徴づけ、それの有する価値を最高の成就が有する価値の下に置くこと、これがバガヴァッド-ギーターの主な内容の一つとなる。ところが［クリシュナの］語りはなによりもいつも「私に帰依せよ」という一般的命令の繰り返しに陥ってしまい、フンボルト氏が苦労してこの詩のなかに散在している類似の詩頌をまとめる仕事をしておいてくれなかったならば、われわれはこれらの段階を区別し追跡する労

*　現代では、男性及び中性の冠詞を付するのが一般的である。ヘーゲルはここまでは無冠詞でただ Yoga と書いてきた。フンボルトも無冠詞で用いている。

**　Vollendung

をとらざるをえなかったであろう。

　精神をクリシュナへ集中することがこの詩の性格の全体を貫いているのであるから、したがってまず第一に行為の報酬に対して無関心であることが要請される。これについてはすでに第一編で述べたことであり、この詩に関するフンボルト氏の第一講演において特に強調されていたことである。その論文五ページ以下を参照。* 結果の放棄は行為そのものの内に含まれるものではなく、むしろ逆に放棄するために行為が前提されているのである。しかしこの放棄は第一二章一一頌では成就の最低段階だと言われる。その箇所でクリシュナは、「もし汝がそれ（これが何であるかは直前にある）** もできないなら、汝は私をはっきり見て、謙虚に行為の報酬を放棄せよ」と言っている。

　行為の結果にとらわれぬことはたしかに人倫的心情の一要素ではあるが、それが同時にこのように一般的にいわれているだけでは規定されておらず、それゆえ単に形式的で、曖昧とすらいえる本性にすぎない。なぜなら、行為とは何らかの目的を現実のものとなすことにほかならず、したがって何かを結果となすためにその何かの外に出て初めて、行為がなされたといえるからである。目的を現実のものとすることが成功であり、行為が結果を生むことが満足であり、満足は遂行された行為と分かちえないその報酬なのである。

行為と目的の達成とを分断するものが忍び込んでくることもありうる。そして義

＊　全集一九五ページ以下
＊＊　そこには「私のための行為に専念せよ」とある。

務に従ってなされる行為の多くは外面的結果を生まないことがあらかじめ知られてさえいるであろう。しかしそれでも義務はヨーガのように結果に対してまったく否定的で無関心な態度をとることとは違うのである。「為されたる仕事」が無意味にそして無感覚に遂行されればされるほど、結果に対する無関心は増大していくのである。

第二段階とカースト制

成就[*](consummatio)に至る次の段階は、第一二章一〇頌[**]で、「クリシュナの行為」に専念し、「クリシュナのための行為」[†](「私〔クリシュナ〕への感謝」)を遂行することであるとされる。この後者の規定が含まれる箇所を、フンボルト氏はこの章の難解な九頌から一二頌のなかでも特に疑問のある箇所だとしている(『インド叢書』同上二五一ページ)。ウィルキンズの英訳では、「私の最高の仕事に従え。私のために仕事を行えば、成就に達するであろう」となっている。フンボルト氏は最初の句〔クリシュナの行為〕をクリシュナの行為そのものに専念することではなく、クリシュナのために彼に専一してなされる行為と解釈する。シュレーゲル訳における「私〔クリシュナ〕の行為を遂行する」が何を意味しているかは理解しがたいものであり、フンボルト氏は、この翻訳は不可能事を強いているように思われる、と言っている。もちろんインドの表象世界では「不可能

＊　ここでは成就 Vollendung にさらに上記のように consummatio なるラテン語が説明のために付加されている。

＊＊　「もし常修にも能力を欠くなら、私のための行為に専念せよ。私のために行為しても、あなたは成就に達するであろう。」

†　「私のための行為」は mat-karman である。上村訳の注には「神殿を立てることなど、神を崇拝する種々の具体的な行為」とする説が紹介されている。なお、ここで「行為」と訳したのは die Werke, works, opera である。ヘーゲルの文章の内には Handeln, Handlung の語も見られ、die Werke は行為のもたらす結果をも含んでいるが、区別せずにいずれにも「行為」の語を当てておいた。

事を為す」のはごく当たり前のことであって、そもそもわれわれが不可能ということに対して抱いている表象をそこに当て嵌めることは誤解のもとであろうが、いずれにしろこの「クリシュナの行為」については以下ではっきりさせるつもりである。

疑問は、祈る者が成就すべき行為とはいかなるものか、ということである。第三章二六頌、* ここでもまた他の箇所と同様に、この詩に含まれている貧弱な思想がいたずらに繰り返されているのだが、「賢者は祈りに専心して行為を果たすべきである」と言われ、さらに二七頌で、**「［果たすべき］行為は自然の質***によって規定される」と言われている。これはインド人の周知の三つのカテゴリーのことであり、彼らはそれに従ってすべてのものを体系化している。これらの質に従ってカーストそれぞれにその仕事が配分されることが、第一八章四〇頌以下†で詳しく説明されている。この箇所はカーストの特徴的な区別が明確に表現されているところであるが、ここでもまたシュレーゲル氏は、第一編で指摘したように、第一のカーストは「バラモン」と訳しているが、残りの三つのカーストをそれぞれ「武士」「職人」「奴隷」と訳し、そしてカーストそれぞれの特徴を示すにあたって、これらのカーストは「自然」（ウィルキンズの英訳では「自然の義務」）によって規定された職業であると繰り返し、「それ自身の自然の天性から授けられたもの」と解釈している。「天性」‡の語には、たしかに生まれながらの素質という自然に

* 「賢者は行為に執着する愚者たちに、知性の混乱を生じさせてはならぬ。賢者は専心して行為しつつ、愚者たちをして一切の行為にいそしませるべきである。」

** 「諸行為はすべて、プラクリティ（根本原質）の要素《グナ》によりなされる。我執（自我意識）に惑わされる者は、「私が行為者である」と考える。」

*** プラクリティのこと。サーンキヤ派は宇宙の根本原理として、純粋精神・プルシャと根本原質・プラクリティを想定した。プルシャは実体としての個我であり、その本質は知ないしは思であり、活動性を有せず、常住不変、純粋清浄であり、原子大で多数存在する。一方、プラクリティは宇宙の質料因であり、物質的で活動性を有し、唯一であり、あらゆるものの内に遍在する。それはサットヴァ（純質）、ラジャス（激質）、タマス（暗質）の三グナ（構成要素）から成る。プラクリティとはこれら三グナの平衡状態のことである。

† 四一頌から四四頌は次の通り。
「バラモン、クシャトリヤ、ヴァイシャ、及びシュードラの行為は、［それぞれの］本性より生ずる要素に応じて配分されてい

よって規定されているもの、気質といった意味があるが、ところがカーストの場合にはそれが誕生というまったくの肉体的状態にすぎず、その誕生によってそれぞれの人間の職業が決められてしまっていることが、この「天性」という表現では曖昧にされる憾みが残る。ヨーロッパ的な自由の意味からすれば、この語「天性」は逆の意味で理解されるものであろう。つまり、それぞれの個人がどの職業、どの階層に自分を属させるかは「肉体的状態によらずに」、気質、精神的な素質、才能、天分によって左右されるものである、と。

むしろ重要なことは、「インドの有する知恵と道徳」というすばらしい名声を享受しているこの詩の内にすら、道徳的自由へ向上する手掛かりを持たない周知のこのカースト制が存在していることを指摘することであると思われる。一見したところこの詩には純粋な人倫的原理が含まれているかに見える。しかしこの詩にこの外観を与えているものは、一部はすでに引用し、また一部はすぐに解明するはずの、行為の報酬に対しては否定的な態度をとるという原則である。一般には非常に優れたものと思われているこの原則も、それが一般的にすぎないならば、同時に不安定なものであり、その内容の意味と価値を具体的な諸規定から獲得しなければならないのである。ところがインドの宗教性及びそれと関連する義務論が有している意味と価値は、ただカーストの掟——人倫と真の教養をインド人の間で永久に不可能にしてきて、現に不可能にしている制度——からしてのみ規定さ

る。

寂滅、自制、苦行、清浄、忍耐、廉直、理論知と実践知、信仰。以上は本性より生ずるバラモンの行為である。

勇猛、威光、堅固(沈着)、敏腕、戦闘において退かぬこと、布施、君主の資質、以上は本性より生ずるクシャトリヤの行為である。

農業と牧畜と商業は、本性より生ずるヴァイシャの行為である。シュードラの本性より生じた行為は、[他の種姓に]仕えることよりなる。」

‡　indoles

れ理解されるものなのである。

アルジュナに対する「戦いに赴け」という要請が要請たりうるのは、彼がクシャトリヤ［武士］のカーストに属しており、天与の仕事、「汝の為すべき行為」（第三章一九頌）［戦さ］を遂行しなければならないからである。同じく第三章二九頌では、賢者（「すべてを知っている者」、『インド叢書』第Ⅱ巻の三の三五〇ページ参照）は、愚者たちがカーストの義務を果たすにあたって彼らを動揺させてはならぬ、と説諭されている。――これは優れた意味を含んではいるが、他面ではしかしやはり自然の規定性［カースト制］を恒久化させるものでもある。第一八章四七頌には、「不完全な力によってでも自分のカーストの義務を果たす方が［他者の義務を完全に遂行することよりは］勝る。その義務（シュレーゲル訳では「行為せんとする試み」）がたとえ罪に結び付こうとも、だれもそれを放棄しない」という文がある。同じ箇所で続けて、「自分の階層に満足する者は、名誉欲や欲望にとらわれずにそれを遂行するとき、成就に至る」*と言われているが、これは、われわれの言葉で表現するならば、外面的な仕事（「為されたる仕事」）はそれだけでは浄福の助けとはならないということであろう。

しかし、以上の表現はキリスト教的な意味、神を畏れて正義を為す者はいかなる階層の者であろうと神に好まれるということを含むものではない。なぜなら、インドでは精神的な神と諸義務との間には肯定的な連関は全く存在せず、したがっ

＊　四七頌ではなく四九頌にこれとほぼ等しい文がある。

て内面的な正義や良心も存在せず、義務の内容は精神的にではなく、自然に従って規定されるものだからである。とすると、われわれはこれまで行為*、性格**という表現を用いてきたが、これらの語には道徳的な責任意識と主体的な独立性の意味が含まれているから、これらをここで使うことは明らかに不適切であったことになる。

第三章の二二頌でクリシュナは自問している。

「私はこの世界［三界］において為すべきものは何もなく、得るべきもので未だ得ていないものも何もない。それでも私は活動し続ける（シュレーゲル訳「されど行為に従事する」）。もし私が持続的に活動しなければ、人間は滅亡するであろう（ウィルキンズの英訳では「この世界はその義務を怠るであろう」）。そうなれば、私は何を生む者となるであろうか。――カーストを混淆させ、種族を悪化させるであろう（ウィルキンズ訳「私は人びとを正しい道から追放するであろう」）。

「義務」、「正しい道」――このイギリス人は「道徳的行為」あるいは「滅びる」とか「堕落する」という意味での「行為」を修正して、クリシュナが常に成し遂げる「行為」としている――という一般表現が空疎な雄弁に陥るのを防ぐには、それに対して明確に規定された内容と意味を付与しなければならない。その内容とは、ウィルキンズの英訳に「私は偽りの出生をもたらすことになろう」†とあるように、カーストの混淆のことである。シュレーゲル氏の訳にはただ「混淆」と

* Handlung

** Charakter

† colluviens

あるが、これではまだ明瞭にならない。正確には（第一編で引用した箇所*にある）「秩序の混淆」であり、特に、おそらく原文ではvarna-sarka**とあるであろうが、「種姓の混淆」の意味である。優れた宗教においては知恵、善行、正義の仕事が神の世界支配の仕事と考えられている。ところがクリシュナが常に成し遂げる仕事はカースト制の維持である。そして人間に課された仕事の内には本質的に犠牲と礼拝の行為が含まれており、これは一見したところ、宗教の地盤とも受け取れるものであろうが、そこには例の自然の区別［カースト］が厳然として存在している。われわれの場合はこのような階層、教養、才能などの区別は消滅していき、人間はみな人間として等しく神に係わってきたのである。しかしインド人の場合はこのことは当たらない。日常生活の全く瑣末なあるいは全く外面的なふるまいにおいてすら観察される宗教的な勤めが、カーストに従ってきっちりと決められているのであり、バラモン－カーストの優位が非精神的な迷信の幾千もの愚かな掟と結び付いていることも理由のないことではないのである。

以上述べたことは、ウィルフォードがインド宗教とヨーロッパ人や非インド人との関係について指摘していること（『アジア研究』XI巻一二二ページ）と関連している。インド人は、最下層の階層に対しては、われわれはみな改宗者に属しているが、その意味での改宗を認めない。この宗派の成員は死してもし功績に値するならば四つのカーストのどれかに生まれかわることはあるが、最下層の階層はそ

＊　第一章四一頌

＊＊　varṇa-saṃkara

こから上の階層に昇ることは不可能である。第三章一四頌以下*には、人間と、神ないしはブラフマン**と、そして神々との、犠牲と祭祀一般に関する循環（「円(orbis)」、ウィルキンズの英訳では「車輪（wheel）」）が描かれており、ここにはもっとも重要なモメント、すなわち、われわれならば供養する者の主観的な心情であり行為であると考えるであろうものをブラフマンそのものであるとする考えが見られるのだが、これについてはブラフマンの概念を述べるときに戻って考えることにしよう。

以上で、「行為の」報酬に対する無関心と、行為しながら内面をクリシュナに向けるという二つの成就の段階が示されたが、その上に、仕事ないしは行為を、祭祀であれいかなる種類の活動であれ、放擲する、という段階が示される。その段階は第一二章九頌***にあり、シュレーゲル訳では「持続的な専心†」となっているが、この訳語は、フンボルト氏が『インド叢書』の同じく二五一ページで指摘しているように、曖昧といわざるをえない。フンボルト氏は（同じく二五二ページで）、この原語（abhyasah‡と思われる）の訳語を訳者「シュレーゲル」は第八章八頌の文では省いてしまっており、しかもその前後の頌で異なった事柄が述べられている、と指摘している。シュレーゲル氏はこの文ではおそらく「専心を絶えず練習させる」の訳語によって「持続」を意味させようとしたのであろうが、事実この「持続」にアクセントが置かれていることを理解して初めて、第八章の八頌から一

* テクストには（原文でも）「第四一章一四頌以下」とあるが、明らかに間違いなので（ギーターは全十八章から成る）、それに該当する箇所を記す。その一四頌から一六頌は次の通り。

「万物は食物から生じ、食物は雨から生ずる。雨は祭祀から生じ、祭祀は行為から生ずる。

行為はブラフマンから生ずると知れ。ブラフマンは不滅の存在から生ずる。それ故、遍在するブラフマンは、常に祭祀において確立する。

このように回転する［祭祀の］車輪《チャクラ》を、この世で回転させ続けぬ人、感官に楽しむ罪ある人は、アルジュナよ、空しく生きる人だ。」

** Brahm は宇宙の根本原理としての梵のこと。人間は行為することによって祭祀の車輪（cakra）を回転させ続けねばならず、それによりブラフマンは遍在することになる。

*** 「もしあなたが心を堅く私に集中することができないなら、常修のヨーガによって私に達することを望め。アルジュナよ。」

〇頌*においても、第一二章の九頌から一二頌と同じく、成就の階梯が示されていることがはっきりする。ウィルキンズの英訳でもやはり不明瞭な「練習」や「繰り返しなされる練習**」の訳語が与えられているのである。

ヨーガの苦行

　この「持続」がどのような段階にあるのかは、とりあえずはその先行の段階と後続の段階とから推測することができる。先行段階では、クリシュナへの専心、祈りは捨離できず、ただ行為を放擲できる。後続の最高段階は行為と努力から解放され、神とともにあり神とともに住む成就の段階である。したがって両者の中間にあるものは絶え間ない専心の段階である。われわれはこの「持続的な専心(devotio assiduitatis)」という表現をひっくりかえして、専心の持続(die Assiduität der Devotion)と呼ぶことができよう。拡張されたこの規定［専心の持続］は一部はバガヴァッド－ギーターそのものにも述べられているものであるが、インドについて報告したすべての人をもっとも驚愕させた段階にほかならない。

　とりあえず私は以上述べてきたこととの関連で次の点を指摘したい。この段階にはインド的な宗教性において特徴的な規定性を形成している、精神のまったく消極的な態度が現われ出てきているがゆえに、それは、以前クリシュナがアルジュ

† assiduitatis devotio

‡ 「持続的な専心」に当たる語は右の引用にある「常修のヨーガ」であり、これは abhyasā-yoga であるが、abhyasā とは「心をすべてのものから撤回して一つの拠所に繰り返し置くこと」の意味である。

* 「常修のヨーガに専心し、他に向かわぬ心によって念じつつ、人は神聖なる最高のプルシャに達する。
　太古の聖仙、支配者、極微よりも微細なる者、一切の配置者、不可思議の形の者、暗黒の彼方で太陽の色をした者。その者を念ずれば、
　臨終の時、不動の意と、信愛と、ヨーガの力をそなえ、気息を正しく眉間に注いで、その人はかの神聖なる最高のプルシャに達する。」

** constant practice

ナに行為を督促したことと矛盾している、と。この詩が退屈であることの一因は、行為せよという要求と、行為をなさずいや身動きすらせずにただクリシュナに専心せよという要求との間の矛盾が絶えず現われてきて、その矛盾が解消されない点にある。しかしこの矛盾が解消されることはありえない。なぜなら、インド人の意識における至高のもの、抽象的な実在、ブラフマンは、それ自身はいかなる規定も持っておらず、したがってその規定はただその一性の外部にあるのみであり、外面的、自然的な規定たらざるをえないからである。このように普遍的なものと具体的なものとが乖離しているので、そのいずれもが精神を欠いており、普遍的なものは空虚な一性、具体的なものは自由ならざる多様性にとどまっている。人間は後者に属しており、ただ生命の自然法則に縛られているだけで、前者に上昇するには一切の具体的で精神的な生命性から逃避し、それを否定しなければならないことになる。そこでこの二つを一つにするには、インド的な成就の先行段階に現われていたように、自然法則に従って行為しつつもその行為そのものに対して無関心でいることでしかありえないのであり、それは充実した宥和を生む精神的な媒辞とはなりえないものである。

この持続の実修の具体的な方法については疑問の余地はない。その方法はよく知られたインドの行《ぎょう》、すなわち、暴力的にみずからに引き籠もり活動や思念を持たぬ状態の単調さにじっと耐えることにほかならない。この苦行は空虚な無感覚に耐えるだけのことであって、断食、試錬、十字架を背負い、行為や外面的行動に際しては愚直に服従するなどという、［キリスト教の］贖罪の意味での苦行とは異なる。贖罪の苦行にはまだしも少なくとも身体のさまざまな動きや、知覚、表象、精神的興奮という多様性が付随しているものである。それにまたインドの実修は贖罪のためではなく、成就に達するためにだけ課されるのであり、そこでそのような実修に対して「贖罪」の語を用いると、その語には含まれておらず、意味を変えることになる規定が混入することにもなろう。この実修の苦しみに耐える人びとは普通「ヨーギン」*の語で理解されている。この人びとからこの術はギリシャ人にも伝えられたのであり、ギリシャ人が裸行者**と呼ぶものもこれに由来している。

ここで「専心の持続」と呼んだものに対応しているのは、コールブルックがパタンジャリの『ヨーガ-スートラ』†（第三章）から引用している、最高段階の前段階にある至福の獲得である。コールブルックの言うには、この第三章はほとんど身体と内官の実修の手引きのみを含み、その実修の方法とは、呼吸の停止［調息］、感官の無活動［制感］、定められた姿勢の維持［坐法］と結びついた集中的で深い瞑想から構成されているとのことである。フンボルト氏は三四ページ‡でこの箇所を引いて、「特殊な諸問題についての瞑想」――その「諸問題」についてはすでに上で指摘した――というコールブルックの訳語では、ヨーギンの微動だに

* yogi　ヨーガの修行者のこと。

** die Gymnosophisten

† ヨーガ派の根本典籍。二世紀から四世紀に成立したと推定される。パタンジャリの作とされるが、流布していた文書を彼が編纂したものと推測される。

‡ 全集二二二ページ

せぬ黙想が神性以外の対象にも向けられるものであるかのように受け取られてしまうであろう、と述べている。

コールブルックの引用はきわめて曖昧である。サーンキヤ学派の特徴はむしろ明確な対象について熟考することであり、したがって思想についてまた思想の内で認識することである。たとえパタンジャリ理論を哲学的体系として信奉する人の瞑想に何らかの拡張がわずかでも付け加わったと考えたとしても、その種のものは一般のインドのヨーガの内には全くその痕跡が見当たらないのである。どのような記述にも、どの指南書にも、ヨーガは外面的及び内面的な不活動状態への実修あるいは鍛錬であると書かれている。バガヴァッド－ギーターでは必要なこと以上の何ごとも思念しないことと書かれている。例えば第六章一九頌から二七頌にあるが、この箇所の一部をフンボルト氏の［ドイツ語］訳によって取り出してみよう。氏の翻訳がいかなるものであるか、その一例を示すことにもなろう。原典にある音節の長短が、これを写すのはおそらく非常な困難を伴ったことであろうが、ここでは特に適切に示されており、その抑制された文章は読者に沈潜を題材としているこの内容にまさに沈潜することを促すものである。*

この沈潜にひとは不撓の心で沈潜しなければならない、

我執の追求から生じた一切の欲望をあますところなく捨て、

＊　フンボルトのドイツ語訳は二三頌から二六頌までであり、その部分の上村訳を示す。

そのような、苦との結合から離れることが、ヨーガと呼ばれるものであると知れ。このヨーガを、ひるむことなく決然と修めよ。

意図（願望）から生じた一切の欲望を残らず捨て、意により感官の群をすべて制御し、

堅固に保たれた知性により、意を自己（アートマン）にのみ止めて、次第に寂静に達すべきである。（他の）何ものをも思考すべきではない。

動揺し不安定な意がいかなる原因でさまよい出ても、各々の原因からそれを制御して、自己の支配下に導くべきである。

感官の群れを心によって遍く統御し、
そのように努めつつ、精神の内に獲得された堅固さによって、次第に安らぎ
を得べきであり、
心を自己自身にとどめ、何ごとも思念すべきではない。
（シュレーゲルのラテン語訳「何ごとも思惟すべきではない（nihilum
quidem cogitet）」
何ものかから、不安定に容易に動揺するものがさまよい出ても、
そのものからこれを引き戻して、内面の自己の支配下に置くべきである。

ヨーガ行者の実修

この詩のなかでヨーガ行者の実修に関して述べられているその他の規則や特徴については、フンボルト氏が三五ページで次のようにまとめている。* 行者は人里から離れた清浄な場所に、高すぎも低すぎもしない、獣の皮とクシャ草（バラモンたちは常にこの草に苦しめられた。この草についてはフンボルト氏によるとウィルソン** は「poa cynosurides」† と言っているという）で覆われた座を設け、頭も首も動かさず、身体の平衡を保ちつつ、気息を眉間に注いで、静かに鼻の穴から息を吐きだしては吸い込み、諸方を見ることなく、眉間と鼻の先を凝視し、かの有名な一音、オーム！と唱える。

* 全集の二二四ページ。ここでフンボルトがまとめているのは、ギーターの第五章二七頌と二八頌、第六章一〇頌から一五頌、第八章一〇頌から一四頌である。

** Horace Hayman Wilson（1786—1860）のことか。彼はイギリスの東洋学者であり、サンスクリット語辞典（一八一九年）と文法（一八四一年）などの業績によって、ヨーロッパのインド文献学の基礎を築くのに貢献した。

† kuśa 地面を浅く掘って作った祭壇に敷きつめてその上に供物を置くための草。poa cynosurides は学名、「犬の尻尾」の意味であろうから、そのような形態をした草か。

三六ページでは、フンボルト氏は、ウォレン・ヘースティングスが見た、ロザリオ（インド人も昔からそのようなものを用いていたから）を繰りながら痙攣性の祈りを捧げるヨーガ行者の姿と、以下のヘースティングスの考えを引用している。

＊ 全集二二四ページ

人びとは幾世代にもわたってその全生涯を貫き日常化した抽象的瞑想の習慣の内に生きてきたのであり、そして後世の人びとはそれぞれ先人たちが獲得した宝物を認識するという寄与をなすものであるから、それらの知識が積み重ねられ、彼らは他の諸国民の教えとは全く異なった意識の新たな軌道と新たな組み合わせ＊＊を発見することになったのであり、そしてそれらは偶然のものが決して混じることのない源泉から生まれたものであるから、われわれの抽象的な教え†と遜色ない真理を有している、と考えることも可能であろう。

＊＊ 同じ意味のドイツ語の後に（ ）を付けて、new tracks and combinations of sentiment という英語原文が挿入されている。これはフンボルトの論文にあるもの。

† 同じく、the most simple of our own「われわれのもののなかでもっとも単純なもの」、及び、そのすぐ後ろにある the most abstruse of ours「われわれのもののなかでもっとも深遠なもの」の句が挿入されている。これはフンボルトの論文にはない挿入句である。したがって、ヘーゲルはヘースティングスの書物を直接に見ていることになるか。

当然ながらフンボルト氏はこのような考えに賛意を示すことはなく、この種の緊張状態は他の民族や宗教にも見られる狂信的な神秘主義と変わらぬと述べている。この総督は、認識とは感性的なものを捨象し追思惟することによってのみ獲得されるものであることはよく理解しているのだが、彼はそれと、思考が運動も活動もなさず感官と知覚は働かぬように強いられている微動だにせぬインドの内省とを区別していないのである。私としては少なくともこの点からしても、ヨーガを「フンボルトのように」他の民族の宗教や神秘主義になぞらえることすら肯んじることはできない。なぜなら、神秘主義は精神的なものを——時には非常に純粋で崇高で美しいものをもまた——豊富に生み出してきたからであり、またそこでは魂が活動していないようにも見えても、魂は同時に自己には関わっているのであって、それは魂が関わる豊かな対象とその対象への魂の関係とを展開するものであるからである。ひとり虚無の内で孤立しているインド的な魂の孤独にはおそらく神秘主義の名前すら不釣り合いで、むしろそれはいかなる内容も持たぬがゆえにいかなる真理を発見することにもつながらない無感覚状態にほかならない。

このような静坐あるいは静立*は何年ものあいだ時には一生にわたって継続されるものであるが、われわれはこの静坐以外のヨーガ行者の実修を別の文献によって見てみよう。なかでも私はもっとも奇妙なものを引用することにする。**ダライ・ラマに会うために小チベットを旅行していたターナー隊長†は旅の途中で出会ったひとりのヨーガ行者のことを記している。この行者は十二年間立ったままで、その間眠るときも地面に座らず身を横たえないという行をみずからに課していた。それに慣れるために、彼は初めのうちは自分の身体を樹木や支柱などに固定していたが、すぐに慣れ、立ったまま眠ることも苦痛とは感じなくなった。ターナーが彼と言葉を交わしたとき、彼は課された十二年間の旅から戻ってきたところで、アジア－ロシアの一部を抜け大タタールと中国を回った旅も終わりに

* Stillsitzen oder Stehen

** どのような文献をヘーゲルが利用していたかは、次に名前の挙げられているターナーを含めて、分からない。当時のヨーロッパではこのようなアジアの冒険紀行の類の書物が数多く出版されていた。しかし、ヘーゲルがそれらを紹介している態度は、異文化の特有性を理解しようとするよりも、「理性的に」理解できない異常な風習や物語を興味本位に公衆の前に提出しているだけだという憾みが残る。

† Capitain Turner 詳細は不明。

近づいていた。そして今彼は実修の第二段階にあった。この十二年間に彼が実修した苦行は両手を組んだまま腕を頭の上にかざしておくことであり、また定まった住いをもたぬことであった。彼は騎乗し、二人の従者が彼の世話にあたり、彼が馬に乗り降りするのを手伝った。彼の腕は完全に白くなり硬直していたが、ヨーガ行者は腕そのものにそれを再び柔らかく感覚を感じさせるようにする力があると言った。

このヨーガ行者には成就に達するために定められた次の実修が待っていた。その実修は、灼熱の季節に、五火、その四つは彼の回りに四方位の方角に点火された火であり、五番目は裸の頭を焼く太陽の光であるが、その五火の真ん中で、太陽をじっと見つめたまま、三時間と四十五分両手を持ち上げながら座っていること、さらに同じく三時間四十五分の間その一つの火の上で左右に揺すられて、最後に三時間四十五分間頭を下にして生きたまま地面に埋められるというものである。ヨーガ行者は、これらのすべてに耐え抜いたあかつきには、成就した者になる。このイギリス人の報告書を読むと、数年前、最初の苦行に耐え抜いたひとりのインド人が次の火の上での揺すりの行を引き受けたことが出ている。彼は一本の柱に身体を縛りつけられ、ロープが高い梁に結ばれた。頭が火の中につるされ、炎は髪に達した。半時間後人びとは左右に揺すられているこの受難者の口と鼻から血潮が怒濤のように飛び散るのを見た。彼は降ろされ失神した。

『ラーマーヤナ』の第一巻三一のガンガー河*の誕生に関連したエピソード**のなかにも（『インド叢書』第一巻第一部参照）、サガラの子孫、アヨーディヤーの王のおこなう苦行が出ている。この王の妃の一人†は六万の息子の詰まった一つのひょうたんを生み落とした。息子たちは殺されたが、「その灰を」ガンガーの水に浸すと、彼らは天国に引上げられるのだという。王は苦行によってこのこと「灰をガンガーの水に浸すためにガンガーを降下させること」を果たしたのである。灼熱の季節に五火の間に座ることの外に、寒い季節には水のなかに横たわり、雨季には降り落ちてくる雨雲に身を晒し、落ち葉をまといながら、彼は想念を自己に集中した。

ヨーロッパでは迷信的な懺悔の行からでっち上げられた多くものが、インドでは前述のロザリオを繰りながら繰り返しある言葉を発することや、何歩か前進し次に何歩か後退したり、あるいは身体全体を地面に投げ出し遠く離れたパゴダに腹這いで進み、また後退《あとずさ》りし、そうして前進を妨げ、そのため何年もの歳月をかけなければならない巡礼、このようなあるいはこれに類した仕方に見られるのである。

インド宗教における至高存在が有している否定的本性はまた、内面性を欠く全くの抽象的表現すなわち直接的な殺戮によっても満たされる。例えば、五百人もの引き手を要するジャグハーノート‡の偶像神の山車が大祭の日にパゴダのまわり

* ガンジス河のこと。
** 以下の話は第一巻三八及び四〇から四三にある。
† スマティ
‡ Jaghernaut ヒンドゥー教の聖地の地名であろうが、読み方も含めて、正しくは分からない。

を回るときに、多くの人びとがその車輪に我が身を投げ出し粉々に砕け散るのである。※また、多数の特に女性たちが夫あるいは子供の死を追って、※※十人二十人と手を取りあってガンガーの流れに身を投じたり、ヒーマーラヤの頂上に登った後にガンガーの源流の雪や岩の裂け目に身を投じたり、焼身したりするのである。

※　しかし最近は、昔ならば百万人も集まった祭にも山車を動かすだけの数の信者すら集まらなくなったそうである。——この寺院が立っている荒涼とした海岸は何マイルも離れた遠隔の地にあり、旅と修行に仆れた巡礼者の骸骨《むくろ》で覆われている。

※※　死んだ子供を腕に抱いた身分の低い女性の焼身の場に昨年居合せた二人のイギリス人将校は、無益にも、自分たちの考えをその女性に伝え、それからその夫に頼んだ。しかし夫は彼らに、家にはなお三人の妻がいるから自分はこの女がいなくても困らない、それにこの焼身は彼と彼の家族に（もちろん彼の先祖にとっても）大きな名誉をもたらすものである、と答えた。

示現・ヴィブーティについて

さて持続の専心を通してヨーガ行者が最初に手に入れるものは並外れた力*（英訳で「卓越したパワー」）のもつ奇跡である。フンボルト氏は四一ページでこの魔

＊　全集二三〇ページ

力に言及しているが、しかしバガヴァッドーギーターに関しては、この種の迷信じみた子供だましは、その種のものに穢されていないこの詩には現われておらず、その力を意味する「示現」*の語は死すべきもの［人間］については用いられず、ただ、神化が問題とされるときに、そしてその力が疑念と感官に打ち克ち本来の心情に行き渡る限りでのみ、考えられるものである、と述べている（四二ページ）。ヴィブーティは、クリシュナが自分自身のその力について述べている第一〇章七頌**に見られると説明されており（『インド叢書』第Ⅱ巻第二冊二五三ページ）、それをシュレーゲル氏はそこでは「卓越」***と訳しているが、フンボルト氏はこれに同意しない。「卓越」ではその本来の意味がわずかしかあるいはまったく喚起されないからである。（少壮学者ローゼン博士の『サンスクリット語の基礎』†、ベルリーン、一八二七年、一二二ページを参照。ヴィブーティを理解するためにこの箇所を指摘してくれたのは同僚のボップ氏‡である。）

敬愛する著者は外にもいくつか指摘されているが、そこから次のものを取り上げさせていただきたい。ヨーガとは、われわれが死すべき人間の内に思い描いていることの特徴をなすものを廃棄することであり、また、その力が神となった者やクリシュナから発せられるとき、同時に、修行を終えたヨーガ行者である死すべき人間がその力を獲得できることがそこには含まれているのである。ところがこの詩にはこの力の詳しい特性は語られていない。その理由としては次のことが挙

* vibhūti「広い」「威力ある」という形容詞であるとともに、「力の顕現」「最高権力」を意味する。漢訳では「自在」「功徳」などと訳される。フンボルトは wibhūti と転写し、ヘーゲルは vibhuti と表記している。

** 「私のこのヴィブーティとヨーガとを如実に知る人は、揺るぎなきヨーガと結ばれる。この点について疑いはない。」

*** majestas

† Rosen : Radices Sanscritae

‡ Franz Bopp（1791－1867）文献学者、フンボルトの推輓により一八二五年からベルリーン大学の比較言語学及びサンスクリット語の教授。つまり、ヘーゲルの同僚であり、「学的批評協会」の回章を回された一人で、創設会員である。

げられるであろう。そもそもこの詩の内容をなすこのような会話をアルジュナが今まさに戦端を開かんとする瞬間に設定したこと自体十分に奇異なことであるが、クリシュナが、ヨーガを行ずる者たちは自分と一体となると約束したにもかかわらず、そして彼が、迷妄を取り去ったアルジュナに第一一章で自分の全存在*を見せた後になっても、アルジュナにこの力の特徴を縷々説明するようなことをしたら、形式的な不備があまりにも目立つであろうからである。戦わずともたちどころに敵の軍隊を打ち破ってしまうこの力をアルジュナがクリシュナから借りると期待するのはあまりにも安易である。アルジュナがクリシュナの存在を見たことに対して与えられるこの恩寵に従ってこの力を要求する十分な権利を持っていると考えられることになり、すでに設定に無理があるのにますます不適切なものになってしまうであろう。

フンボルト氏はまた四一ページ**でコールブルックを引いて、インドの大衆の間ではヨーガ行者と魔術師とは同じ意味の概念である、と言っている。この文はこの力についての信仰がただ一般大衆の間にのみあるかのように誤解されるおそれがある。ところがコールブルックはその箇所で、パタンジャリのヨーガ理論は、サーンキヤ理論同様、人間が現世においてそのような卓越した力を獲得できるという主張を含む、と述べているのである。サーンキヤ理論は、すでに指摘したように、専門家向けに作られた論理学と形而上学であり、この二つの理論あるいは

* 第一一章五頌以下で、クリシュナはアルジュナに彼の姿を見せる。「アルジュナよ、見よ。幾百、幾千と、神聖にして多様なる私の姿を。種々の色や形を持つ姿を。見よ。アーディティヤ神群、ヴァス神群、ルドラ神群、アシュヴィン双神、マルト神群を。いまだかつて見たことのない、多くの驚異を。見よ。今日ここに、私の身体の中に一堂に会している、動不動のものに満ちた全世界を。そして、その他あなたが見たいと望むものを。……」

** 全集二三〇ページ

哲学はそもそも一般大衆の手の届かないあるいは彼らには崇高すぎる高度な学問である。しかしまたコールブルックはこのヨーガ理論は以下に詳しく述べるように広くインド人を支配しているとも付け加えている。

専心の結果として獲得されるといわれるこの力の際立った性格を見るのは奇妙な体験である。ヴィブーティを扱っているパタンジャリの教説の第三章では、コールブルックの抜粋によると、覚者は一切の事物――過ぎ行くものと来たるべきもの、はるか離れたものと隠されたもの――についての知見を獲得する、といわれている。覚者は他人が考えていることを察知し、象の力と獅子の勇気と風の迅さを獲得する。空を飛び、水に泳ぎ、地下に潜り、一瞥で全世界を見る（これらのことあるいはそれらと離れ難く結び付いているものを上回る力をアルジュナは手にするのである）、そしてその他の並外れたことを行う。

サーンキヤ理論もこの記述に負けてはいない。コールブルックは次のように抜粋している。その力は並の力の八倍であり、すべてのものの内に浸透できる小人に縮まることも、巨人に拡大することもでき、（太陽光線に沿って太陽に上昇するごとく）何事をも容易になしえ、（指先で月に触れるごとく）感官の無制約な領域を持ち、（水中と同じように容易に地中に潜るごとく）何びともそれに逆らえぬ意志を持ち、生けるものも生きてあらぬものもすべてを支配することができ、自然の循環を変える能力、ひとの望むすべてを達成する能力を持っている、と。

この専心の力がさらに優れたものとして示されるのは、それが『マヌ法典』に開示されているような宇宙開闢記や神統系譜記において世界創造の力として述べられている場合である。永遠が自分を思索することによってまず水を作り、そこに卵となる種子を蒔く、そしてその後、その永遠自身すなわちブラフマンが、同じようにして自分で思索したものを通して誕生する。* 次に、ブラフマンは自分の実体を男と女に分かつ。そしてマヌが、自分は人格であり、この目に見える全世界の創造者である、と宣言する。目に見える世界は、男の力すなわちヴィラージュ** が厳しい黙想の行（「禁欲的な専心」）を成就した後に、その力から生み出されたものである。†

またラーマーヤナ第一巻〔三六〕節におけるシヴァも、インドラ神や他の神々から息子をもうけることを禁止されたのですべての神々を呪詛し深い怨恨と苦痛に沈んでいた彼の妻ウマーとともに、雪深いヒマヴァット山の北で神聖な苦行を行う。シヴァとウマーの結婚と、シヴァがウマーを抱擁し続けて、その間破壊という外部に対する彼の職務を怠っていた百年間についてはこの箇所の前に述べられているが、これは「屈辱にみちた女神にふさわしい」（英訳者の言葉）表現になっている。百年間の引き籠もりによってウマーが享受したいと望んだ報酬が何であったかはその後に書かれている（その経緯を現代語で語ることは翻訳者にとっては当惑することであろう。シュリーラームプール‡ のイギリス人翻訳者たちは、

＊　第一章の八、九。「彼は自己の体より種々の生類を造り出さんと欲し、熟考したる後、まづ最初に、水を造り、その中に種子を置けり。
　その種子は、太陽の如く輝ける黄金の卵となれり。その中に、彼は全世界の祖たるブラフマンとして、自ら生れたり。」

＊＊　ブラフマンとその女性的分身とから生まれたもの。このヴィラージュの子がマヌである。

†　第一章の三二、三三。「自らの体を両分し、造物主は、半を以て男となり、半を以て女となり、彼女によりて、彼はヴィラージを生めり。
　而して、再生族の最勝なるもの達よ、かの丈夫ヴィラージ苦行を修し、自ら創造したる者、そをこの全（世界）の創造者なる吾なりと知るべし。」

‡　Serampore はインド北東部、カルカッタの北に位置する中都市である。一七九三年、イギリスのバプテスト派宣教師がここに来て以来、ベンガル地方の出版文化の中心地となった。

原語を字句通りに再現するという「はなはだデリカシーに欠けたこと」は許されなかったと初めに断っているのである。*）

ヴィシュヴァーミトラのエピソード

しかし、この自己への専心によってもたらされるものがもっとも詳細に鮮やかに描かれているは、ラーマーヤナ、このインドの国民的叙事詩のヴィシュヴァーミトラを扱ったエピソード**においてである。私はそのなかから主要な筋を簡単に取り上げることにするが、それはインド人の特性となっているこのもっとも本質的な側面についての表象を完全にするためであり、またそれがそれと結び付いている非常に興味深い別のある規定と関連しているからである。

ひとりのバラモン、ヴァシシュタが、供物を火に投じ讃誦を繰り返し詠じる聖仙たちに囲まれ、神聖な風習を観察しつつ、樹木や蔓の生い茂る隠れ家に隠棲している。この聖仙たち、ヴァーラキリヤ派の六万の聖仙はブラフマー神の髪の毛から生まれた親指ほどの大きさであり、ヴァイカーナサ聖仙や他の小人の聖仙はブラフマー神の爪から生まれた。ヴィシュヴァーミトラ王（「この人物は後に厳しい苦行を積んでバラモンとなり」この詩の英雄であるラーマとその弟ラクシュマナの指導者となる）は数千年の間王国を統治し、今強大な軍勢を集め大地を周歴する有力な王として、ヴァシシュタのもとにやって来た。王はヴァシシュタの

＊ gross indelicacy とは物語の次の内容に関わるものであろう。シヴァとウマー（山の王ヒマヴァットの次女。長女はガンガー）の二人は深く愛しあい、百年の間交わってばかりいたが子が生まれなかった。ウマーに子ができればだれも太刀打ちできぬと心配した神々はシヴァ神に彼の精液を身体の内に溜めておくよう頼み込み、シヴァは同意した。交合を禁止されたウマーはすべての神々を呪詛した。

＊＊ 第一編の五一から六五にある。

シャバラーという牝牛（一般に大地の生産性を象徴する）を欲しがった。王は無益にもその代償として、まず十万頭の牝牛を、次に純金の鉤で飾られた一万四千頭の象を、さらにそれぞれに四頭の白馬を繋いだ百輌の戦車を［提供しようと申し出るが、ヴァシシュタに断られたので］力ずくでシャバラーを連れ去った。シャバラーは［兵士たちを蹴ちらして］ヴァシシュタのもとに逃げ戻った。［なぜあなたは私をお見捨てになったのか、というシャバラーの問いに対して］ヴァシシュタは、多数の象と馬と軍勢を持つ支配者、強力な王［ヴィシュヴァーミトラ王］には歯向かえないのだと言うが、シャバラーから、クシャトリヤの力がバラモンの力に優ることはなく、バラモンの力は神の如きもの、王の力をはるかに凌駕することを教えられる。そしてシャバラーはヴァシシュタのためにパフラヴァ人*の百人の王からなる軍隊を作り、ヴィシュヴァーミトラの軍勢を破る。しかしこの軍隊はヴィシュヴァーミトラの毒矢によって滅ぼされる。聖牛シャバラーはヤヴァナ人**（これはヤバン人、ヨニーレン人†と一緒にされている）などと同盟したシャカ人‡の新しい軍勢を生み出す。彼らも他の種族と同じように王の毒矢によって倒される。ヴァシシュタは聖牛に新しい軍勢を作るように命じ［牝牛の「フン」という音声からカーンボージャ人、乳房からバルバラ族、腹からヤヴァナ人、糞からシャカ人、毛穴からムレッチャ族、ハーリタ族、キラータ族が現われ］、ついにヴィシュヴァーミトラの軍隊はこれによって滅ぼされ、それを見たヴィ

* イラン系の一種族
** ギリシャ人
† いずれも不明。
‡ イラン系の一種族

シュヴァーミトラの百人の息子たちは激怒してこのバラモンに襲いかかろうとしたが、バラモンの「フンという大きなひと吹き」によって焼き尽くされてしまうのである。——以上がバラモンの持っている力である。

かくして王は残った一人の息子に国を譲り彼に統治させ、自分はヒマヴァットの奥地に入る。マハーーデーヴァ（シヴァ神）の恩寵を獲得するために、彼は蛇が鎌首を持ち挙げて餌を狙っているように両腕を挙げて百年の間親指で爪先立ちをするというもっとも厳しい苦行をおさめる。* シヴァ神はヴィシュヴァーミトラが求める弓術の極意のすべてを与える。ヴィシュヴァーミトラはヴァシシュタへの復讐のために矢を放ち、森、ヴァシシュタの隠棲処を焼き払ったので、その土地は荒廃し、幾千もの聖賢たち、獣、鳥は逃げ去った。しかし、神々や三界のすべてのものが恐れた彼のこの武器もヴァシシュタの杖の一振りによって破壊される。ヴィシュヴァーミトラは深く溜息をつき、バラモンの力を知り、みずからバラモンとなるために、もう一度千年の間きびしい苦行と感情を抑制し思考に専念する行をおこなうのである。

苦行の千年が過ぎ、世界の主たるブラフマー神は彼を王仙と認める。** ヴィシュヴァーミトラは［この言葉を聞き］恥じて頭を垂れ不機嫌を面《おもて》に出し、これほどの修行をおこなったのに、たんに王仙にすぎぬとは！ 私は何をしてきたのであろう！ と叫び、再び修行を開始する。丁度その頃、感官を抑制する真理の人、

* この苦行の内容の出所は不明。

** ein königlicher Weise

トゥリシャンク王は、現身《うつしみ》のまま神々の境界《きょうがい》に赴くために、犠牲の祭典を執り行うことを思いついた。彼は祭典の執行をヴァシシュタに頼むが、ヴァシシュタは彼に「それはできない」と断る。［トゥリシャンクはヴァシシュタの息子たちにも頼むが、彼らが断わったにもかかわらず、トゥリシャンクが彼らに挑戦的な言辞を吐いたので、彼らは］彼を呪詛し、彼をその属していたカースト*から賤民の身分、チャンダーラに突き落とした。そこでトゥリシャンク王は［ヴィシュヴァーミトラを探して旅を続け］彼の希望する天国への昇天をヴィシュヴァーミトラに頼む。ヴィシュヴァーミトラはトゥリシャンクの欲していることはすでに彼の手中にあることを肯《うべな》う。ヴィシュヴァーミトラは犠牲の祭典の準備にかかり、祭典にヴァシシュタと彼の息子や弟子たちを招待する。ヴァシシュタは、「天の主たるものは、クシャトリヤが祭司をつとめる犠牲の祭典で、チャンダーラの料理した食べ物を食べることなぞできようか」と言って、その招待を断る。［祭典が執り行われ、供物を配分するために神々を招くが］神々もまた現われない。偉大なるヴィシュヴァーミトラは猛り狂って、祭祀用の匙を振り上げ、「私が閲してきた苦行、我がものとした力によって、そなたを天国に連れていこうぞ」と言う。

こうしてトゥリシャンク王は現身のまま天に昇った。天の王、インドラは彼を地上に墜落させる。トゥリシャンクは落ちながらヴィシュヴァーミトラに、「助けてくだされ！　助けてくだされ！」と叫ぶ。ヴィシュヴァーミトラは怒りに駆られ

＊　クシャトリヤ

ながら、「止まれ！　止まれ！」と叫ぶ。そこでトゥリシャンクは天と地の中間に止まってしまう。ヴィシュヴァーミトラは怒り狂って別の七人の偉大な聖仙（解釈者によると南天にある大熊座）を創造し、その中に座を占め、天体の別の星宿を創造しただけでなく、別のインドラ神と神々の別の聖宿まで創り始める。驚きに凍りついた神々と聖仙たちは、ヴィシュヴァーミトラに向かって、バラモン*に呪詛されている者を（カーストへ再び受け入れるために必要な）浄化をなさずに天国に移すことはせぬよう、事物の秩序をかき乱さぬよう、嘆願する。ヴィシュヴァーミトラはトゥリシャンクとの約束に固執**し、約束を破ることはできないと言う。そこで神々は火神の領域の外の天空にトゥリシャンクの場所を与えることを認める。

一千年が過ぎ、修行を成就したヴィシュヴァーミトラを、ブラフマー神は最高の聖仙***と認める。彼はそれにも慊《あきた》らず、新たな修行を開始する。そこに美しい娘（メーナカー、シャクンターラの母）が彼のもとに現われ、二十五年†の間自分と過ごすように彼を誘惑する。「メーナカーとの愛欲の」忘我状態から醒めて、彼は再び千年に及ぶ新たな苦行を開始する。神々は、彼がその驚嘆すべき修行によって自分たちにあらゆる災いをもたらすのではないかと、恐怖心にかられる。ブラフマー神は彼に、最高の聖仙にも優る位を得た、と言う。ヴィシュヴァーミトラは、まだこれでは梵仙‡とは認められぬ、と反論するが、それに対してブラフマー神は、

* この場合はヴァシシュタのこと。

** 彼を現身のまま天国に送ること。

*** ein oberster Weise (chief sage)

† 十年が正しい。

‡ ein Brahma Weise (Brahma-sage)

おまえは激情、瞋《いか》り、欲望をまだ征服しておらぬ、※おまえはいかにしてバラモンの性に達しうるか、と応える。

※　激情が完全に克服されていなくとも、修行に専念することによって優れた力が獲得されるという注目すべき例は、マハーバーラタの、スンダとウプスンダのエピソードに見出される。このことは私の学問上の友人であり同僚でもあるボップ教授の著書によって周知のものとなった。『アルドシューナのインドの天界への旅』* 一八二四年、翻訳の三七ページ。同じく彼の『サンスクリット語の接続詞の体系』** のなかで、彼はこのヴィシュヴァーミトラのエピソードを翻訳している。† 私はこれを抜粋するに際して、ラーマーヤナのシュリーラームプル本の英語訳を座右に置いた。

ヴィシュヴァーミトラはまたもや修行を開始する。ところがインドラ神は無益にも再度すこぶる美わしいアプサラス［ランバー］を遣わし彼を試すが、彼の怒りを掻き立てただけに終わった。さてこの聖仙の長は一千年の間沈黙し呼吸を抑制し続けたので、天の神、インドラ神も他の神々も不安になった。彼らはブラフマー神に、この偉大な聖仙にはもはや罪のほんのわずかの影すら見当たらない、彼の精神の欲しているものが満たされぬならば、彼はその修行の力によって三界

*　Ardschunas Reise zu Indras Himmel　ボップはマハーバーラタ全体を読んだ最初の西洋の学者といわれる。

**　Konjugations-System der Sanskrit-Sprache

†　ヘーゲルのこの座右の書がどのようなものであるか、不明である。そもそもラーマーヤナのもっとも古い伝本であるボンベイ本ははるか後の一八八八年の出版であるとされる。最初の英訳本は一八〇八年ロンドンで出版された W. Carey and J. Marshan のものとされているが（東洋文庫版の岩本裕の解説による）、これが当該のものかどうか、不明である。

を破壊してしまうであろう、と頼み込む。三界の方位は混乱し、海は波立ち、山は砕かれ、大地は揺れ動く。ブラフマー神よ、われわれはどうしてよいか分からない。人間たちは無神論者にならないか、三界に住む者たちは驚愕し途方に暮れるのではないか。――こうして最後にヴィシュヴァーミトラはブラフマー神から梵仙と認められ、ヴァシシュタと和解するのである。

この物語はインドの世界観の核心をもっとも特徴的に示している。あらゆる宗教と哲学の根本は、まず精神一般と自然との関係にあり、そしてさらに絶対精神と有限精神との関係にある。インド的な根本規定は、抽象的な精神の働き、規定も制限も欠ける純粋な修行へ専念することが、自然的なものを絶対的に支配する力だという点にある。一切の特殊と一切の自然の力を、力も持たず自立せずただ消滅していくものへと引き下げてしまう、この精神の純粋な主観性こそが、思惟の有する否定性の核心なのである。そして、この抽象的な主観性がここでまず、人間が自分自身の内で成就する専念として現われているのであるが、次に、その主観性が神あるいはむしろブラフマー神といかに関わるかを述べよう。

バラモンの義務

まず何よりもこのエピソードはクシャトリヤとバラモンの関係を特徴的に示しているから、私はこの関係をしばらく考えることにする。

専心の持続におけるさまざまの苦行の課程が終了すると、クシャトリヤは、バラモンの場合には家柄からしてつまり誕生によってそうであるものに、到達する。バラモン以外のカーストの出身者は先に述べたような外面的及び内面的な苦行の長い試錬と状態を耐えぬいて初めて生まれ変わることができるのに対して、バラモンはただちにそのまま再生族である。* この呼び名はラーマーヤナにおいてバラモンたちに称号として与えられている表現である。

実在する物［一切有類］の序列のなかでバラモン-カーストがもっとも優れたものだ、と『マヌ法典』において言われているが、さらにまたバラモンのなかにも序列が示され、なかでも自分の罪を知る者が優れ、それを知る者のなかでは有徳な行いをする者が優れ、それを行う者のなかでは聖なる教え［梵］に通暁することによって幸福を求める者が優れている、と言われる（第一章九三―一〇〇）。** これらの段階は、前述のインドの修行を実践することによっても、また知的な教養と現実の道徳的な教養をより深く精神的に獲得することによっても、制約されはしない。また一方で、バラモンたちの所有物であるヴェーダを読誦することは彼らが遵守すべき生活規範であるとともに、生まれからしてすでに再生族である彼らの状態、すなわち、神と一致していることを現わすものにほかならない。

イギリス人は上述のマヌ法典からの引用箇所において、「義務」や「有徳な行い」というヨーロッパ的表現を用いていたが、その表現はただカーストの命令を墨守

＊　生物的な出生と聖なる出生と、二度の生を受けるものとして、バラモンはみずからをこう呼んでいる。

＊＊　その九六と九七は次の通り。
「有類中最も勝れたるは生類にして、生類中にては、智によりて生存するもの（最も優れ）、智を有するものの中にては人間最も優れ、人間の中にてはバラモン（最も優る）と宣べらる。
バラモンの中にては、（ヴェーダに関する）学識ある者、学識ある者の中にては、（命ぜられたる義務を）理解せる者、この理解せる者の中にては、（その義務を）履行する者、履行する者の中にては梵を知れる者（が最勝なりといわる）。」

するという形式的意味でしかない。そのなかには市民の政治的義務も含まれていなければ、「王がたとえ困窮して死に至ろうとも、バラモンはヴェーダを学ぶ者であるがゆえに、王は彼からいかなる税も徴収してはならない」といわれているように、納税という市民の義務も含まれていない。たしかにバラモンに殺人や窃盗は禁じられてはいるが、——だからといってその犯罪のゆえに罰せられることはなく、ただ「剃髪して」全財産を所持したまま国外へ追放されるだけである。バラモンに対しては、インド人一般もそうであるが、人類愛という道徳的義務は課せられていない。バラモンは、彼に近づき彼に触れて名誉を汚す恐れのあるようなチャンダーラを殺してもよい、あるいは殺さねばならない。ましてや、衰弱し切って彼の前に現れ、一杯の水というわずかな手助けによって死を逃れることのできるチャンダーラを助ける道徳的義務はないし、他の種類の人類愛にしても事情は同じである。彼らに必要とされる道徳は情熱の抑制という消極的なものに限られている。「情熱を抑制する人」*、この表現はいたるところで聖仙の述語として見出されるのである。

悪しき性向や知覚を持たぬことはたしかに重要なことではあるが、これだけではまだ徳でも実践的道徳でもない。バラモンの積極的義務はあまりにも空虚で愚かしい膨大な量の掟を遵守することとヴェーダを読み瞑想することである。その一般的な表現で述べられている教えと掟を読めば、われわれは容易にそれらをわれ

* a man of subdued passions

われの考える道徳の意味で受け取るという誤りに陥りがちであるが、それらはただ実際的内容において理解されるものであることが分かる。※

※　このような迷信の馬鹿馬鹿しさをもっとよく知ってもらうために、またその馬鹿馬鹿しさを証明するために、多くの掟（バラモンは日の初めの二三時間に四〇を越える失敗を犯しうる。ベットを出るとき、先に置くのは右足か左足か、先に足を入れるのは右のスリッパか左のスリッパか、など）のなかから、二三のものがマヌ法典から取り出そう。第四章の四三、バラモンは妻ないしは妻たち（なぜなら彼は多数の妻を持ちうるから）と食事をしてはならず、［妻が］食事をするのを見てはならず、またくさめをしたりあくびをするのを見てはならない。バラモンは一枚の衣のみで食事をしてはならない。彼は路上で、また灰の上に、また牛舎に向かって放尿してはならず（四五）、また耕地に、水中に、薪に向かって放尿してもならない。さらに（どうしても止む得ないときを除いて）山に、また荒廃せる寺院に、またいついかなる時も蟻塚に、さらに生き物の棲む穴に、歩行中にも、立ち止っている時にも、また川岸に、また山の頂上で、さらに、風に吹かれて動くものに、あるいは火に、あるいは僧侶に、あるいは太陽に、あるいは水に、あるいは牛に向かって、このような行為［排泄］をしてはならない［四六から四八］。――排泄は、

昼は北面して、夜は南面して行ない、薄明、薄暮時には昼と同じくせよ［五〇］、等々。それに、バラモンが食事するにあたって遵守しなければならないものは数知れないのである。

学識を有するだけでは下位の段階とされているのであり、ヴェーダの読誦が絶対的価値を有している。ヴェーダを所有しそれについて瞑想すること、それだけが絶対的な学問である。この無限に称揚されるヴェーダの読誦がいかに精神性を欠いているものであるか、コールブルックは、この読誦が為される際のさまざまの迷信の様子を挙げて、われわれに説明している（『アジア研究』Ⅷ、三九〇ページ）。——つまり、一つひとつの単語が単独で発音されたり、数個の単語が交互に繰り返されたりするのであるが、しかも後ろからと前から発音され、それがもう一度あるいは何度も繰り返されるのである。コールブルックはその書名をそこで挙げているが、それを容易にする手助けとして特に作られた写本があり、それによって意味のない読誦をこなすためにのみ費やされる注意力の労苦も軽減されることになっているのである。

先に述べた物語*のなかでヴァシシュタ［バラモン］のものとされていた卓越的な力は、詩に許される虚構の類なのではない。いずれにしろ詩における自由な虚構というわれわれの考えはインドの詩には当てはまらない。バラモンの高い位は

＊　ラーマーヤナのこと。

立法の体系の本質的部分をなしており、その溢れるばかりの力という考えが立法行為そのものの内に取り入れられているのである。法令集*にはバラモンの義務と権利についてさらに詳しく述べられているが、そのなかには次のようなものも存在している。

「バラモンは［自分が蒙った］不正と毀損について王に訴えるには及ばない。なぜなら、バラモン自身が自分の力によって侮辱した者を罰しうるからである。**王は、たとえ最大の不幸に陥るとも、バラモンを怒らしむるなかれ。なぜなら、一度怒れるとき、彼らはただちに王を、その軍隊、象、馬、戦車によって滅ぼすことができるから。***一切を焼き尽くす火を作り、海を飲みきれぬ［大量の］水となし、月を満ち欠けるものとなした、この聖なる人びとと、彼らを怒らしめる者にして破滅に至らざる者があろうか。†ひとたび怒れば、別の世界とその護持者を創造し、別の神々と死せる存在を作りうる者、彼らを抑圧すれば、いかなる王が富を獲得しえようか。‡諸世界と神々はその助けによって存続し、——ヴェーダの知識をその富とする者、このような人びとを、自分の生命を愛する者の誰が害するであろうか。‡‡バラモンは、学識があろうと無知であろうと、力ある神格である。それは、運ばれると運ばれぬとを問わず、火が力ある神格であるのに等しい。」（マヌ法典。M.

*　マヌ法典のこと。

**　第一一章三一、「法を知れるバラモンは如何なる（犯罪）をも王に報告する要なし。自らの力のみにて彼は彼を害したる者を罰し得。」

***　第九章三一三、「彼（王）は、たとえ、最大の不幸に陥るとも、バラモンを怒らしむる勿れ。なんとなれば彼等怒れる時は、直ちに彼をその軍隊、その乗物と共に（呪術によりて）滅ぼすを得ればなり。」

†　第九章三一四、「火をして一切を焼き盡さしむるものとなし、大海をしてその水を飲む能わざるものとなし、満ちたる月を欠かしむる者、（その）彼をして怒らしむる時、誰か破滅に陥らん。」

‡　第九章三一五、「怒らば他の世界及び世界の護持者を創造し得、神々を神ならざるものとなし得る者——彼等を害して誰か繁栄することを得んや？」

‡‡　第九章三一六、「世界及び諸神は常に彼等によりて存し、ヴェーダをその富とする者、かかる彼等を、生命を欲する者、何人か害せんとするや。」

ジョーンズ訳。第九章三一七）*

バラモンはヴェーダを読誦し、義務の仕事を、すなわち、日々の煩瑣な一切の勤めのための掟を遵守することによって、成就者となるのであり、成就の内に生きるのである。先にバガヴァッド－ギーターにおいてヨーガの諸段階とされていた区別は、この成就の区別された諸段階と関係するバラモンの勤めのさまざまの価値と関連しているのである。その成就の最高段階がヴェーダの読誦と瞑想であり、それが聖仙の段階、浄福である。――これに対して、バラモンには難なく与えられているこの高い位に、他のカーストの間では、上述のような面倒な手段によって到達しようと欲する人がほとんど見られないのもけだし当然であろう。先の例［成就に達した者］は例外的現象であり、しばしば宗教的自殺についてはふれられているのに比べて、ごくわずかに現われるものであるにすぎない。しかし、自殺は神との合一をもたらすものではないし、超越的暴力は、自死を決行して意識における没我状態に没入しようとする者が目標としている魂の迷いからの解放をもたらすものでもない。

クリシュナが嘆いていたのも成就を追求する者が稀なことであり（上記参照）、ウィルフォード大尉はみずから見聞したところを次のように語っている。私は、ヨーガの道によって浄福に到達しようとするインド人が多いと聞いていたが、その道を進もうと欲するインド人にはついぞお目にかからなかった。インド人たち

＊「バラモンはその無知なると学識あるとに拘らず、一の偉大なる神格なり。あたかも（焼滝を行なうために）運ばるると、運ばれざるとに拘らず、火は偉大なる神格なるが如し。」

は、現世とそこにおける満足を滅却し、完全に自己を否定せよ、と要請されているが、約束されている浄福の満足が何であるか、まったく頭に浮かばない、なにしろ、そこでは食べることも飲むことも結婚することも存在していないのだから、と言った。地上のパラダイス（われわれはこれを、成就によって得られる浄福のモークシャ*とは区別して、Swergathumis**とでも呼べようか）では、反対にひとは食い、飲み、結婚するのである。バラモンに対しては、他のカーストには成就のために要求されるいわゆる耐乏というものが課せられていないのである。北部ヒンドスタンの行者たちのなかに、「ヨーギン」と呼ばれてはいるが特殊なセクトとされる集団の存在することが、ラプター隊長†によって報告されている（アジア研究XI）。彼らは他の行者と同じくインド宗教に属しており、その一部はシヴァ神を、一部はヴィシュヌ神を崇拝しているが（ラプターはそのなかにシク教の開祖ナーナク‡を崇拝するセクトも挙げている）、しかしバラモンの圧倒的な重圧からは解放されており、時には例の長い苦行の道を経ることなく、ごく簡単な方法で、バラモンがその誕生とカーストの生活様式から得ている特典を受け取っているのである。

ヴェーダについて

超自然的な力がヨーガの第三段階に属することをわれわれは見た。この段階は

* Moksha と表記されているが、Mokṣa 永遠の解脱の意。

** 委細は不明。この転写綴りのサンスクリット語は辞典に見当たらない。svarga ならば「天国」ないしは「天上の至福」の意である。しかし意味は反対になる。

† Capitain Rapter 詳細不明。

‡ Nāna (1467 — 1538)

まだ最高段階ではないのだから、それに与えられる享受もやはり最高のものではない。この点に関して私は、フンボルト氏が四一ページで*、この相対的な、と呼べるであろうが、浄福に関して、この詩から収録しているもの、それからそれの運命と絶対的な浄福とを分かっているものを、引用しよう。

その運命とはつまり最高［の真理］を知る人びとの住む汚れなき世界へ到達することである（第一四章の一四頌と一五頌）**。フンボルト氏はその箇所で、たしかに正しく、［その運命が］新たに時間的世界の内に再生する前に無限の歳月のあいだ持続している純粋な変転の内にある人びとの世界の生活と同じものであることを（第六章の四一頌と四二頌）†、認識している。再生はたしかに間近である。［しかし］彼は絶対的に専心の成就までには至っていないのだから（ウィルキンズ訳では「死によって妨げられて」、シュレーゲル氏訳では一般的に「専心が失われるがゆえに」）、「神聖で栄光ある家」、もちろんバラモンの一族（シュレーゲル氏訳ではただ「祝福された家族の陣営」とある）に誕生すること、あるいは「叡智あるヨーギンの一族」に生まれること――このような再生は（われわれがすでに見たように）非常に得られ難いものとされているのである。

第九章の二〇頌から二一頌にも同じことが繰り返し述べられている。フンボルト氏はこれに、「［天界において神聖な神々の享楽を味わって］功徳が尽きた後、地上の世界に再生することは、ただ聖なる書物とそこに指示されている祭祀を義務

* 全集、二二九ページ。ヘーゲルの以下の引用は混乱しているように思われる。フンボルトの文は次の通りである。「このような規定（純質が成熟したときに生命を捨てる者は、最高の事柄を知る人びとの汚れなき世界へと上昇していく）は、信者に、しかし完全に成就した者に指示されるものではなく、新たに再生する前に、無限の歳月のあいだ、純粋な変転の内にとらわれている世界の内に住む信者に、与えられるべき規定と同じものと思われる。」

** 一四頌は、「身体を持つ者は、純質が増大した時に死ねば、最高［の真理］を知る人々の汚れなき世界に達する。」

† ヨーガを信じてはいるが、自己を制御できず、成就に達しない者はどうなるのか、というアルジュナの問いに対して、クリシュナはこの四一頌と四二頌において、次のように言っている。

「ヨーガから脱落した者は、善行者の世界に達し、無限の歳月そこに住んだ後、清浄で栄光ある人々の家に再生する。

あるいはまた、叡智あるヨーギンたちの一族に生まれる。実に、このような出生は、世間において非常に得られ難いものだ。」

付けられている人びとのみが有する運命である、と限定的に描かれている」と付け加えている。* つまり、シュレーゲル氏の翻訳によれば、この箇所（第九章二一頌）** は「このように彼らは聖典の教説に従い、享楽を欲して、はかない幸福と再生を手にする」ということになる。というのは、ヴェーダの教説と学問的神学に対してバガヴァッド－ギーターは激しく反対しているが、それらを完全に抛擲してしまうわけではなく、ただそれらを探究すべき究極の根拠や到達すべき最終目標としては描いていないということであるからである（第二章四一頌から五三頌）†。

先にヴェーダの読誦がバラモンの神聖な仕事であると述べた。そのことと、フンボルト氏がここでこの詩の見解とヴェーダとの関係について言っていることは矛盾しないであろう。そしてそのためには、バラモンにおいても最高の成就にはやはり情熱の抑制も要求されていること、さらに、先の第二章四一頌以下で「否定的に」述べられているものは、バラモン－カーストに固有の仕事であるヴェーダの読誦そのものについてではなく、その聖典とその掟から生じる誤ったあるいは不十分な使い方であったことを想起すればよいであろう。シュレーゲル氏はこの箇所をはるかに強い意味で、つまりヴェーダそのものを非難しているものと受け取っている（『インド叢書』第二冊二三七ページ）。つまり、シュレーゲル氏は、詩人［バガヴァッド－ギーターの作者］がここでヴェーダ聖典を攻撃し非難する

＊　全集二三九ページ

＊＊「彼らは広大なる天界を享受してから、功徳が尽きた時、人間の世界に入る。このように、彼らは享楽を望んで、三ヴェーダの規定（ダルマ）に従い、行ったり来たりする。」

†　四二頌は次のようにヴェーダを批判している。

「愚者たちはヴェーダ聖典［の祭式に関する教説］の言葉を喜び、他に何もないと説き、華々しい言葉を語る。」

そして五三頌では次のように言われている。

「［ヴェーダ祭式についての言葉を］聞くことに惑わされたあなたの知性が、揺ぎなく確立し、三昧において不動になるとき、あなたはヨーガに達するであろう。」

のは、それが外面的な宗教儀式に対してさまざまの恩恵を約束することによって世俗的なものの考え方［享楽と権力］を助長させたからであり、そして、詩人は自分の考えるところがあまりに大胆なので、その文から窺われるように、意図的に韜晦している、と考えているのである。加えて、シュレーゲル氏は、この詩を哲学的に解釈することによって、他日このことを証明したいという興味深い希望も披瀝している。

しばらくはわれわれはさまざまの翻訳に頼るしかない。そしてそれらはすべて、ラーングレ*が他の目的のためにこれを引用した（『インド叢書』第二冊二三五ページ）後で、次のように述べているのと同じような本質的な意味を表現しているのである。

「（この詩の）作者は、利害的関心からヴェーダの指示する掟を遵守する似而非《えせ》信者たちの行動を非難している。彼は最終的には、彼らは実践もし行動もするが、賢者にふさわしい自制心を欠いている、とまで言っている。」

さらにその二三八ページでは［第二章］四五頌**について、

「クリシュナはアルジュナに対して、ヴェーダの解釈は自由と情熱と闇（要するに三つの根本カテゴリーである上述の三つの質†のこと）を好む人びとそれぞれに都合のよい意味を提供できるものだ、と語る」と言っている。

英訳もラーングレと同じ意味で訳しており、この辺りはシュレーゲル訳より明確

＊ Langlès

＊＊「ヴェーダは三つの質からなるもの（現象界）を対象とする。三質からなるものを離れよ。アルジュナ。相対を離れ、常に純質に立脚し、獲得と保存を離れ、自己を制御せよ。」

† 純質、激質、暗質。

にその意味を表現している。シュレーゲル訳では四一頌から四三［四四］頌*は次のように訳されている。

「定まらぬ意見は多岐に分かれ限りがない（これについては、ラーングレ氏の上掲書二三六ページを参照）。愚者たちは多くの華々しいそのような言葉を雄弁に語り、聖典を喜んで説く。欲望にとらわれている彼らはまた、最高善を断言することも、そのかたわらに留まってそれを賛美することもない。あたかも誕生の印が恩恵を約束するかのように、享楽と権力を手に入れるために、溢れんばかりのさまざまの儀式（について話し、語る）。享楽と権力を得ようとつとめ、正しい生き方から引き離された人びとにとっては、知性が持続に向かう瞑想を形成することはない。」


　私はこの箇所には、ヴェーダの濫用（シュレーゲル訳の「聖典を喜んで説く」はウィルキンズ訳では「ヴェーダの論争を楽しむ」となっている）が、しかも明らかに誤謬とさらにまた情熱に捕われている人びとによる濫用が問題にされている、という以外のことを認めることはできない。それは、われわれの場合には聖書の濫用が問題にされるのと同じである。聖書はどんな誤謬のためにも引用されうるものであり、その誤謬については、誤謬といわれても聖書の名誉と真実の内容を損なうつもりなどないのだから、聖書の言葉をきっかけとして生じたものだ

* 「この世では、決定《けつじょう》を性とする知性は唯一である。決定を欠いた者たちの知性は、多岐に分かれ、限りがないが。
　愚者たちはヴェーダ聖典の言葉に喜び、他に何もないと説き、華々しい言葉を語る。欲望を性とし、生天に専念する彼らは、行為の結果として再生をもたらし、享楽と権力をめざす多種多様な儀式についての、華々しい言葉を語る。

　その言葉に心を奪われ、享楽と権力に執着する人々にとって、決定を性とする知性が三昧において形成されることはない。」

と、抗弁することができるのである。［第二章］四六頌で＊「豊かな井戸はあまりにも多くの使用に供されるように、ヴェーダは聡明な神学者＊＊「バラモン」にさまざまの使用を許してしまう」と言われているように、わが神学者たちもその恣意的な考えを聖書に依拠させることができるほどには賢いのである。この「聡明な神学者」の語にはただ単に賢い神学者という以上に真実であること（ウィルキンズ訳では「神を知ること」）が理解されていなければならないから、そこには常に、ヴェーダのさまざまの使用を問題視することが含まれているのである。

第九章二〇頌では＊＊＊、三つの（ここでは四つは挙げられていない）ヴェーダを知り、祭祀を行い罪悪を浄めた後、ソーマ酒を飲む者たちに対して、インドラ神の世界の浄福が約束されている。しかし、第八章の一一頌以下では†、クリシュナは、アルジュナにもっとも内面的で至高のもの――すなわちヨーガ――を開示し、はっきりとこれがヴェーダ学者の学ぶ純粋な小道であると述べているのであって、この人びとこそバラモンにほかならず、それ以外の者がそうではありえない。一番はっきりと言明されているのは第一五章一五頌‡である。

「私（クリシュナ）はすべてのヴェーダによって知られるべきものであり、私は神学理論（ヴェーダ）の作者にして（シュレーゲル氏によれば）ヴェーダの解釈者である（ウィルキンズ訳では「私はヴェーダを知る者である」）」。

ヴェーダを知り理解しそれを解釈する者がバラモンなのである。クリシュナは自

＊「いたる所で水が溢れている時、井戸は無用である。同様に、真実を知るバラモンにとって、すべてのヴェーダは無用である。」

＊＊ prudens theologus

＊＊＊「三ヴェーダを知り、ソーマ酒を飲み、罪悪が浄められ、祭祀により私を供養し、天界へ行くことを求める人々は、清浄なる神々の王（インドラ）の世界に至り、天界において神々の享楽を味わう。」

† 例えば一一頌、「ヴェーダ学者はそれ［ヨーガ］を不滅のものと述べ、離欲の修行者はそれに入り、人々はそれを望んで梵行（禁欲行）を行なう。その境地をあなたに簡潔に語ろう。」

‡「また私は一切のものの心に入る。記憶、知識、及び［無知の］除去は、私に由来する。私はまた、すべてのヴェーダにより知らるべき対象である。私はヴェーダの終極の作者であり、まさにヴェーダを知る者である。」

分のことをヴェーダと一つであると、すなわちたんにバラモンと一致しているのみならず、ヴェーダそのものであると、表現しているのである。——この点については後述。

クリシュナがアルジュナにこの書物とバラモンの知恵の核心を伝授するのは、アルジュナがクシャトリヤであってそれを所有する者ではないからにほかならない。つまり、バガヴァッド－ギーターはこの知恵を国民に伝えることを使命にしているのであり、国民は、外の仕方では知りえぬもの、いやまったく近寄り難いものを、これによって——適切な仕方で、つまり詩作品として——一般の知識として持ちうるのである。インドの二つの国民的叙事詩はインド人たちに、ホメロスの詩がギリシャ人たちにそうしたように、彼らの宗教について教えた。もしこれらがなかったならば、この民族にはどこからも何ひとつ創造されることはなかったであろうし、祭祀すら教わることがなかったであろう。ギリシャの詩人たちも、ヘロドトスの有名な文によればギリシャ人たちに彼らの神々を与えたのは彼らであるが、すでに神話、伝承、祭祀、秘儀などを目の前にしていたのであるが、ヴェーダはインドの詩人たちにとってはもっと確固たる基盤であったのである。この両国民の詩がそもそも国民的叙事詩でありうるのは、それらが完全にその宗教的な精神と民族の諸表象に依拠しているからである。

ヴェーダそのものをわれわれはまだ目にしていない——どの学者が、あるいはむしろどこの政府が、将来われわれにその贈り物を授けてくれるであろうか――。しかししばらくは、諸民族の宗教に関心を抱く者はコールブルックが残してくれた貴重な抜粋を見ることができる。彼が抜粋を作ったのは、この書物の一般の通例の解釈や宗教的過大評価にとらわれずに、一般にバガヴァッド－ギーターにおいて、またインド的表象の核心について、通説とされているものはただヴェーダ理論にのみその根拠を有することを確証するためであったのである。

これらの聖典そのものには、一方で、祭祀、祈禱、日々の務めなどのように外《そと》に現われる事柄が本質的であると指示されながら、他方では、バラモンとそれへ到達する道のみが最高の事柄、いな唯一真実な事柄であると称揚される、という矛盾が見られる。ヴェーダについて、一方でクリシュナは自分自身が三ヴェーダのすべてである（第九章一七頌）*と言いながら、他方で（同所）自分はヴェーダの凝縮した一音節、オームである（第七章八頌でも）**と一気に言い切り、第一〇章三五頌***でも同じように、自分は聖なる頌歌（間違いなくマントラ†のことである。これはヴェーダの一部であり、頌歌と祈禱文とから成る）の一つの有名なガーヤトリー‡であると言っている（シュレーゲル氏は、ウィルキンズがその特別の意味を込めて「ガーヤトリー」とした語を単に「魅力的な頌歌」と訳しており、その意味を弱めてしまっている）。このガーヤトリーはコールブルックによって翻訳されている（『アジア研究』Ⅷ、四〇〇）

* 「私はこの世界の父であり、母であり、配置者であり、祖父である。知るべき対象である。浄化具である。聖音オームである。讃歌、歌詠、祭詞である。」

** 「私は水における味である。私は月と太陽における光である。すべてのヴェーダにおける聖音（オーム）である。空における音、人間における雄々しさである。」

*** 「私は旋律におけるブリハット－サーマンである。韻律におけるガーヤトリーである。私は暦月のうちのマールガシールシャ月である。季節のうちの花の盛りの候（春）である。」

† mantra　思想、呪語の意味を持つが、ここではヴェーダの頌歌のこと。

‡ ガーヤトリーとは『リグ－ヴェーダ』でもっとも多く用いられる二十四音節よりなる韻律のこと。もっとも神聖とされる「サヴィトリ頌歌」が特にこの名で呼ばれる。

この種の対立と矛盾は、外面的な祭祀や儀式が同時に高次の内面性の意識と結び付いているところではどこにでも現われるものである。犠牲などの祭祀儀式を有しているある宗教で[*]、「犠牲と燔祭は汝には気に入らない。汝がこころよく思うものは純粋な心だけである」とも言われのである。これは、極端に外面的な事柄同士において、同時にそれらが内容の偉大な崇高さと結びついているとき、信じることと為すこととの間に現われてくる対立である。同じような仕方でバガヴァッドｰギーターが内面的なものと外面的なものとの区別を、ただ対立として、宥和を生まない最高の矛盾としてしか含みえないのは、それがインドの詩であるからであり、このような事情が叙述を退屈なものとするのも、けだし当然である。仕事や行為の一方の側面が考えられているとき、神奉仕や現実の一切の行為から離れて修行に専念するというもう一方の側面も気づかれてはいるのだが、インドの詩の持つ一面性は、再び他の側面、行為を、特にクシャトリヤに対して、要請することになるのも必然である。その結果、語り口はおのずから内容に振り回され煩わしい繰り返しに陥ってしまうのである。

成就の段階

次に最高の目標である成就の段階について述べたいが、まずその主観的な形式を考えることにする。成就は涅槃[**]の持続的状態と規定されており、これまでのす

＊　ユダヤ教

＊＊　die Abstraktion をこのように訳す。涅槃 nirvāṇa は Erlöschen が一般的であろうが。

べての段階はこれを目指していたのである。涅槃とは、外的事物に対する一切の感覚、一切の欲望と表象を止揚した自己意識の永遠の孤独である。したがって、ここにはもはや意識は存在しないし、自己意識もまた、もしそれが精神を内容とするような、それゆえなお意識の要素を持ち内容を有するものとされるならば、それも存在しない。何ものも直観せず何ものも知ることのない直観、自己自身の内部における自己についての全く空虚な感覚があるだけである。

現代風に表現すれば、この状態の規定性は知の絶対的な直接性と名づけるべき*であろう。なぜなら、何かについての、何らかの内容についての知が存在するところには、ただちにそしてすでに媒介が存在しているからである。知るところの主観は、その対象である内容に媒介されてのみ内容を知るものとなり、内容はそれを知るものに媒介されてのみ対象となるのである。そして意識が何らかの内容を持つのは、内容が、感覚や直観によって、あるいは何でもよいが、意識の対象となる限りにおいてのみである。なぜなら、感覚や直観は、それが動物の感覚でないときに、人間つまり意識的に存在しているものの感覚や直観であるからである。——以上は単純で単に分析的なだけの規定であるが、今日直接知について多弁を弄している人びとがそのことに気がつかず無知のままで注意もせず知ろうともしないことである。

そして、この抽象的な凝念状態が浄福**であり、その詳しい規定をフンボルト氏

* die absolute Unmittelbarkeit des Wissens

** die Seligkeit

は三九ページ*でまとめているが、それはこの詩のほとんどすべてのページにおいて敬虔で信心深い者に対して繰り返し約束されているものである。つまり一貫して、神性へ、あるいは言葉通りには、まずクリシュナへ達すること**、ブラフマン［梵］へと［欲望や怒りが］吹き消されること†［涅槃の意］、ブラフマンとの一体化、とされているものである（第五章二四頌）‡。シュレーゲル訳では「［欲望や怒りの］根絶から神性（すなわちブラフマン）に至る」であり、ウィルキンズ訳では「無実体のブラフマンを獲得する」、さらに続けて「ブラフマンは初めから、欲望や怒りから自由であるような人びとのために用意されている」となっている。このブラフマンとの一体化はまた輪廻からの解脱をも生むのである。

ブラフマンと専念

このブラフマンとの一体化はおのずから究極の点に、インド宗教の全体のなかの最高点に進む。これが、ブラフマンの概念、これまで考察されてきた専念の頂点である。ブラフマンが何であるかは容易に理解されるしよく知られていることであるが、それと専念そのものとの関連を示すことはより大きなさまざまの困難をともなっている。ブラフマンの概念は明らかにこの関連から生み出されたものであるから、いやむしろこの関連がブラフマンそのものであるから、この関連を考えることはより興味を引くものである。

＊　全集二二七ページ。フンボルトは次のように言っている。「この最終目標への到達はこの詩のほとんどすべてのページにおいて敬虔で信心深い者に対して繰り返し約束されているものである。それはすでに聖者たち、ムーニー［muni 苦行者、賢者の意］が到達していたものである（第九章一頌）。それは端的に最高存在（第三章一九頌）、解放（第三章三一頌、第四章一五頌）と呼ばれ、至高の（第六章四五頌）、永遠の（第一八章五六頌）、不退転のほそ道（第五章一七頌）であり、成就（第一二章一〇頌）である。ただし、別の箇所では(第一八章五〇頌)、神性の獲得の成就がそれと区別されており、この成就は、最高の寂静（第四章三九頌）、神、クリシュナに、そして神性、ブラフマンに達すること（第四章九、二四頌）であり、それと結合すること（第六章二八頌）、神の存在に達すること（第四章一〇頌）、神性へと吹き消されること（第二章七二頌）、神性の力を得ること（第一四章二六頌）、神性と一体化すること（第五章二四頌）である。」

＊＊　第四章一〇頌に「愛執、恐怖、怒りを離れ、私に専念し、私に帰依する多くの者は、知識という苦行（熱力）によって浄

精神の肯定的な立場あるいは規定性は何か、このことを詳しく考察することから始めよう。この規定性には例の精神の自己専念、自己意識の孤立が属するといわれる。ここにあるのは思惟である。専念、あるいは別の表現で、専心や瞑想は、状態的なものを指し示すものであり、事柄そのものを指し示してはいない。上に述べた一切の外面的及び内面的な規定性の捨象［涅槃］、肯定的でその特殊な在り方の内にある知覚と精神の一切の内容を捨象すること［涅槃］、これは状態を持たない思惟の働きである。インド人がこのように非感覚的なものを感覚的なものから、普遍を経験的多様から、思惟を知覚、欲望、表象、意欲などから分離し、そして思惟の崇高性を意識するに至ったことは、すばらしいことであると言わなければならない。しかし、この途方もない抽象の先端から特殊なものとの宥和つまり具体的なものにまで突き進まなかったことが彼らの特徴である。それゆえ、彼らの精神はあてどもなくその一方から他方へとさまようだけであり、結局は不幸となり、浄福は人格性の破棄、つまり仏教徒の言うニルヴァーナ*［涅槃］としてのみ、知られるにすぎないのである。

仮に専心**や専念†などの表現の代わりに、この事柄を名付けるのに思惟‡の語が用いられておれば、思惟するときは、純粋でまた抽象的な思惟ではあっても、われわれは、何かが思惟されている、すなわち、思惟する者としてのわれわれは思惟されるものを持っている、つまり、それを内面的対象として持っている、という

化され、私（クリシュナ）の状態に達する」とある。

† フンボルトは das Verwehen と記し、nirwâna は「風が吹く」wehen の意を持つ wâ に由来すると述べている。そして次の第二章七二頌を指示している。「アルジュナよ、これがブラフマン（梵）の境地である。それに達すれば迷うことはない。臨終の時においても、この境地にあれば、ブラフマンにおける涅槃に達する。」

‡ 「内に幸福あり、内に楽しみあり、内に光明あるヨーギンは、ブラフマンと一体化し、ブラフマンにおける涅槃に達する。」

* Niban と記されているが、nirvâṇa のことだろう。

** Devotion

† Vertiefung

‡ Denken

考えが対抗してきたはずである。直観もまた［インド人においては］同じように規定性を欠いており全く純粋な直観として受け取られているのであるから、それも同じく自己との抽象的な同一性にすぎない。ただ純粋なだけの直観は何ものも直観していないのであり、したがって無についての直観と呼ぶこともできない。それは対象を持っていないからである。しかしながら本来、直観にはそれが具体的であることが含まれている。たしかに思惟もまた具体的である限りにおいてのみ真なるものであるが、思惟に固有の規定性は［直観と異なって］前述の純粋な普遍性、単純な同一性である。心も身体も動かさずに静坐して鼻の尖端を凝視するヨーガ行者は、空虚な抽象［涅槃］に登りつめ、暴力的に固定された思惟である。しかし、この種の状態はわれわれには全く異質で彼岸のものであって、もしそれを表現しようとして、われわれの表象においてごく普通に通用している「思惟」の語を用いると、あまりにもそれをわれわれに近づけてしまうことになろう。

　しかし、専念とはブラフマンを追い求めることであり、それへ至る道であり、それを目指しそれと合一することである*、とも表現されていたことを思い出してみると、たしかに専念にはそれが獲得しようと努力している対象を有するという意味もある。けれども実際は、すでに指摘したように、専念はそれ本来の規定においては客観を欠いており、努力するとか目指すなどの表現は、専念そのものの状態にはまだ達していない意識にのみ属するものにすぎない。そして、この客観

* ここで強調されている語は、順に、suchen, der Weg, die Richtung, die Vereinigung であり、いずれも対象を持つ運動を表わす語である。

を欠く思惟は同時に本質的にはブラフマンに関係するものとして、――しかし直接的な、すなわち、区別を欠く関係として――考えられているのであり、したがって必然的に、この全く抽象的な思惟はブラフマンそのものとして――客観的とされたものと同一であるところの主観的なものとして――規定されることになり、その結果、この［主観と客観との］対立は消滅し、それは内容そのものの内には存在せず外部から語り入れられるものとなるのである。

ここでは主観と客観、さらに両者の統一という表現を用いたが、近代において思惟する反省が発見したこの表現をインド人たちのものとすべきでないことはもちろんである。それは、思惟を用いる神話学がゼウス、ヘレー、デメーテルなどの概念が何であるかを明らかにするとしても、その概念は反省された概念であるから、それをギリシャ人たちに帰することができないのと同様である。その場合、ギリシャ人たちはそのようなゼウスの概念を持っていなかったというのは正しい。しかしだからといって、そのような概念は、それが正しく規定されているのであれば、ゼウスについて彼らが抱いている空想的表象より内容が貧しいとはいえない。内容というものが感性的あるいは空想的な意識を満たしているにすぎないのか、それともその同じ内容が反省的意識によって思想や概念として知られているのか、この区別を理解しないことが多くの誤解と未熟な矛盾を生むのである。

さて先にブラフマンは一者［主観と客観との統一］であると規定されたが、本質的にこのような抽象的規定を好まない者の攻撃にさらされるのが、この一者*という規定である。事実、これは自分の内に規定性を持たない抽象的一者であるから、きわめて欠陥があり真実ならざるものである。インドのブラフマンの本性を構成しているものもやはりこの種のみすぼらしいものである。それは抽象的普遍性として、規定を欠く実体としてあるにすぎぬ一者である。先にその主観的側面を規定して、それが全く抽象的な思惟であり、無を思考する思惟であるがゆえに、それに対してはいかなる対象も存在しないことを指摘したが、同じように、ここで挙げた、客観的と呼ぶこともできるこの規定、つまり、純粋な普遍性あるいは純粋な実体についてもまた、それが一切の特殊性を、したがって主観に対立する客観の特殊性をも捨象するものであることが、明らかになる。主観的規定から出発しようと、客観的規定から出発しようと、ブラフマンは欠陥を持ったものであり、主観と客観とが区別されないものであることがこれで分かるであろう。ところが、区別の必然性とその力は大きいものであるから、それはこの最高の尖端にまで及んでこざるをえないのである。

ブラフマンの擬人化

すでにわれわれはブラフマンについてふれており、Brahma という表現を用い

* die Einheit

てきた。フンボルト氏は二一ページで*、またシュレーゲル氏はより詳細に（『インド叢書』第二巻第四分冊四二〇ページで）（その論述は学問風ではあるが、実際は何ものにも導かないあるいは何ひとつ生み出そうとはしないお喋りである）、短音のaで終わる中性形のBrahmaと長音のaで終わる男性形のBrahmāとの区別を再び指摘して、その正確な規定を提示している。** 今日の特にベンガル地方の学者の習慣は（シュレーゲル氏が上掲書の四二二ページで指摘しているところでは）——したがってこれがその国の学者たちの用法であり、また長音と短音をうまく区別して表現できないドイツ語における用法ということになる——、中性名詞の語尾の短母音は抑えられて、Brahmと書くものとされている。男性名詞のBrahmā、最古のインド的書法のラコニア的［簡潔な］指示によると（同上、四二三ページ）被造物の主であるもの、これは個人、人格であり、したがってわれわれヨーロッパ人の表象様式に適合している。私はこの点に関して、このような人格性を評価する場合にはそれが持っている内面的な内実が本質的に重要であることを指摘したい。Brahmaはその内面的規定からすれば抽象的な有にすぎない。したがって、［抽象的な］普遍者、それ自身の内に主観性を持たない実体は具体者ではなく、精神ではない（そこで、諸々の実在中の実在という現代の神も、具体的なもの、精神として規定されない）。このような内実、いやむしろ内実を持たないという内実によって、この男性名詞は実際は個体的主体ではない。この人格性

＊　全集二〇九ページ。「ここで解明されるべきもっとも重要な概念は、ブラフマンBrahmaないしは神的実体の概念である。私はあらかじめ誤解を取り除くために、とりあえず次の点を注意しておきたい。この短音のaで終わる語は基本形Brahmanの中性形であり、その語尾と性によって、長音のaで終わる男性形、ブラフマー神der Gott Brahmaと区別されるのである。
　ここで中性形が選ばれたのは意味のないことではない。われわれの詩のなかにも、クリシュナすなわち神とブラフマンすなわち神性とは一つにはならず、それらの間にいわば普遍的な神的実体と人格的な神的実在との間に存している区別が認められるからである。」

＊＊　ドイツ語では、中性形のdas Brahma (n) はヴェーダ聖典の学習あるいは祭祀の執行によって獲得される呪力、聖なる知識、あるいは宇宙原理を意味し、ブラフマンあるいはブラフマナ、日本語で「梵」と音写される。男性形のder Brahmaあるいは Brahmā はそのブラフマンが神の名とされたものであり、ブラフマと音写する。なお僧侶であるバラモンはder Brahmaneである。

は主体の空虚な形式であり、単なる擬人化にすぎない。諸宗教を考察する際に無限の重要性を持っていることは、神の単なる擬人化、あるいはすべての神話の内に見出される神もどきの擬人化と、内実からして確かに人格性であるものとを区別することである。擬人化の皮相さにおいては、「人間的」主観と対立する神の対象的自立性もまたただちに脱落してしまう。そこでわれわれは『イーリアス』の冒頭のエロス神あるいはパラス神を、この女神がアキレウスが剣を抜かんとするのを諫止するのを見て、すぐさま愛の主観的感情やアキレウスの心のなかに生まれた熟慮であると、見なすことになるのである。*

そして、いかにしてブラフマー神が擬人化されて――しかも取るに足らぬ姿にまで身をやつして――現われてくるか、同時にしかし、それと対立する主体とそれとの区別も止揚され、ブラフマー神がただその主体の有している主観的な意味として、中性名詞として、表現されるに至るのか、そのことを明らかにしている好例が、早速ラーマーヤナの導入部**に見られるのである。ヴァールミーキ（ラーマーヤナの作者、再生族の一人）は、この詩となる材料と構想を考えながら、彼の庵の前に倒れている鳥***と残された番《つがい》の鳥†を見て、哀しみの声を発する。‡ この哀しみの言葉が自然と［シュローカの］韻律を踏んでいることに、彼と、やはりこの韻律をすばらしいと感じた彼の弟子たちは驚かされる。ヴァールミーキは庵の前の椅子に低く座り、深い瞑想に入る。すると四つの顔を

* アカイアの王アガメムノーンはイーリオス攻略で獲得した戦利品を貪欲に独り占めしようとして、アキレウスに与えた娘を寄越せという。怒りを抑えきれなくなったアキレウスが剣に手をかけたとき、パラス神［アテーナー神］が現われ、思いとどまらせたのである。ヘーゲルは、このパラス神を人格としてではなく、アキレウスの心のなかに芽生えた熟慮として主観的に考えてしまうところに、擬人化の思想的脆弱さを指摘しているのであろう。

** 第一編の二

*** 雄の帝釈鴫

† 雌の帝釈鴫

‡ 楽しそうに番っていたこの夫婦の鴫を見て、色欲と嫉妬に目が眩んだ猟師が雄鳥を打ち落し、それを見て、ヴァールミーキが哀しみの声をあげたのである。

持ち三界の主である偉大なるブラフマー神（この物語のなかではその原語がBrahmであるか、Brahmaであるか、私は分からないが、それはそれ自体どちらでもかまわない）が庵の前に現われた。瞑想していたヴァールミーキは彼を見て立ち上がり、合掌したまま頭を下げ、彼に椅子をすすめ、水とミルクと米を差し出す。水は彼の足を洗うためのものである（その人の足を洗うことは精神上の教師に対する一般の贈り物であり感謝の気持ちの表現である）。ブラフマー神は差し出された椅子に腰を下ろし、ヴァールミーキにも椅子に座るように指示する。ヴァールミーキは席につき精神をブラフマー神に向けるが、［帝釈鴫が殺されたことを思い出し］深く考え込み、一つの詩頌を（彼の前に座っているブラフマー神を称えるものではなく）、［猟師の］悪行、その殺害を哀しむ詩を、先に述べた韻律にのせて歌うのである。そこでブラフマー神はヴァールミーキに重々しく、汝はこの韻律によってラーマの行状を歌えと命じ、姿を消す。ヴァールミーキと弟子たちはいたく感激する。弟子たちは、彼らの教師がこの殺害行為を語った言葉からこの韻律は成立したのだと、この韻律に従って大声で唱和する。こうしてヴァールミーキはこの韻律によってラーマーヤナを創作する決心をするのである。――ブラフマー神はその現われ方が外面的であるにもかかわらず、深い熟慮を有する性格を与えられているようである。

ブラフマンの形而上学的規定

さて、以上述べてきたことによって事柄の本性からして明らかになった諸モメント及びそれらの関係を、インド的表現においてより明確に現われている在り方に従って指摘しなければならない。ブラフマンの形而上学的規定は単純なものとして知られており、既に引用したように、純粋な有、純粋な普遍性、最高存在、*最高実在である。ところでこの場合に本質的でもっとも興味深いことは、この抽象概念がどこまでも具体的充実に対抗させられており、ブラフマンはただ純粋な有としてあり、みずからの内に全く具体的な規定を持っていないことである。われわれヨーロッパ人が神は最高実在**であると言うとき、その規定もやはり抽象的で貧弱であり、また、神についての認識を拒否する、つまり神についての諸規定を知ることを拒否する悟性形而上学は、神の表象に関してはこのような抽象概念に制限されるべきであり、神について、ブラフマンがそうである以上のことを、知るべきではない、と要求している。［しかし］このような批判的な才知を別にすれば、一般にヨーロッパ人の通念では、最高実在あるいはさらに「神」という語によっては具体的なものが思い浮べられ、神は精神と考えられており、また、そこで思い浮べられているものは言葉に出されているものよりも豊かで内容を持っていることに変わりはないであろう。

このことと関連して私はシュレーゲル氏の（中性名詞の）ブラフマンの訳語に

* supreme being

** das höchste Wesen

ついて一言述べておきたい。彼は、クリシュナにはalmum numen*の訳語を当てているのに対して、それと区別してブラフマンにはnumen**の訳語を与えている。フンボルト氏は二一ページ***で、多くの箇所から見てブラフマンと神とが同じ概念であることは明らかであると指摘して、ブラフマンに明確に「神」の語を与えている。ギニョー†氏はクロイツァーの『象徴学‡』の翻訳のなかで（第Ⅰ巻第Ⅱ章の注、六一八ページ）、シュレーゲル氏の方法を厳しく批判している。

「彼の方法は、対応するラテン語の語彙を用いて、ブラフマンの宗教哲学が有している聖なる用語やその外の神学と神話学の多数の名称を、原語の持つ意味を完全に取り去ってしまい、一般的なものに翻訳するものである。――このようなやり方は、あらゆる独自性、あらゆる個性、あらゆる地域的特性を消し去り破壊するものである。」

シュレーゲル氏は、「Brahma（中性名詞）の語はギリシャ語のto teion‡‡と完全に対応しており、ラテン語のnumenとも、この美しい語が真実の威厳を持って使われるときは、かなりの程度対応している」と言っている（『インド叢書』第二巻第四分冊、四二一、二ページ）。たしかに「デウス」や「神」に劣らず、この二つの語においても、神は即自的に規定されていないブラフマンと同様に無規定的に言表されており、すなわち抽象的なものである。しかし大きな違いがある。ギリシャ語とラテン語の表現は具体的表象を伴っており、ブラフマンの内面的本質を

* 「慈しみ深き神霊」の意。
** 単に「神霊」くらいの意。
*** 全集二一〇ページ
† Guignaut 詳細不明。
‡ Georg Friedrich Creuzer（1771－1858）『象徴学』とは“Symbolik und Mythologie der alten Völker, besonders der Griechen”（1810－1812）のことであろう。
‡‡ 「神的なるもの」の意。

形成しているような無規定性の内で考えられているのではない。すでに指摘したことだが、翻訳に際して、ある特殊な事柄を指示している単語を表現するために、他の言語においてはより一般的な事柄を表現しているものを採用することは、あるいはその逆のことも、外的な必然性からして、また事柄からしても、許されることと考えざるをえない。しかし、二つの表現がそれぞれ独自の特殊なものを指示しており、一般的なものがそれらに共通のものであるにすぎない場合は、話は別である。その場合に特殊な表現を用いると、われわれの表象の内に、むしろそれとは隔たっている内容の規定を持ち込むことになり、反対に、明らかにわれわれに示されるべきである別の規定が棄てられてしまうのである。このような変更も重要でない特徴や部分的なものに対してなされる場合は大事に至らぬだろうが、もっとも普遍的でもっとも重要な根本的規定に加えられる場合は混乱を引き起こすことになろう。

デウス、テオス、そして、デーヴァ*や、その他のインドの表現も、問題になっているのが無規定的な表象であるならば、「神」と翻訳してかまわないし、そうせざるをえないこともあろう。しかし、違いが明白で、その違いが表象に対して明確に把握されているものであるときに、ある特殊なものの代わりにそれと特殊的に区別されているものが与えられるならば、われわれは欺かれることになる。例えば、第一編で指摘したように、われわれヨーロッパの僧侶と武士などはバラモン

＊　Deva 神、神聖な者、あるいは人のなかでの神、すなわち、王やバラモンを指す場合もある。

やクシャトリヤなどにはない独特の性格を持っているのであり、それに対して、後者にはその出自と分かち難く帰属する規定が存在している。同じように、ゼウスやジュピターの場合にも、たしかにそれらは神々の内の最高の父ではあるが、それに神、あるいはまた最高実在の語を与えることは適切ではない。

ブラフマンの客観的規定、すなわち、インドの表象が一切の特殊をその内に解消せしめている純粋有のカテゴリーは、すべての有限者の無であることとして、インド宗教の崇高性をなすものであるが、しかし、これはそのままではまだ美でもなければ、ましてや真実の真でもない。むしろこの純粋有はその抽象性のゆえに有限なカテゴリーにすぎない。けれどもこの場合、インド人は、エレア人*のように非有を有から区別して定立したり非有を有から排除してしまうという不整合を犯しているわけではない。フンボルト氏はこの点について、一四ページ**において、クリシュナが「私は不死でありかつ死であり、有でありかつ非有である」と述べている第九章一九頌***を引いて、注意を促している。ブラフマンが「有」†でありかつ「非有」‡であるということは他の箇所にもしばしば出てくることである。

この純粋有は、無限な主観性の規定にまで進むことがないから、インド的な汎神論を生むものであり、同時に、純粋有は一者であるから、一神論をも生むのである。コールブルックはヴェーダに関する知識から、古代インドの宗教は唯一神のみを認めているが、被造物が創造者から十分に区別されていない、というしばし

＊　パルメニデスのこと。

＊＊　全集二〇三ページ

＊＊＊　「私は熱を発する。私は雨を収めて、また送り出す。私は不死であり死である。有であり非有である。」

†　entity

‡　non-entity

ば引用される結論を導き出し（『アジア研究』第Ⅷ巻）、さらにこの結論に、もともとは太陽が「宇宙我（マハートマ）」*と考えられていたのである、という詳しい規定を付け加えているが、ただこのような一神論を問題にする限り、それはあくまでも一神論であり、あるいはむしろより純粋にはブラフマンの内に存在するものである。しかしながら、この一神論はやはり本質的には汎神論である。なぜなら、一者が本質あるいは普遍の抽象態として規定されるとき、それはその抽象性のゆえに直接的なものであり、ゆえに結局は有として諸事物の内に内在し、それらと同一のものであり、したがって被造物が創造者から区別されていないからである。内在するとはいえ、この有は具体的で経験的な諸事物でも、それらの有限的な存在でもない。むしろそれはそれらが定在していることの単なる有、すなわち、それらの無規定的な同一性にすぎない。このようなものが実体のカテゴリーを不完全なものにしてしまうのであり、ものごとを外面的に思惟する主観は、区別を行ない、有限で個別的な諸事物を直観し意識するにあたって、それらの有する有限性と個別性を捨象して、ただ実体、すなわち、唯一の有を保持しようと考えるのである。

私は別の箇所で（『哲学的諸学のエンチュクロペディー』の第二版五一九ページ以下および序論XIIIページ）**、次の点を詳細に批判しておいた。神学者たちは悟性から理性を、また様態から実体を区別することすら知らず、それどころか理性的なも

* 原文では die große Seele（Maha-natma）とあるが、mahātman と考える。

** ヘーゲルが参照を指示しているのは、一八二七年七月初めに出版された（序文の日付は同年五月二五日）『エンチュクロペディー』第二版の五七三節の長い注と序文である。この批評論文の第一編は同じ年の一月、第二編は十月に発表されているのであるから、『エンチュクロペディー』の改訂作業とフンボルト批評の執筆は一部はヘーゲルの頭のなかで絡み合いながら進められたであろう。上述の「注」でヘーゲルは、一神論であると同時に極端な多神論でもあるインド宗教の特徴をもっともよく表現するものとして、『バガヴァッド－ギーター』を挙げているのである。

本文にある「神学者たち」とは、『エンチュクロペディー』の上述の箇所から推測すると、敬虔派のトルック（Friedrich August Gottreu Tholuk 1799—1877）及び「新しい神学」（感情を宗教の基礎とするシュラエイエルマッハーの神学か）を指している。ヘーゲルの言によると、彼らは哲学を批判するのに、以前は無神論であ

のをたわごとに変えそれを捏造している始末なのだが、特にこの神学者の間で今日流行しているのが、汎神論をまさにその正反対のものに転倒させることである。つまり彼らは、汎神論によれば無限者は有限な事物になり、善は悪になる、それゆえまた［逆に］有限者は肯定的なままで無限者になり、悪はそのまま存在しながら善となると確信しているのである。こうして彼らは、あたかも汎神論に［よれば］個別的な諸事物やそれらの経験的で有限な実存そのものが神的なものと、いや神とすら見なされることになるかのように、汎神論を万能の神と理解するのである。そのように考えることができるのは、事物の像についての直観を、また表象も持ってはいるが、それを思惟して普遍者に到達することができない家畜だけであり、人間の間では上述のような主張を捏造する人びとだけである。

　このことと関連するが、インド人は知識を区別することに非常に敏感である。その区別は、フンボルト氏が一三ページ*に引用している第一八章の二〇頌から二二頌**において、次のように述べられている。真の知識［純質的な知識］は実在する万物のなかに唯一不変の原理を、区別されたもののなかに区別されぬものを見るものである。第二の知識［激質的な知識］は個別的な事物の内にさまざまの（特殊な）原理を――われわれの言う「普遍的自然力」などのようにいまだ制限されている普遍性を――認識するものである。そして第三の質、闇［暗質］についての知識である最低の知識は、個別者を、それがあたかも普遍的な原理なしにもそ

ることをもってしたが、最近では汎神論の廉をもってするのである。トルックによれば、哲学が神を考えうるのは、それをすべてのものを制約する根本原因であるとするか（その場合は私の存在や自由は迷妄にすぎなくなり善悪の区別も仮象になる）、それとも私の存在は根本原因とは異なったものであり、根本原因は絶対的なものでなく、したがって多くの神々が存在することになるか、いずれかである。トルックは前者の考え方を「汎神論」として批判するのであるが、ヘーゲルによれば、根本原因は一つであるのだからそれは「汎神論」であるよりはむしろ「一神論」であり、逆に後者の多数の神々こそすべてのものは神であることになるから「汎神論」である。

　この「序文」でヘーゲルは最近流行の思想として敬虔派を取り上げ、それが実はそれの批判している相手すなわち啓蒙の悟性哲学と同じく概念的思考を欠いていることを指摘するのである。哲学を汎神論か多神論かの二者択一として見るような考えの内にすでにそれが現われている。それは固定した有限なカテゴリーに従って推論し、それによっては神に到達できぬと見ると、一転して感情や心という直接的なものの内に神の根拠をおこうとするのである。ヘーゲ

れだけですべてであるかのように知る知識である。前述の汎神論的思考は個別的事物とその諸規定性が絶対的に自立していると考えるこの知識から抜け出せないのである。そして汎神論のもっとも明確な規定は、個別的事物とすべての有限な質は自立しておらず、むしろ純粋有の内でただ止揚され否定されるものとして理解されるということであるから、実際にここに存在しているものは、そのような間違った考えを抱いて、事実を正しく把握しようとはせずに、有限者は自立し絶対的であるという信仰から解放されないような主観に特有の無能さだけである。

　この詩のなかには、この普遍的有は私自身であると語っているクリシュナの長い科白がある。第七章［の八頌］、私は水における味であり、太陽と月における光であり、聖なる書物［ヴェーダ］における聖語［オーム］であり、空における音、知恵あるものの知恵［人間における雄々しさ］である。さらに第一〇章［の二一、二三頌］、私はアーディティヤ神群のなかのヴィシュヌ神であり、光明のなかの太陽であり云々、ルドラ神群のなかのシヴァ神である、云々。このように初めは重々しく語りだされる長い科白も、その単調さによってたちまち無意味なものとなる。とりあえずそれの語っていることは、クリシュナがすべての個別者における本質的なもの、原理であるということだが、しかしその原理は、味や光などのように、まだ限定されているものである。

ついでにふれておくが、この長い科白においても、シュレーゲル氏は先に指摘し

ルはそれに対して「真理の学的認識」は「定義の発展」の内にあるとする。ここから哲学と宗教との関係が問題になるが、それについて「宗教は哲学なしにも存在しうるが、哲学は宗教なしには存在しえず、宗教を自分の内に含んでいる」と言う。そして最後に、「われわれの学問にとって唯一価値あることは、以前は秘儀として啓示されていたものが、その啓示が純粋な姿においても、なおさら混濁した姿において形式だけの思想にとってはなお秘密にとどまっていたものが、ほかならぬ思惟に対して啓示されていることである」と思惟の権力と自由を主張するのである。

『エンチュクロペディー』の最終章「哲学」にある五七三節の「注」はまさにこの「宗教に対する哲学の関係」を扱っている。哲学と宗教の内容は同一であること、ところが、哲学は汎神論にすぎず個人の自由を否定しているのに対して、自分たちは信仰によって神の存在を感覚し私の自由を確保していると批判する敬虔派に対して、ヘーゲルは「汎神論」とはどういうものか、「その詩的な形態、もっとも崇高な形態あるいはそう呼びたければもっとも粗雑な形態」の例として、『バガヴァッドーギーター』を引いているのである。

た翻訳方針を一貫させていない。この箇所は翻訳不可能な固有名詞で溢れているのであるが、シュレーゲル氏はクリシュナの代わりに常に「豊饒の神」＊を用い、ところがシヴァ神に対しては、例えば「破壊の神」＊＊とか「運命の神」＊＊＊、あるいはその種の語で言い換えることをしないのである。——ところで、この多数の特殊的な普遍者もやはり、クリシュナであるところの、一者、ブラフマンに吸収される。

　クリシュナが自分はシヴァであると言うと、シヴァはシヴァで憤然と口を開き、クリシュナに向かって、自分はクリシュナであると言う。シヴァに割かれている『ウプネカット［ウパニシャッド］』†の第九章で、シヴァもやはり、動きを一点に凝集させるという修行によって得た大胆な表現をもってして、自分のことを次のように語っている。在りしものはルドラ（つまりシヴァ神）であり、在るものはルドラであり、在るであろうものはルドラである。私は常に在ったし、常に在るし、常に在るであろう。それについて、私がそれであり、それが私であると、私が述べることのできるような第二のものは存在しない。在るものは私であり、在らぬものは私である。私はブラフマー神であり、私はブラフマンである、云々。そのほかにまた、一息に、私は真理であり、私は牡牛である、云々。私は最高存在である。こうして、これ以外の個々の対象、エレメントなどについての直観や表象が語り始められるところではどこでも、それらはブラフマンであると、それらについての究極の語が発せられるのである。ヴェーダではヴァック‡（言葉）に

＊(128)　全集二〇二ページ

＊＊(128)「人がその知識により、万物の中に唯一不変の状態を認め、区別されたものの中に区別されないものを認める時、それを純質的な知識と知れ。また、その知識が万物の中に、各種各様の状態を別個のものと認める時、それを激質的な知識と知れ。また、ある一つの対象に対して、あたかもすべてであるかのように執着する、根拠のない、真理に暗い小知は、暗質的な知識と言われる。」

＊　numen almum

＊＊　numen destruens

＊＊＊　numen fatum

†　Oupnek'hat とは、十七世紀の初めに、ムガール王族のダーラーシュコーが学者たちに命じて、新ウパニシャッドをペルシャ語に訳させたものである。これは一八〇一年デュペロン（Anquetil Duperron）によってラテン語に翻訳され、ヨーロッパにウパニシャッドの思想が伝えられることになった。

‡　Vach と表記されているが、vac のことであろう。何かを「言う」こと、あるいは「言われたもの」の意。言葉ないしは語は生滅変化する音声（nada）を媒介にして現われた常住不滅のブラフマンであると考える「語ブラフマン論」がある。

は、それが語っているものは自分についてであるということが付随しているのであり、空気、汝はブラフマンであり、太陽はブラフマンであり、香料、パンなどもブラフマンである、ということになる。

ヴェーダのなかからこれらの事例を蒐集したひとりのイギリス人は(ミルズ『英領インドの歴史』第一巻)*、そこから、後に次のように考えるに至った。ブラフマンは、それからまたインド人たちの間における一者も、賞賛を意味する漠然たる述語にすぎず、いわば無を述べている「何も語っていない」称号である、と。彼の提示する根拠は、インド人が神の一性という考えにまで達していないということであり、そしてそのように彼に言わしめたものは、唯一神の活動をブラフマー神、ヴィシュヌ神、シヴァ神という諸性格に分散させている、彼の言い方では、途方もない不整合にある。この不整合は結局は、神の一性がまだその真実の規定において、つまりそれ自身の内で具体的なものとして、精神として把握されてはおらず、それが単に実体性の相関**のカテゴリーにすぎないことに起因するのである。こうして不可避的に生じた不整合は支えを持たない眩暈として現われる。この眩暈についてはすでに主観的な側面から指摘しておいたが、客観的なものの表象においてもやはり避けられないものである。つまり、一者から多数の神々への落下、その「多数の神々の」想像力の宝庫と華麗さから空虚で暗い一者への逆戻り、要するに、少なくともこの神々と有限な諸事物はそもそも自立的でも現実的

* Mills History of British India Vol. I 詳細不明。

** Substantialitäts-Verhältniß とは実体と偶有(Akzidenzen)との二項対立の関係をいう。唯一神とその「諸性格」(偶有)とが互いに存立を持ち対立しあい、両者の同一性、すなわち偶有が実体の自己であることが明らかになっていない段階のことである。ヘーゲルの『大論理学』では偶有が実体の自己であることに気づかれ、それが措定されると、自由すなわち「概念」の領域になる。ここで「精神」といわれているのはその自由な概念のことである。

なものでもないという真理は含んでいるところの永遠の交替として現われてくるのである。

われわれが見てきた形而上学的規定〔一性〕はただ思惟する主観に対して存在しているだけであり、その内容はまったくの抽象物にすぎず、したがってそれだけでは〔世界における〕現実性を持っていない。なぜなら、世界の内で実存を形成しているものは有限で個別的な事物のみであり、それゆえ世界はその事物の内でそれ自身としてではなく、自分自身の他者として実存しているものだからである。*ところが東洋人たちは今なおこのことを理解しておらず、たとえ彼らがこの形而上学的規定を思惟によって見出したとしても、このような抽象物、純粋有や単なる本質で満足せざるをえないのである。この点で特徴的なことは、ブラフマー神そのものをある別のものの抽象的思想としてでなく、またある別のものの擬人化としてでもなく、それだけで実存するものとして意識する、その仕方である。この規定からすれば、われわれはブラフマー神を、ヨーガ行者がそれに向かって暴力的に自分を集中し無化させているあの抽象的な自己意識の状態であるとして表現されているものであることを知るのである。意識のこの自己への専念においては事実、純粋有は、普遍的つまり抽象的であるとともに意識そのものでもある実存を獲得しているのである。

＊　このような世界の内での存在を明らかにするものが『大論理学』の「本質論」の課題である。それに較べれば、「東洋人」は「有論」の段階にとどまっていることになろう。

祈りについて

この専念であるとともにブラフマンでもあるものが何を意味するかについては、先にラーマーヤナから引用したヴァールミーキーの専念の例のなかですでに示しておいた。しかしそこではその意味が想像や擬人化と混合した形で現われていたのである。この意味は混合されない形式において考察されなければならない。

まず祈りとは、ヨーガ行者はそれを永続的なものとなそうと求めているが、ある瞬間的な状態としての形式である。もっとも明瞭にインドの祈りの意味を与えているのはひとりのイギリス人の文章である。彼はインドの宗教性を根底から理解しようと努力して、インド人に対して口頭で問いかけ、回答を得ることによってそれを明らかにしたのである。

彼はインド人に問う。汝らは最高実在（つまりブラフマン）を祭祀によって崇めるのか。それに祈りをささげるのか。それに犠牲を献げるのか。

インド人は直截に答える。「そうではない。断じてそのようなことはしない。」

では、汝らはそれを聖霊として――これは、もっとも純粋であると同時に、ほとんどあるいはまったく面倒がかからないのだから、もっとも実行しやすい礼拝である――崇拝するのか。

「そうではない。」

汝らはそれを称えるのか。

「そうではない。」

汝らはそれのさまざまの属性と完全無欠さについて熟考するか。

「そうではない。」（すでにわれわれは専心が全く空虚であることを承知している。）

それでは、これほど誉め称えられている黙想とはいったい何なのか。インド人の答えは次のようになろう。

「私は礼拝しながら、脚を組み、両手を組み合わせながら高く挙げ、両目を閉じ、精神、思念、舌と唇を落ち着かせて座り、そして、心のなかで、我はブラフマンなりと言う。われわれは自分がブラフマンであると意識するのではない。マーヤー*によって「そうなるの」である。最高実在を誉め称え、礼拝し犠牲を献げることは禁じられている。なぜなら、それはわれわれ自身に向けられる礼拝となってしまうからである。ブラフマンからの流出を誉め称え崇拝することが許されているのである。」

たしかにブラフマー神に関しては、かつては自分の寺院を持っていたが倒壊してしまったという伝承もあるにはある（クロイツァー『象徴学』第一巻五七五ページ及びギニョーの第一巻二四一ページを参照）。しかしブラフマンが寺院を持つようなことはなおさら考えられない。――現代にも似た例がある。ニュースで読

＊ Māyā 一般に不可思議な力を意味するが、ヴェーダーンタでは、世界がブラフマンとは別個に存在するものであるかのように思わせる力であるという。

まれたであろうが、芸術家のカノーヴァ*は自分の資産で生地ポッサーニョに教会を建てたが、それを神に献呈することは聖庁によって阻止されたのである。

このようにブラフマンの客観的性格が消失していくものであることはこの詩の内に、これまで引用しすぎてきたが、どのページをめくっても、専念の目標であるとされる、ブラフマンとの合体、ブラフマンに成ること、神化いやむしろブラフマン化という形で、直接に述べられている。切りがなくなるだろうから、私はこの合体に関する箇所を引用するのは止める。ただ、以前に引用したことのある最古のインド辞書がブラフマンについて述べている諸規定、これはシュレーゲル氏がわれわれに知らせてくれた（インド叢書第二巻第四分冊四二三ページ）ものであるが、これを考察することは興味深い。シュレーゲル氏は、純粋有という規定の外に、さらに二つの意味を提示している。つまり、一、ヴェーダ（しかもこれは純粋有の前にある）、二、宗教的行為。この二つが違うのは見掛けだけで、本質的には全く同じ一つの内容が外面的に異なった形式を取っているにすぎないのであり、そのようなことはこの絶対的一者そのもの、ブラフマン以外には考えられない。この二つの規定の結合が意味することはこれまでに述べたすべてのことから明らかである。ブラフマンはヴェーダであり、祭祀である。それがそうであるのは、ブラフマンが一切のものの即自的に存在する有であるからという理由にとどまらず、バラモンが読誦し犠牲を献げるヴェーダがそれ自体ブラフマンにほ

＊ Canova 詳細不明。

かならぬ専念であり、祈りであるからである。

第九章一六頌で、クリシュナが、すでに見たように彼はブラフマンでもあるが、次のように言っているのも同じ趣旨においてである。

「私は儀式である。私は祭祀である。私は注がれる水*であり、薬草である。私は詩**（［シュレーゲル訳では］歌（carmen）、ウィルキンズ訳では「祖霊供養の儀式」）である。私はまた聖油***である。私は火である。私は火に焼《く》べられた香煙（ウィルキンズ訳では「供物」）である。」

ブラフマンそのものが犠牲の儀式であり、またそこで奉納されるさまざまの事物でもあるから、ブラフマンは自分を通して自分自身を奉納し犠牲に捧げるのである。——それは祈りとしては抽象的な純粋に自分—自身を—聞き取ることであり、儀式としてはこのように自分自身に対して感覚的に—媒介されている—在り方である。そこで一切に浸透しているブラフマンは、第三章一五頌†で言われているように、儀式のなかに現在しており、その現在の仕方は、曖昧な叙述においても決して見逃されることはなく、一般の汎神論の意味におけるよりもはるかに明瞭なものである。

この箇所では縁起が述べられているが、それはさしあたって表面的な意味で、つまり、祭祀によって雨が、雨によって食物が、そうして生命あるものが維持される、とされるものである。‡一方、祭祀は神々への奉仕の行為によってなされ、こ

* スヴァーダーか。そうならば祖霊供養に際して発せられる音声のこと。

** 既述のマントラすなわち呪句のこと。

*** アージュヤすなわち液状のバターのこと。

† 「行為はブラフマンから生ずると知れ。ブラフマンは不滅の存在から生ずる。それ故、遍在するブラフマンは、常に祭祀において確立する。」

‡ 一四頌は「万物は食物から生じ、食物は雨から生ずる。雨は祭祀から生じ、祭祀は行為から生ずる」である。

の行為はブラフマンから生じ、ブラフマンは単純で分割しえぬもの［不滅の存在］※から生じるのである（［シュレーゲル訳］「神性は単純で分割しえぬものから発する」）という意味を与えている。ここではブラフマン（中性名詞）は単純なる一者（［ウィルキンズ訳では］「偉大なる一者」）とは区別されていない。

※　ウィルキンズ訳にはただ「その本性が腐敗することのないブラフマン」とある。

しかし特に注目すべきものは儀式の有する効力であり、ここでは大地の恵みをこの儀式の結果として、つまり儀式による死者たちへの祈願に神々が目を向けた結果であると、媒介的に考えるには及ばない。儀式と生産あるいは創造との関連は、上述したことから明らかなように、もっと直接的であって、死から生命が生まれるという言い方ですら抽象的である。コールブルックのヴェーダの抜粋（アジア研究第八巻四〇四ページ以下）のなかにある文章の一つにこの関連を述べているものがあるが、これは非常に驚くべきものである。死者の儀式に関係している祈禱文の作者としてプラジャーパティ神*とその息子のヤージュニャの名が挙げられ、前者が根本の霊魂、ブラフマンであり、コールブルックによると、ブラフマー神の寓意的儀式（ギニョーの上掲書六〇二ページでは「儀式あるいは犠牲」）を示

＊　prajāpati　造物主であるとともに万物であり時間であり祭祀そのものでもある。

唆するその別名のように思われるという。そしてこの儀式［の祈禱］には次のような文がある。

「最初のさまざまの集塊を創造するものは瞑想の力である。まず欲求がこの瞑想の自己思惟によって形を成し、根源的で生産的な種子が形成され、聖仙たちは知性を通して互いの心を認識することによって、欲求を非有の内にある有の絆であると規定する。」

さらに難解で混乱した叙述が続いているのであるが、少なくとも理解できることは、ここに生じる最初のものが一般的な儀式であり、それには創造が直接に結び付いていること、いやむしろ儀式そのものが世界の創造として現象するということである。

私はこれにさらに、コールブルックが（上掲書四七五ページ以下で）第四のヴェーダ*の第一のウパニシャッドから取り出している、同じく一者の自己からの現出と自己への帰還ならびにそれと同時に世界の創造をも語っていると思われる次の文を付け加えよう。

「瞑想によってはるかな一者が芽生え、その一者から食物（物体）が生み出され、そこから次々と、息、思想、諸々の現実界、不死なるものが形を取って飛び出してくる。すべてを知るものは深い瞑想であり、その自らの知の内に在るものはすべてを知るものであり、そこから広大な一者が、さらに名前、形、食物もまた現

* 『アタルヴァ－ヴェーダ』のことか。

われてくる。以上が真理である。」

専念に到達しようとしてなされる修行はそれ自体として、［自己］否定すなわち犠牲のモメントである。このような否定性、無限性には直接に産出の活動が結び付いている（ヤーコプ・ベーメの場合は、痛み、苦悩に、湧出と源泉*が結び付く）という深遠な思想も存在していることを見落としてはならない。ところが、この専念する観照、自己にのみ沈潜しているブラフマンの孤独から、産出的活動、創造作用、創造者が生まれるのであるが、両者は別個のものとして把握されており、このような表現、形式、名称、形態は、われわれの知っている多くの神統紀と宇宙生成論のなかに無数に存在しているものである。これらの多様な物語のなかには先に挙げた思想の普遍的基盤と同じ形式を取っているものは一つもないであろう。インドの神秘的思考は、あるいは哲学的思考もやはり、最高存在を把握し規定するにあたって、偉大なる一者、普遍的な魂など、多くの形式を試みているが、それらをブラフマンから正確に区別するのは難しいであろう。

ブラフマー神の概念

同様にブラフマー神（男性名詞）も主体として規定されたブラフマンに関する多数の解釈や形態の一つとして現われてくるものにすぎない。この外面的現われ（マーヤー）が始まるところで、形態の多様性はますます増えて恣意的になってい

＊　それぞれ、Pein, Qual, Qualieren, Quellen である。

く。ブラフマー神は特にヴィシュヌ神やクリシュナと関係して現われ、シヴァ神との関係においてはより明確な姿をとり、トリムールティすなわちインドの三一神論＊の一つの位格として現われる。これが、ヨーロッパ人がインド的なものと出会うときに必ずや注目するに違いない最高存在についての規定である。ここではこの説の述べ方は乱暴であり、むしろ本来そこから生まれえたであろう精神の概念を破壊してしまってはいるが、それでも少なくとも（ピュタゴラス及びプラトンのトリアスのような）抽象的形式を精神の具体的規定として含んではいる。精神についての表象が思惟によって概念にまで高められるとき、精神は端的に三一的なものとしてそれ自身の内で把握されねばならないものであり、これを証明するのは、より優れた、学問的な仕事である。しかし、この三一性の根本原理は初めてキリスト教において神の真実の理念に成長したのであり、転倒したものに育ったにすぎないインドの思考と、ここで比較し分析することはあまりにも本題から逸脱することになろう。

ところで、ブラフマー神の概念を規定するというわれわれの目的にとっては、それとヴィシュヌ神との関係、またそれが世界に現われる際に割り当てられている仕事を知ることがもっとも有効である。私の頭にあるのは、クロイツァーの『象徴学』の第一巻六二七ページ（ギニョー、上掲書四ページ）にある叙述である。それが明らかにしているのは、ブラフマー神は、ヴィシュヌ神やシヴァ神と同じ

＊ trimūrti　ブラフマー神、ヴィシュヌ神、シヴァ神が順次にそれぞれ世界の創造、世界の維持、世界の破壊を行うという説。

ように世界に自分の取り分を確保していながらも、その外にさらに自分の空間を獲得しようとするが、その盗みのゆえに二神に懲らしめられ、それにもかかわらず、自分がヴェーダを啓示したことを誇り、他の二神以上のものであると増長している、というものである。この高慢の罪のため、そして強欲のゆえに、彼は、この世界に現われてきた四つの姿をとって、一連の苦行を貫徹せよとの判決を下される。彼は烏、チャンダーラ、暗殺を行う盗人などに姿を変え、この世界に生きることになる。そして、何年も何百年もかかる厳しい実修を終えて、再びブラフマー神となるに至る。彼が宣告された苦行のなかには、ヴィシュヌ神を崇拝すること、またその肉化の歴史を綴るというものが含まれている。チャンダーラで盗人である状態から聖仙となった第二の人生において、彼はヴェーダの知識と理解力によってすべての人びとを驚嘆させる。そして、謙虚に、自分は肉の姿をしたブラフマー神であると告白し、［自分に対して］高慢の罰を宣告する。次に、霊感を授かった歌い手となり、ヴィシュヌ神の肉化を唱い、マハーバーラタとラーマーヤナの詩を作る。――後者の詩に登場する英雄ラーマはヴィシュヌ神の肉化であり、前者の英雄アルジュナは、クリシュナとの対話（バガヴァッドーギーター）の相手であり、クリシュナ自身でもある（第一〇章三七頌）*。クロイツァーは、上掲書の六三四ページで、ヴィシュヌ神には肉化という仕方で世界に現われ出ることが割り当てられているのに対して、ブラフマー神には苦行

＊「私はヴリシニ族におけるヴァースデーヴァ（クリシュナ）である。パーンダヴァにおけるダナンジャヤ（アルジュナ）である。……」

を介して回帰すること、自己自身への再生が割り当てられているという違いに注意を促している。さらに特徴的な区別も存在する。前者のクリシュナ神*は直接に幸福な者として現われ、愛のために生き、偉大な行いをなし、力を持つ者として現われるのであるが、ブラフマー神の方は、四つの姿をとって、しかも苦行を重ねたうえで手にする栄誉は、聖仙の歌い手という栄誉であり、彼のなした所業が偉大な国民的叙事詩となったのである。これから察すると、ブラフマー神の根本的使命は観想にあり、自己自身の内で自己へただ抽象的に回帰することとしての一者の実存にすぎないが、その瞑想が具体的で自覚的な行為となることによって、それは教養された聖仙の行為すなわち詩となるのである。しかも瞑想がそこまで成長するのは、実修という媒介を通してであり、最底辺の階層と性格から苦行を経て成就に至ることによってである。

ラーマーヤナの作者であるヴァールミーキとしてのブラフマー神は、カーストからすれば、チャンダーラとされており、そのヴァールミーキの詩の再発見者にして蒐集者であるカーリダーサ**もまた同じくチャンダーラである（同書六三三ページ）。ブラフマー神の転生の最後の四番目の姿は教育も教養もない貧しい両親から生まれたのであり、彼は、彼のことを知っている宮殿で、バラモンの態度をとってはいるが、それは知らずに起こったことであり、それが彼の階層なのではない。

* ヴィシュヌ神のこと。

** Kālidāsa 四〇〇年頃の詩人。彼の『ラグ－ヴァンシャ』はラーマーヤナに題材を取った作品である。

バラモンについて

　ところでバラモンについては、彼らは生まれながらに再生者であり、誕生とともにただちに、ヨーガ行者や詩人たちが苦労して到達する高位に座を占めることを、先に述べておいた。バラモンだけは実修という媒介を経る苦労はいらないのである。われわれはこの組み立てを見誤ってはならない。たしかにこの詩の第八章一一頌*では、専念の方法が、一般には一切の感官の遮断などと指示されているが、「オーム」という一音を発することとされ、それをヴェーダの教師もヨーガを行ずる者も実修せよと言われている。バラモン「ブラフマン」はこの聖音にほかならないのである。われわれが特に典拠にしているシュレーゲル訳を正確な規定性において理解すれば、そこにもまたブラフマンの主観的性格に関するそのような規定が見られるのである。一方、バラモンに関しては純粋に個人的に専念することと規定されており、それによって、単純なもの、ブラフマー神、専念そのものが、主観的モメントを含むものであることが示唆されている。

　バラモンには自然を支配する力が付与されていることを先に引用した。やはり先に引用したインド最古の辞書（『インド叢書』第二巻第四分冊四二三ページ）は、ブラフマー神（男性名詞）の第一の意味として生まれながらの僧侶を、第二の意味として被造物の主を挙げているが、この二つ規定は全く同じものであることが分かろう。ギニョーが第一巻二四一ページにおいてまとめているように、ブ

＊　一一頌から一三頌までは次の通りである。
「ヴェーダ学者はそれを不滅のものと述べ、離欲の修行者はそれに入り、人々はそれを望んで梵行（禁欲行）を行なう。その境地をあなたに簡潔に語ろう。

身体の一切の門を制御し、意《マナス》（思考器官）を心中において遮断し、自己の気息を頭に止め、ヨーガの保持に務め、

「オーム」という一音のブラフマン（聖音）を唱えながら私を念じ、肉体を捨てて逝く者、彼は最高の帰趨に達する。」

ラフマー神とバラモンの関係は、ブラフマー神はバラモンの内に実存し、バラモンはブラフマー神の化身として崇拝されているのである。なぜなら、ブラフマー神はバラモンの内に住まっているから、――より正確にいうと、バラモンが崇拝されることにおいて、ブラフマー神自身が崇拝されるからである。バラモンはブラフマー神の実存であり、ブラフマー神は自覚的な実存としてのバラモンであり、バラモンはブラフマー神の中断されることのない肉化である。ブラフマー神は生を享けるとき、マヌ法典によれば、諸世界の、一切の被造物の主として生まれてくる。* これは古代インドの辞書が述べているのと全く同じである。

バラモンはブラフマー神の口から飛び出てくる。** 口とは一つには話すこと――先にバック［言葉］すなわち語りについてふれたが、口はヴェーダでありそれを読誦［するもの］である。また口とは食べることであり、供物を捧げるバラモンである。† この二つのこと、話すことと食べることがバラモンの唯一の義務であり仕事である。供物について先に指摘した意味はマヌ法典においてバラモンとの関連で次のように表現されている。バラモンは溶けたバターを神々に、米餅を人類の祖先に、諸世界を維持するために、捧げる、と。同じ箇所でさらに詳しく、バラモンの口から天空の神々は溶けたバターを絶え間なく供給され（「透明になったバターをご馳走され」）、先祖の霊魂は聖餅を供給される、と定められている。――バラモンを通して供物を食べることが神々の食事であり営養であって、こう

* 例えば第一章九や次に引く九三など。

** 第一章九三、「バラモンは（梵の）口より生れ、又彼は最初に生れ、且つヴェーダを堅持する者なれば、彼は当然、このすべての創造物の主なり。」

† 第一章九五、「いかなる有類の彼に優るを得んや。その口により神々は常に供物を食し、又祖霊は（自らへの）供物を（食すを）。」

して神々と諸世界が生み出され維持されるのである。

バラモンは昇ってくる朝日に向かって考えを集中しなければならない（これによってその日一日に為すべき彼の行動が決まる）、『アジア研究』第五巻三四九ページ。そうして彼は呟く、我が内に住まい我が心の内にある秘密の光（彼はまた、この光が大地であり三つの姿を取る世界である、などとも言う）はあの輝ける力〔朝日〕と一にして同じものである。我は最高のブラフマー神の放射する啓示である、と。

インド人はバラモンの内に生き神を見る。それは、チベット人やモンゴル人などがダライラマを生き神とし、またプーナ近郊のチンチュヴェール*のガナパティの宗派（コールブルックの論文、『アジア研究』第七巻二七九ページ以下を参照）がガネーシャ（象の頭を持った神**）をその神の世襲の肉化の特権を持つ家族のひとりの個人の姿として崇拝するのと同じである。あるイギリス人の表現によると、インド人はバラモンに対して、彼の前に跪き、彼に向かって、バラモンよ、汝は我が神である、と唱える感覚を持っているのである。

総督ヘースティングス侯爵の副官であったフィッツ-クローレンス†は、旅の途中で、イギリスの東インド政府のもとで下級職に就いていたバラモンに対してもこのような高い崇拝の念が残されていたのを見たと言い、次のような実例を挙げている。ひとりのバラモンが使者として外交公文書を持って汚れたいでたちで政府

* Chinchwer　詳細不明。

**　シヴァ神とパールヴァーティーとの間に生まれた子。日本では聖天または歓喜天として信仰の対象とされる。

† Fitz-Clarence　詳細不明。

庁舎にやって来た。その道に居合せ、彼の首の回りの縄（バラモンであることの印）を埃まみれの上着の下に認めたインド人たちは拝跪し、彼の汚れた靴の跡に接吻したのである。

終わりに

以上、私は、著者の研究をもとに、また他の文献をも参照しながら、インド精神のここに扱われた諸原理の結びつきをいかに理解したかを述べてきた。ヨーロッパの学者たちの根本的で批判的な努力はインドの思考様式への扉をそれに固有の光のなかでわれわれに開けてくれたのであり、そのような努力が積み重ねられることによって、神統記や宇宙生成論やその他の神話の持つ瑣末事は重要性を失ってますます後退していったのである。なぜなら、縦《ほしいまま》な想像力が、軟弱な反省の気紛れと結びついてそのような素材を野蛮で数え切れない多様性に拡大していることがすでに明らかにされたからである。たしかにそのようにしても当然、［われわれと］共通なものの基本的考えすなわちインド的意識の諸原理を探究し究明することに導かれていくであろう。しかしすでにインド精神の富は同時にそのオリジナルな姿においてもわれわれに提供され始めたのであるから、それだけに一層、われわれの教養のカテゴリーを手当り次第に適用したり、また時には混乱にさえ陥っているヨーロッパ哲学を適用することから生じる、インドの宗教性とその内容に対する皮相な表象は放棄されるべきである。そのような表象は今後ますます明らかにされていくインド精神の固有性に席を譲らねばならない。しかし、同時に解釈の課題はますます困難さを増すであろう。それは、インドの表象様式がわれわれのそれとは全く異質であるからではない。むしろ、それはわれわれの意識の最高の概念の内に食い入ってくるのだが、その驚嘆すべき深遠さそのものがもっとも軽蔑すべきものと分かちがたく一つになっているからである。敬愛する著者は、頼るべき先行の業績のほとんど見当たらない、いや全く見出せなかった、非常な困難を伴った多くの研究業績によって、新たなそして時には最初の光を点じてこられてきたのだが、ここで扱われている詩の取りとめのない詩頌のなかからその礎石となるべきものを取り出してまとめるという労苦をも惜しまれることがなかった。この御努力によって、われわれはこの詩を他の文献と関連させ、より詳細な理解を得ることができるようになったのであり、この点について、われわれは著者に感謝の意を捧げるものである。

第二回の講演(四五ページから終わりまで)[*]にも当然ふれるべきであったろう。この講演は、第一回の講演が［この詩の］体系の内容を扱っているのに対して、体系の構成と、詩的及び哲学的形式と、その両体系がいかに関係しているかを主題としているものである。しかしすでに本論はあまりにも多岐に渡ってしまっており、また次の点は当然期待されていることであろう［から、ここで筆を措く］。

＊　一八二六年六月一五日にやはりベルリーン・アカデミーで講演されたもの。全集の三二五から三四四ページに収録されている。ヘーゲルは紙面の都合でこれに言及することを諦めたのであろうが、本論文の初めに、ギーター十八章の梗概を述べているものとして、ごく簡単にふれていた。

著者の博学とセンスは著者が興味を抱くいくつかの反省を、またギリシャ古代の詩及び哲学と［ギーターと］の融合という特に透徹した比較の視点を提供していること、そして著者の教養された批判的な感覚はこの詩の初めの十一の章と終りの七つの章の詩頌との間にある違いにわれわれの注意を喚起してくれていること、である。占星術や系譜学の著作には改竄が付き物であるという困った発見は、それらの著作から、歴史的といわないまでも、どうにか確かな年代記的なまた系譜的な史実を作り出しうると期待していた学者たちに、さまざまの困難と不確実さの新たな領域を開いたのである。［しかし］われわれのこの詩の寄せ集めともいうべき体裁は内容に対しては本質的な影響を及ぼしてはおらず、ただそれはインド的な冗漫さと繰り返しがすでに十分そうである退屈さを増加させているだけなのである。

ヘーゲル［以上、十月号］

解題と解説

Ueber die unter dem Namen Bhagavad-Gita bekannte Episode des Mahabharata : von Wilhelm von Humboldt. Berlin 1826

ヘーゲルのこの批評論文はフンボルトの右記書物の書評（書評のタイトルも右記書名のみ）であり、その第一編は『学的批評年報』の創刊号すなわち一八二七年一月号の七／八合冊号、五一から六三ページに、第二編は同年十月号の一八一から一八八号まで、一四四一から一四九二ページに掲載された。

翻訳の底本はG. W. F. Hegel Berliner Schriften（1818―1831）Hrsg. von Walter Jaeschke.（PhB Bd. 504 Felix Meiner 1997）の一〇一から一七三ページを用いた。また『学的批評年報』のマイクロフィッシュも参照した。

この書評にはその対象の論文の性格からして、多くの外国語、すなわち、サンスクリット語――フンボルトは後述のインド叢書に掲載したもう一つのギーター関連の論文ではデーヴァナーガリー（梵字と同系統の文字）を用いているが、より広範な読者を対象としていたと思われるこの論文では彼独自の音写によるローマ字表記が使用されている。ヘーゲルもローマ字表記を用いているが、長音などの記号は一切無視している――、ラテン語、英語、フランス語が多数混在している。しかしそれらを一つひとつ例えば片仮名で表記するのは煩雑になるので、引用の意味で「　」を付けたり、それが不可能だが文脈から分かる場合はそのままにした。ヘーゲルはおそらくサンスクリット語を理解しておらず当時の研究水準の英訳、仏訳、ラテン語訳、独訳をもとにしているから、私が利用した現行の邦訳、フンボルトの独訳(一部)、シュレーゲルのラテン語訳、ウィルキンズの英訳などとの間に隔たりが生じている場合もあるが、そのときは脚注に邦訳を掲げた。フンボルトの論文に関しては Albert Leitzmann 編纂の Wilhelm von Humboldts Gesammelte Schriften Bd. V を参照した。

解説として、まずフンボルト論文の研究対象である『バガヴァッド－ギーター』の内容を簡単に説明して、次にフンボルトの略歴を記し、最後にこのヘーゲルの書評の内容とこの書評をめぐるフンボルトとヘーゲルとの関係を述べよう。

バガヴァッド－ギーター（以下ギーターと略す）、すなわち「神（バガヴァッド）の歌」については、私は全く不案内なので、インド学研究者の啓蒙的書物に従って、本翻訳にとって必要な限りを記すにとどめる。ギーターは古代インドの大叙事詩『マハーバーラタ』（十八巻、約十万詩頌）のなかに挿話（エピソード）として挿入されているものであり、マハーバーラタの第六巻第二三章から第四〇章までの十八章、七〇〇詩頌の形で流布している。

マハーバーラタはバラタ国を統治していたクル族の衰亡を主題にした物語であるが、その梗概をごくかいつまんで記す（岩波文庫『バガヴァッド－ギーター』上村勝彦訳の解説及び筑摩書房世界古典文学全集第三巻にある服部正明の解説による）。クル族のシャーンタヌ王の二人の娘は仙人ヴィヤーサとの間に、盲目のドリタラーシュトラ（娘は仙人のあまりに恐ろしい姿に目を閉じたので盲目の子が生まれたとされる）とパーンドゥ（蒼白の意。娘は恐怖のあまり青ざめたから）を生んだ。したがって二人は異母兄弟である。兄ドリタラーシュトラの妻は光をもたない夫に忠実であろうとして両眼を布で覆った。彼女は妊娠したが二年間出産することなく、その腹を強く打つと鉄の玉のような肉塊が飛び出した。この肉塊は仙人の指示に従い百に切り分けられ保存され、後に百人の息子となった(百王子)。弟パーンドゥは、鹿の姿をして妻と交わっていた隠者を弓で射た。隠者は「妻と交わったときおまえは死ぬ」と呪い、死んだ。彼の二人の妻は夫と交わることができぬので、夫の指示に従いさまざまの神々を呼出して、五人の息子を得た(五王子)。なかにインドラ神を呼び出してできた第三王子アルジュナがギーターの主人公である。その後パーンドゥは妻と交わった果てに、予言通りに命を落とした。兄ドリタラーシュトラの長子ドゥルヨーダナは武芸に秀でた五王子を憎み、殺害を企てた。しかしドリタラーシュトラ王は甥である五王子に王国の半分を与えた。

さらに物語の筋は錯綜しながら展開していくが、結局、五王子と百王子はそれぞれパーンダヴァ軍とカラヴァ軍を整え、聖地クル・クシェートラ(クル平原)において十八日間に及ぶ最後の決戦を繰り広げることになる。ギーターはこの戦闘をパーンダヴァ軍(五王子)の側から描いたものである。将帥アルジュナにヨーガを授けるギーターのもう一人の主人公クリシュナは、アルジュナの異父兄であり、彼の駆る戦車の御者であり、そしてバガヴァッド(神)の権化である。いざ戦闘というとき、勇士アルジュナは同族間の戦いに疑念をいだき戦意を喪失する。それを見たクリシュナはヨーガの教えを説き、彼を鼓舞する。その宣示の内容がギーターにほかならない。この戦闘によって同族の大多数の人びとは互いに殺しあい死んだ。生き残ったドリタラーシュトラは森に入り、この世を去った。クリシュナの家来たち(主人と異なってカラヴァ軍に属した)は酒に酔い互いに殺しあって滅んだ。クリシュナ自身は猟師に踵を射られて死んだ。五王子たちはヒマーラヤ山に行き死んだ。

ギーターは元来クリシュナ崇拝に起源を有するバーガヴァタ派の聖典であり、紀元前二〇〇年から紀元後二〇〇年の間に逐次成立していったと想定される。一七八五年、本文に出てくるウィルキンズのギーター英訳がロンドンで出版され、ギーターはヨーロッパ近代語に翻訳された最初のインド古典となった。ヴェーダ一般に関する信頼しうる記述はこれも本文に出てくるコールブルックの一八〇五年の「インド教徒の聖典ヴェーダ」が最初だといわれる。ギーターのサンスクリット原典は一八〇八年にカルカッタにおいて出版された。シュレーゲル兄弟の弟フリードリッヒ・フォン・シュレーゲルは、パリ滞在時にサンスクリット語を学び、一八〇八年ギーターからの抜粋訳を含む『インド人の言語と叡智について（Ueber die Sprache und Weisheit der Inder』を発表した（本書の「ゾルガー論」を参照）。その後彼はインド研究から離れるが、遅れて兄アウグスト・フォン・シュレーゲルがサンスクリット語を習得し、一八二三年ギーター原典の批判版とラテン語訳を発表した（フンボルトとヘーゲルが特に典拠にしているのはこのラテン語訳である）。これによってギーター研究の基礎が築かれたのである。しかしマハーバーラタの最初の校訂本は一八三四—三九年にカルカッタにおいて出版されたといわれるから、上記の諸書物は批判的研究以前のものである。

シュレーゲル兄の親友であったフンボルトはシュレーゲルのラテン語訳をきっかけにギーターに関する二本の論文を発表した。その一つは、シュレーゲル兄が主催する『インド叢書（Indische Bibliothek）』第Ⅱ巻第二冊及び第三冊に発表された「バガヴァッド－ギーターについて。パリのアジア雑誌に載ったシュレーゲル版の評価に関連して（Ueber die Bhagavad-Gita. Mit Bezug auf die Beurtheilung der Schlegel'schen Ausgabe im Pariser Asiatischen Journal）」（一八二六年）であり、もう一つがこのヘーゲルが書評した論文である。

Wilhelm von Humboldt は一七六七年六月二二日ポッダムに生まれた（ヘーゲルの三つ年上である。以下フォンの貴族名は略す）。彼の国家論、教育の理念（私は「哲学と大学と国家」と題して、ベルリーン大学創設の理念に関して、一九八四年に愛知大学『文学論叢』第七七輯に書いたことがある）、彼の言語哲学とカント哲学との関連、シラーやゲーテとの交流、外交官としての活動、特にヴィーン会議での第二全権（Zweiter Vertreter）としての活躍など、いずれ書いてみたいことは多々あるのだが、ここでは触れる余裕がない（泉井久之助『言語研究とフンボルト』（弘文堂）は今でもその迫力で読むものを圧倒するフンボルト研究の優れた書物である）。一八一九年の大晦日を限りに、フンボルトは政治から退く（五二歳）。そしてシンケルの設計になるテーゲル（Tegel）の館で言語研究に打ち込み、時にその成果をベルリーンの王立科学アカデミーで講演した。この二つのギーター論はいわばこの「林住期」とも呼ぶべきテーゲル生活のなかから生まれたものである。一八三五年四月八日没（享年六七）。

フンボルトがこのギーターを哲学の文献として非常に高く評価していたことは、例えば上記インド叢書に掲載された論文の次の文章からも理解できるであろう。「残念なことにギーターはしばしばホメロスやギリシャのものと比較されているが、この比較は私には全く不適切だと思われる。むしろこのマハーバーラタのエピソードはもっとも美しいそしておそらく唯一真に哲学的な詩であり、そのことをわれわれの知っているすべての文献が指摘しているのである。」（全集第五巻一五九ページ）

一方、この書評の対象であるギーター論文は、ベルリーン・アカデミーの歴史‐文献学部会において、一八二五年六月三〇日と一八二六年七月一五日の二回に分けて講演され、印刷された講義録（抜刷）は一八二六年九月三〇日にゲーテに送られたのを初めとして、親しい友人たちに贈呈された。そして一八二八年にアカデミーの論文集に収められ市販されたが、ヘーゲルのこの書評は一八二七年一月に発表されたものであるから、ヘーゲルはテクストをそれ以前に入手していたことになる。記録によると、彼は一八二六年一一月一八日にフンボルト宅を訪問している。二人を引き合わせたファルンハーゲンは日記に「彼［フンボルト］は新しく発刊される文学雑誌［『年報』のこと］のことばかりほとんど一晩中［ヘーゲルと］話題にした。彼はそれに非常に興味を持ったように見えた」と書いている（"Hegel in Berichten seiner Zeitgenossen" 320 f.）。おそらくこの機会にヘーゲルはフンボルトからその抜刷を貰ったに違いないものと思われる。

ヘーゲルのこの書評は第一編と第二編に分かれているが、分量的にひどく均衡を欠いており（前者は後者の四分の一以下にすぎない）、ヘーゲルが書評の掲載をいかに急いでいたかが、しのばれる。彼が創刊されたばかりの『学的批評年報』の最初の号に、準備不足を否めないにもかかわらず、フンボルトの論文を倉卒に紹介したのは、フンボルトの「学的批評協会」への加入の返礼の意思を示すものであったに違いない。いずれにしろ、論文の内容の吟味はほとんど第二編にまわされている。

第一編ではまずインド研究の現状が紹介され、進むべき研究の方向が「原典にのみ依拠し、インドの考え方と表象の固有性の研究」にあることが指摘される。その言やよし、であるが、以下のヘーゲルの書評を読むと、彼自身が東洋世界の異質性を理解せず、ヨーロッパ近代の尺度を絶対視して、そこから「固有性」の一つひとつを断罪しているように思われるのである。

次に、ヘーゲルは『バガヴァッド－ギーター』の内容の検討に入る。まずギーターの初めにあるアルジュナの疑いの場面が取り上げられる。彼の疑いとクリシュナの説得がギーターで語られる哲学を規定しているからである。この場面でクリシュナによって「行為の結果に対する無関心」が説かれ、そこにある種の道徳的要求が存在していることをヘーゲルは認めるのだが、この要求が「詩的効果を生んでいる」とするフンボルトの考え方には疑問を呈している。ヘーゲルの脳裏には二つの視点があるように見える。一つはこの詩をあくまでヨーロッパの演劇論の尺度で見ることであり、そこからすると行為の結果がストーリーに何の影響も及ぼさないギーターを彼は「演劇」として認めることができない。もう一つの視点は、人間の行動の基準としての西洋近代のモラルであり、そこからすると、アルジュナの逡巡の理由と彼に課せられる義務は理解できず、それはカースト制による「自然的なもの」とされるのであり、そこから彼の筆はカースト制の批判に向かうのである。

ギーターの筋に従って、ヘーゲルはいよいよ主題であるヨーガの説明に入るが、それと対照されるサーンキヤ理論の説明で、第一編は突然に終わっている。

第二編はヨーガ理論の解明が主題となる。まずギーターから離れ、コールブルックの『ヨーガ－スートラ』と『ヴェーダーンタ』の抜粋書によって、ヨーガの本質として「観照（瞑想）」が指摘される。そしてこれに「沈潜」の語を当てたフンボルトの翻訳をめぐって、ヘーゲルの翻訳論が展開される。彼はこの訳語の妥当性を認めながらも、沈潜とはいっても、ヨーロッパのそれとは異なり「いかなる内容も持たない」「一切の規定された思想の不在」と、それを否定的に見る。

次に、この観照という成就の段階に至る修行の過程が順次検討される。われわれは残念ながら、その批評を読みながら、ヘーゲルがさまざまの探検譚や、ギーター、マヌ法典、ラーマーヤナの特に法外な叙述部分を好んで面白おかしく取り上げ、一方で、ヨーロッパ近代の基準からは一歩も抜け出すことをせず、それを絶対尺度としてインドの宗教と文化を批判する彼の姿に、失望を覚えることはないであろうか。そこには異質なものあるいは他者性を理解しようとする姿勢が見られないのである。例えば、ヨーガの苦行にふれて、キリスト教の贖罪の行為に似てはいるがそれよりは劣るものであるという判断、瞑想を「狂信的な神秘主義」とするフンボルトの厳しい指摘に対して、ヘーゲルはそもそも神秘主義にすら達していないと、一片の共感も示さずにただ切り捨ててしまう態度、マヌ法典のバラモンの義務を興味本位に取り上げて、そこには市民的義務もなければ「人類愛」もないと一方的に裁断する態度、例を挙げれば切りがない。

第二編の後半では、ヴェーダ、そしてブラフマンの概念が取り上げられ、より学問的議論がなされているが、ここでもヘーゲルはインド的思考の概念構成の異質性を肯定的に理解しようとすることはないように見える。ヴェーダやギーターに見られる外面性（祭祀の尊重）と内面性（自己への専心）との対立と矛盾が「宥和（Versöhnung）」に至らないのは、それがインドの宗教であるからとされ、ブラフマンは「純粋有」にすぎず、それが思惟する主観に対してのみ存在し、現実性を持たないのは、それが東洋的であるからとされ、また、ブラフマー神には三一神論（trimūrti）があるが、「転倒した」ものであり、本来の三一論はキリスト教のものである、といった具合である。

インド研究がイギリスやフランスでは植民地経営と宗教的支配の一環として促進されてきたのに対して、そのような動機を持ちえなかったドイツではやや遅れてインド研究が開始された。資料も研究も少ないなかで、ヘーゲルはこれを書いている。たしかに二十年前の『精神現象学』ではインドの宗教をわずか数ページで「植物の宗教」と「動物の宗教」として描いたのに較べれば、この書評にははるかに豊富な内容が盛られており、また、この年の夏学期には「宗教哲学」の講義をしているから（この論文の第二編は講義と同時期に書かれたであろう。ヘーゲルは夏休みの八月十七日から十月二一日までは大旅行を敢行したからである）、書評は宗教史の全体を念頭におきながら執筆されたであろう。しかしやはりわずかの知識と資料を自分の思想の枠組みに合うように強引に裁断しているという憾みは拭えないのである。ただ、皮肉に言えば、それゆえのメリットもこの論文にはある。ヘーゲルの概念、例えば、直接性、媒介、宥和、行為、主観―客観、普遍性、三一論などが、それと異質なものに強引に被せられているがゆえに、その違和感によってかえって、他の論文では内容と緊密に結合しているその構造が鮮やかに浮き上がっているのである。

ヘーゲルはしばしばフンボルトに「尊敬する（verehrt）」の形容をつけているが、このことからしても、これまで二人の間には親しい接触がなかったことが分かる。そもそも外面的関係からして、また学問の内容、思想的立場からしても、二人が互いの思想を交換するような必要も機会もありえなかった。フンボルトが「学的批評協会」に加入した(加入が承認された)のは前述のファルンハーゲンの日記からあまり隔たらない一八二六年の十一月後半か十二月に行なわれた協会の選挙によってであろう。その結果、フンボルトは創刊号から正会員として名を連ねることになった。フンボルトは雑誌に興味を示したが、深入りすることは避けた。ヘーゲルの死までの五年間に、彼はわずかに二編の短編を提出しただけであり、ヘーゲルの死後は協会との関係をほとんど絶った。

第一編が掲載されるとただちにフンボルトはヘーゲルに礼状を認《したた》めた。

「最近の拙論に対する貴台の御批評を拝受拝読しました。小生は、貴台が公衆の間に拙論をご紹介なさっている好意的で過褒の言葉に対して、心からの感謝の意を表さねばならないとただちに感じました。貴台が精神に富む明察な仕方で展開されている諸理念に関しましては、近いうちにお会いしてお話しできる機会があればと念じております。御高論［第一編］の最後に、貴台はご親切にも再度拙論を論じてくださると書いておられますが、私には身に過ぎることで誠にうれしく存じます」(Briefe. Bd. 3. S. 152. 一八二七年一月二五日)。

この手紙に儀礼的な謝意以上のものを見るのは難しい。第二編が発表されると、明らかにフンボルトの態度は変わる。インドの文化について「お話しできる機会」は必要なくなった。十月三十日のファルンハーゲンの日記には「彼は私に対して十分リベラルとはいえない。専制主義に傾きがちで、絶対主義者に権利を与え、自由を毀損している」というフンボルト(弟アレクサンダーの可能性もある)の言葉がある(Clemns Menze : W. v. Humboldt und die "Jahrbücher für wissenschaftliche Kritik" in Jamme : Die "Jahrbücher für wissenschaftliche Kritik" 1994, S. 179)。この書評の内容だけからこのように過酷な人物評が導かれたと判断するには無理があるかも知れないが、ヘーゲルのインドの文化と思想に対する無理解をフンボルトは苦々しく思い、それが植民地主義者の思考と一致し、さらにはそのようなヘーゲルの思考様式が、手厳しい侮辱を避けてはいるが、自分自身にも向けられていると感じたと推測することはできる。少なくとも、フンボルトを文献学者としては尊重しながら、概念規定に不備をあげつらおうとする態度、要するにフンボルトを哲学者として認めないヘーゲルの態度を、フンボルトは敏感に感じ取ったに違いない。

フンボルトは翌年三月一日付けのゲンツ（Friedrich Gentz, 1764―1832）に宛てた手紙では次のように書いている。「ヘーゲルはたしかに深遠で稀にみる頭脳を持ってはいるが、この種の哲学が真に根付くとは、私には思われない。少なくとも私は今までいくら努力してもいかなる仕方でもこのようなものに親しむことはできなかった。語り口の不明瞭さが彼をずいぶんと傷つけている。それは活気に富んでいるわけではないし、カントやフィヒテのそれのように人を圧倒するものでもないし、墓場の静閑のように崇高であるのでもない。それは明らかに無器用から生まれたものだ。まるで言葉が著者の頭を通過していないかのようだ。ごく普通の事柄を扱っているときですら、彼は軽快にも高貴にもなれないからだ。想像力に大きな欠陥があるのかもしれない。にもかかわらず、私はこの哲学を否定するつもりはない。ヘーゲルは公衆を二つのクラスに分けようとしているように私には思われる。一つは、彼を無条件に支持する人びと、もう一つは、強《こわ》い縁石に対するかのように思慮深く彼を避ける人びと。ところで彼は自分ひとりの理念にのみ自分の活動を委ねようとするような哲学者には属さない。彼は学派を作るのであり、意図的にそうするのである。年報もその意図から生まれた。それどころか私が協会に加入した［私に加入を勧誘した］のも、年報が世間でそうと［ヘーゲル派の機関紙と］受け取られないようにするためである。それはそれとして、私はヘーゲルと付き合っており、外面的には彼と非常にうまくやっている。内面的にはどうかといえば、私は上に批判した欠陥を忘れるわけではないが、彼の素質と才能には大きな真の尊敬を抱いている」（Schriften von Friedrich Gentz. Ein Denkmal. 翻訳の底本のXLIIIf.ページから引用した)。

フンボルトの言う「この種の哲学」が具体的にヘーゲル哲学のどのような側面を指すものかは、この文面だけでは分からない。ただ単に個性の違いという以上の何かが二人を隔てつつ、同時に結び付けざるをえなくしているのであろう。それが一つにはカント哲学についての評価の違いに現われ、他方では啓蒙主義と初期ロマン主義に対する態度に現われている。このような時代の思想状況のなかで「フンボルトとヘーゲル」を比較することは重要な意味を持つであろう。もう一つ考えてみたいことは「ヘーゲルとアジア的なもの」という主題である。ヘーゲルは必ずしもインドの宗教や社会組織に対して温かい目を向けているとはいえない。彼は、民族の個性を言いながら、対象の個性を先入見なしに受け取ろうとするよりは、むしろ自分の歴史観や体系に合うように対象を強引に成形しようとしている。「個性」は対象の持つ独自の本質であるよりも、普遍的ヨーロッパからの逸脱と見られている。アジアに対する知識の不足もあろうが、アジアは近代化すなわちヨーロッパ化するにあたって克服すべき遺制としてのみ扱われている憾みが残るのである。以上二つの点はもうしばらく考えてみたい

三　ゾルガーの遺稿と往復書簡（一八二八年）

第一編

はじめに

これほど豊かで多種多様な、しかもわれわれのごく身近な事柄に多くの言及がなされている内容を含む著作集の場合には、出版後早い時期に広告してほしいと要求されるのももっとなことである。* これによって、たった今過ぎ去ったばかりの、あるいは今現在もわれわれが関わっている現実に介入してくる重要な事件、人物たち、そして彼らの著作について、ひとりの優れた人物がいかにそれを直観し、いかに判断していたか、また、それらの事柄について、彼の友人たちが、その多くはまだわれわれとともにいる人びとであるが、そのサークルでいかなる議論がなされていたか、そのようなことが、好奇心を満足させる資料として、関心を持たれるものとなることができたのであり、今後はもはやただ好奇心にかられる必要はほとんどなくなったのである。しかしながら、そういう魅惑的な具体的事柄を知らせてくれることにもまして、むしろいくつかの堅実な視点を与えてくれていることにこそ、この著作集の使命が、すなわち、ひとりの人間の気品ある個性の記念碑であり、その遺された最後の著作によって彼の哲学形成の到達点を

＊ クレルモントによると、ヘーゲルはゾルガー遺稿集の哲学関係論文の専門担当者としてその編集に協力しており、したがって遅くとも一八二六年までにはそのテクストを縦覧できた。それから二年も経過しているこの時点では、この書評は本来の早期に紹介、広告すべき役割から逸れてしまったことを、この文章は断っているのである。Heinrich Clairmont : Kritisiren heißt einen Autor besser verstehen als er sich selbst verstanden hat—. in : Die, "Jahrbücher für wissenschaftliche Kritik" Hrsg. von Christoph Jamme (1994) S.259（以下、この論文はクレルモントと略す。）

公衆に明らかにするという使命が、存しているのである。

著作集の第一部［巻］は、まずゾルガーの青年時代の日記からの抜粋、次にその後の彼の死までの経歴に関する膨大な書簡からなっており、それらの書簡は親密な友情の範囲内に限定され、一貫してその種の語り口と伝達という性格を帯びている。ゾルガーが友人たちと交わした書簡の大部分はこの著作集の二人*の編纂者との間のものであるが、彼らは事実に関する短い注を挿入することによってその関連を補完し、また序文と結語によってこの著作集を完璧な伝記に近いものにまで仕上げてくれた。ゾルガーの性格の全体像を、長いあいだ親しく彼と信頼関係を結んでいたこの二人ほど、正確に描いた者はこれまでいなかった。気品に満ちた筆致で編集の仕事を締め括っている彼らの次の描写は素晴らしいものである。

「少年時代の彼はほっそりとした血色のよい中ぐらいの体つきをしていた。どこまでも青く透みやや突き出たその眼、穏やかさと高貴さ、これが彼の容貌から受ける第一印象であった。ときに事柄がきわめて重要である場合は、子供の信頼すらかちとったこの穏やかさを、崇高な怒りが消してしまうこともあった。真面目なときは、彼の骨相学的表情は、笑ったときとはまったく別のものになった。その優しい表情はひとを魅惑したものである。一八〇七年神経熱［腸チフス］で死の淵をさまよってからは、彼の気分にやや変化がみられ、次第に体型も変化して

* ティークとラウマー

いった。彼は頑健で肉づきがよくなった。男性的な力と泰然自若の印象が青年の活撥さにとってかわった。*」

「その言葉の魔力はごくわずかの者にしか授けられなかったものである。素人に対しても彼は難解な問題を明晰にわかりやすく話した。その生涯と同じく、彼の名誉は模範的であり、そして稀有なほど幸運であった。夫として、父として、友人として、教師として、市民として、彼の名はいつまでもひとの真似るべき模範的な姿と呼ばれ称えられるであろう。**」

ゾルガーの生涯

彼の生涯の主な事跡を概観することは、読者にとって興味のないことではないであろう。†

カール・ヴィルヘルム・フェルディナント・ゾルガーは一七八〇年一一月二八日にシュヴェート‡で生まれた。その地で彼の父親は旧辺境伯の内閣の長官の職にあった。その人となりは、その職においても家庭にあっても友人たちの間にあっても、威厳があり尊敬に値する真のドイツ人のそれであった。彼の幼年時代の逸話が二三伝わっている。なかでもとりわけ出色のものを一つ再現してみよう。ゾルガーは長いあいだ弟と互いに「あなた（Sie）」で呼びあっていたのだが、それは彼らの子供っぽい喧嘩に際してその関係に滑稽で厳粛な趣きを与えたものだっ

＊　第I巻七七九ページ
容貌については口絵の胸像写真を参照されたい。

＊＊　第I巻七七九、七八〇ページ

†　生涯に関する以下のヘーゲルの文章は編纂者たちの執筆した「序論」をもとにして書かれたものであり、ヘーゲルはそれに随時コメントを付けている。第I巻VIページ以下を参照。

‡　Schwedt　ベルリンの北東百キロ、オーデル河畔の都市。

た。紙に描いた動物や人物の像を切り抜く幼い才能によって彼はしばしば弟と会話できたのだが、それがうまく行かず彼を焦《じ》らせたときは、さも真面目ぶった表情をよそおい、癇癪をおこし、許されぬ欲望をはねつけて、大声で「あなたは、ぼくがただ人形を切り抜いているだけだとでも、思っているのですか」と叫ぶのを常とした。この「滑稽で厳粛な趣き」、おのずから失われていくこの真面目ぶった態度、真剣に見える無意味さ、これは、子供っぽさが自然に成熟し性格が充実するにつれ消えていく気紛れの一つの姿と見ることもできるかもしれないが、しかしゾルガーが意識的に終生イロニーの原理として追求していたものなのである。

ゾルガーはまずシュヴェートにある学校に通い、次に十四歳からベルリーンのグラウエン・クロスターのギムナジウムに通い、十九歳でハレ大学に入学した。大学で彼は法学を専攻したが、同時に古典語の勉強にすすんで取り組んだ。その勉強はヴォルフ*の魅力的な授業によっていっそう促進された。さらに英語とイタリア語において並々ならぬ力をつける一方、スペイン語の勉強を開始した。それに全精力を注ぎながらも、陽気な連中と屈託のない交際を結んだ。この地で、彼はこの往復書簡をわれわれの身近なものとしてくれた友人たちのサークルとも結びついたのである。**

一八〇一年の聖ミカエル天使の日［九月二九日］、彼は特にシェリング†を聴講するために半年の予定でイェーナに向かった。学問的関心のこの転向と、その地での

* Friedrich August Wolf (1759—1824)、古代言語学者

** クレルモントによると、ゾルガーはハレ大学において、ティーク、ラウマー、アーベケン、ケスラーらとともに、「金曜会（Freitag）」のグループに属していた。このグループは一八一一年に「ツィービンゲン・クライス（Ziebinger Kreis）」に合流するが、そこにはティークの外に、フィンケンシュタイン伯爵がいた。

† Friedrich Wilhelm von Schelling (1775—1854)

彼の研究に関しては、八八ページにあるカール・シェリング*のテーゼ**よりも詳しいものはここには引用されていない。ゾルガーは、カールの兄が主催した活発な討論***において、このテーゼと戦い、そのために、カールと同じように、形而上学的思弁のかつての様式に従ったテーゼを立てた。†

一八〇二年に彼はスイスとフランスに旅行している。その旅行に関しては日記からの興味深い抜粋が収録されている。一八〇三年の初め、ゾルガーはベルリーンにあったかつての「戦争‐御料地省」に任官したが、なお彼は研究を続けた。特にギリシャ語の研究を情熱的に継続し、一八〇四年、ソフォクレスの『オイディプス王』を出版した。ソフォクレスの全作品翻訳の彼の仕事は今でももっとも優れた業績と見られているが、わずかに一五九ページに†、その仕事についての意図の説明があるだけである。この全集の第I巻の四四五ページ以下にはこの翻訳に付けられた内容豊かな「序論」が復刻されている。

一八〇四年、ゾルガーはフィヒテの知識学の講義を「期待通りの無限の喜びと利益をともなって」（と、彼は一三二ページに記している）‡聴いた。

「精神を集中し、鍛え、休みなく頭を働かせられることを望む者が、彼のもとにやってくる。」

一三四ページには次のような文がある。

「私は彼の強靱で哲学的な講義に驚嘆する。いかなる者も聴講者をこのように力

* Karl Eberhard von Schelling（1783—1854）上級医学顧問官、右記の哲学者シェリングの弟。

** カール・シェリングの立てたテーゼは第I巻の八八ページ以下に収録されている。

一　物が小さくなればなるほど、その内容は大きくなる。したがって点はもっとも内容を持つものである。

二　宇宙には始まりも終わりもなく、循環するもの、純粋な有機体である。星辰の楕円軌道は有機体から機械体［無機体］への移行を暗示している。

三　神は一なるものとして多なるものの原因である。多なるものの原因としてはそれは内部世界にある知性であり、一なるものとしては外部世界にある知性である。

四　いかなる実体も一者も他の実体に影響を及ぼすことはない、あるいは、他の実体を無にすることはできない、という定理は、数によって、1：1＝1、あるいは1＋1＝1と表現される。

*** ヘーゲルもこの討論に参加していたことは確実である。

† ゾルガーのテーゼ。

一　個々のすべてのものはそれ自身としてもまた宇宙の全体である。

二　無限者の内には全体における同一性と個別的なものにおける差異とが存在し、有限者の内には個別的なものにおける同一性と全体における差異とが存在する。

ずくで惹き付ける者はいないし、追思惟の厳しい鍛錬へと情け容赦なく連れこむ者もいない。この分野の現代における偉大な二人の人物、彼とシェリングを知り、彼らを比較できて、本当に恍惚感を覚える。」

一八〇六年、彼は学問に全精力をささげるため勤めを辞す。彼が戻る決心をせざるをえないはめに陥った場合には復職できるようにと、しばらく彼の席は塞がれなかった。

以上で日記は終わり、以後論文からの抜粋と報告になる。つまり、歴史、特にギリシャ神話に関する著作、インドの宗教の教説と哲学、すなわち、パウサニアス、プラトン、ギリシャの悲劇作家、これらについての資料蒐集が始まるのである。――この人物の勤勉さには（これらに関連する彼の文書の束を目の当たりにした編纂者がまさしく言うように）舌を巻くことであろう。彼は包括的な学識の獲得を目指していたと思われるが、しかし同時にその学識は、彼が資料蒐集のような外面的な仕事から立ち帰って、いやむしろそのような仕事に携わることはやめて、その優れた哲学的な関心と企図に向けたならば、そのための材料や内容として役立ったことであろう。

彼の精神活動と生活の活動におけるその立場の全体を覆っているものは彼の心情の次のような根本的傾向である。一四三ページのクラウゼ*に宛てた書簡**のなかでそれは次のように表現されている。この人物は故人のもっとも親しい友人のひと

三　諸国家の歴史と法哲学との関係は実験物理学と自然哲学との関係と同じである（あるいは今のところ私は、世界史と観念論との関係を付け加えたい）。

‡　一八〇八年一二月四日のアーベケン宛て書簡

‡‡　一八〇四年一二月一日の日記

*　同世代に『歴史論理学綱要』（一八〇三年）などを著したフリースに近い Karl Christian Friedrich Krause (1781―1832) がいるが、没年から考えれば別人であろう。

**　一八〇四年八月一六日

りであり（序論のXVIページ）、その公正さと見識と洞察力と判断の徹底性のゆえに傑出していたが、男盛りの年齢で彼を知るすべての人から惜しまれつつ亡くなった。

「僕は告白しよう。僕にとって緊契に、そう唯一心の底から必要なのは君との交際です。友人との親しい交際よりも確かな基盤や土台となるものはこの世には存在しません。友情さえあればおそらく僕は外のこともしっかりと行い、耐えることができるでしょう。」

友人たちに心を打ち明け自分の仕事に彼らの参加を求めようとするこのような気持ちが往復書簡の全体を支配している。そしてそれは、かつて生活が彼にもたらした不如意のさなかにあっても、その最期に至るまで彼を勇気づけ慰めたものである。一八〇六年の国家的不幸*は愛国者ゾルガーを深く傷つけた。とはいっても、この時代の流れのなかで、彼が何を直観し、どのような態度をとっていたかは、それ以上詳しいことはわからない。

一八〇八年、どこでどのようにして取得したのかは述べられていないが、彼は哲学博士となった（一五八ページ）**。一八〇九年の秋、哲学博士としてフランクフルト・アン・デア・オーデルに赴き、その地でただちに員外教授となり、文献学と哲学の講義を行った。彼がこれらの研究に重要な刺激を与えたことはよく知られている。そしてこの都市の市民たちは彼に信頼をよせ、無給で生活必需品にも事

＊　ナポレオンによる侵略、神聖ローマ帝国の解体

＊＊　一八〇八年一二月四日のアーベケン宛て書簡

欠いているように見えたこの哲学教授を、市会議員たちは、一八一〇年、千五百ターラーの俸給で市長に選出したほどであった。表面的には、ここでデモクリトスの市民たちのことを連想するかもしれない。しかしながら、哲学者を遇するにアブデラ市民の名を頂戴するには、ここにはなお欠けたものがある。なぜなら、ディオゲネス・ラエルティウスによれば、アブデラの市民がその著作『ディアコスモス』を聴いた後に彼らの街の哲学者に恵与したのは――深甚なる敬意を表したことは別にしても――千五百ターラーの五百倍の贈り物であったからである。ちなみに、市会議員たちが彼を市長に推挙したのは真面目な行動であって、使節団を派遣して正式にゾルガーにそう提案したのであり、哲学に対していわば悪い冗談を言うつもりではなかったようである。しかしそもそも状況も性格も異なる隔たった二つの時代を比較すべきではないであろう。ゾルガーは、彼の精神の独自性と内面を形成していたものに携わることと市長職との間に矛盾を感じながらも、委託された職務に良心的に専念した。そして熟慮の末、その地位を離れ、間もなく政府からいくばくかの俸給を受け取り、その後すぐ（一八一一年夏）新設のベルリーン大学に移ったのである。* そして彼はその地で彼の輝かしい教育の才と文筆の活動を特に哲学に、その死（一八一九年一〇月二五日、著作集の七七八ページにある日付けは誤植である）** に至るまで、捧げたのである。

* この年、フランクフルト・アン・デア・オーデル大学は閉鎖された。

** この誤植の指摘はヘーゲルによるもの。『遺稿集』には「一八九一年」と印刷されている。

初期の文芸批評

第一巻に収録されている往復書簡の大部分と、第二巻のおそらくこれまで印刷されたことのないすべての論文は、ゾルガーの晩年に属するものである。彼の近くにはいない友人たちとの書簡を介してなされる会話が、彼にとっては切実で心を込めた仕事であったことが理解されるであろう。自分の気持ちを洗練された言葉で容易に表現できる彼の才能は、それほどの時間をかけずとも、多数の広範な書簡を書き上げることを可能にしたのである。そこに述べられている対象の豊かさに比べれば、この私の報告はいずれにしろわずかなものに制限されざるをえないのであり、ゾルガーとその時代の一般的趨勢を特徴づけているものを明らかにすることにとどめざるをえない。

まず目に付くのは、ゾルガーがその表現の確かさ、文体と判断の円熟をごく早い時期に獲得していたことである。それはすでに二十歳の青年の最初の論文においても際立っている。この年代の日記から選び出された抜粋の内には、若い頃から身につけていた分別に富む態度が刻印されているのである。いくつかの批評、スイスとフランスの旅の覚書、これらは少年期に特有の熱狂や少年の持つ浅薄さと騒々しさによって書かれた文章ではなく、冷静な反省によって生み出されたものである。その文芸批評*のほとんどは文学的作品に関するものであるが、これらの批評がもし公の雑誌に掲載されていたら、秀作とみなされ賞賛されたことであろ

＊　後記のものの外、ゲーテの『親和力』に関する批評（一八〇九年）などがある。

う。編纂者の一人［ティーク］*の『ツェルビーノ』**と『忠臣エッカルト［と］タンホイザー［タンネンホイザー］』†に関する最初の論稿［一八〇〇年］の内にもすでに、後に友人となる人物（彼との個人的つきあいはゾルガーのフランクフルト滞在の最後の時から始まった）の詩作様式と評価の様式の傾向が見て取れるのであり、彼の目覚めた関心によって書かれたこの最初の文章から、この青年がただちにあの時代の新たな特有の［初期ロマン主義の］雰囲気と方向に染まっていたことがわかるのである。

若者にありがちな判断とは異なって、［ゾルガーの批評は］素材と内容が優越することはなく、それらが批評に支配的影響を及ぼすこともない。この批評が特に関心を持っているものは形式に関してであり、また主観的な属性つまり想像力の過剰や［純粋な］気分などである［一ページ］。シラーの手になるマクベスと魔女の改作には、皺くちゃ婆さんがいなくなっているので（彼はこの老婆たちにもっと幻想性を与えるべきだと言っている［七ページ］）、ホルベルク‡に対する新たにわきあがる好みが欠けることはなく（一〇一、一〇二ページ）、この人物には非常に明朗できわめて寛いだ北欧的気分に由来するという魔法が帰せられており、そのような気分は、特に作品のほとんどすべての登場人物が根っからの愚者であり、したがっておびただしい量の見事なたわごとを語るというところに、よく現われている。そして特に「奉公人たちの完全な悪ふざけはこれ以上は望めないもの」

* ティークについては「解題と解説」を参照。

** 『ツェルビーノ公子(Prinz Zerbino)』(1799)

† Der getreue Eckart, Tannhäuser (1799) 民間説話 (Volksmärchen) に想を取っている。

‡ Johann Ludwig Holberg (1684—1754) ノルウェーで生まれ、コペンハーゲン大学教授となり、哲学、修辞学、歴史を教えた。他方で、フランスの劇を翻訳するとともに、多くの詩やモリエール風の喜劇を創作した。

と賞賛されているのである。

ドイツ文芸の第一の危機、疾風怒濤

こうしてわれわれは注目すべき時代の一つの時代を支配した見解のまっただなかに身を置くことになる。これらはドイツ文芸におけるいくつかの危機の時代と見ることができるのであり、それらをいくつかの点で比較してみよう。その一つはゲーテの青年期［ライプチッヒの大学時代］に属する。われわれは、その危機をゲーテ自身が、実際にその危機に大きく関わった彼が、『生涯』［『詩と真実』］においてその特徴的な状況の全体を見渡して描写しているのを知っている。彼は批評の置かれていた「途方に暮れた状態」を記し、「若い人びとが正道を外れた規則、半知半解の法則、支離滅裂な理論によって陥らされていると感じていた」混乱状態を描き、その後で、自分がどのようにして自力でその混沌状態と苦境から自分を救い出したか、を述べている*。自分の詩に真の基礎、感性や反省を獲得させるために、彼はそれを自分の胸の内に探らざるをえなかったのであり、対象や出来事を直観し、詩を書くためには、さしあたってまず、彼の心を揺さぶり、彼に興味を吹き込むことができた領域の内部にとどまらざるをえなかったのである。こうして詩が力強く誕生することになるのだが、その要素となったものがシェークスピアを知ったことであり、その大きな影響は特に『ヴィルヘル

＊　以上の趣旨のことは『詩と真実』第二部第七章に書かれている。

ム・マイスターの修業時代』のなかに広範に現われており、詩人はヴィルヘルムに次のように宣言させているのである。

> シェークスピアの作品は「詩なんぞではない。まるで運命自身の書いた無気味な書物を前にしているようで、そこには限りなく激しい生命の嵐が唸りをあげ、その力で乱暴にページがあちこちとめくられていく。人間と人間の運命についてこれまで抱いてきた、子供の時から気づかずに抱き続けてきた予感が、すべてそこに盛りこまれ展開されているのをぼくは知った。*」
>
> ＊ 第三巻第十一章

こうしてシェークスピアは、詩人の生活経験の拡大を助け、表象の領域を、直接にあるだけの対象や関係の上へと、またそれらに制限されていた反省の上へと持ち上げ、そしてより深い内容を獲得する、ただし常に彼自身の胸の底から獲得するという、彼のなすべきことをなさしめたことになる。なぜなら、これは重要な言葉であるが、ゲーテは先に引用した文に関連して、「仕上げられた題材の内面的な内容こそ芸術の始まりにして終わりである」と付け加えているからである。そして彼はさらに付け足して言っている。この熱狂を分かちあった自分と友人たちは、シェークスピアの貢献をさらに認識できる、それを理解できる、正しく評価できる、という可能性を否定しはしなかった。しかしそれは後世のために取っておき、今はただ喜びをともにし、それを生き生きと模倣しようと望んだのだ、と。

第二の危機、初期ロマン主義

もう一つの危機は、われわれの文芸的視野をさらに広範な現象へと拡大させたものである。それは、ダンテ（Dante）、ホルベルク、ニーベルンゲン（die Niebelungen）、カルデロン（Calderon）についての知識を普及させるのに貢献したが、それにとどまらず、シェークスピアへの熱狂を復活させたうえに、そのような昔の異質な作品形態についての研究、それに対する驚き、その模倣をも促進させたのである。しかし、先の第一の危機は形式だけのものを嫌い、内容を掘り起こしそれを明るみに出そうと努めたものであったのに対し、この危機は逆に、形式と異国的なものに対する趣味を拡大させることと結び付き、その結果、内実と内容に対する感性を主観的な抽象物に、精神の無形態の織物に狭めてしまい、そうして感性はフモール［ユーモア］や通俗的な機知による満足や評価にすら屈せざるをえなくなってしまったのである。以前には優れたナンセンスや見事な無邪気さが人びとの話題になり、ニム伍長やピストル中尉*に対する趣味的な熱狂にはまったシェークスピア崇拝者すらもいたのである。こうしておのずから本来の作品のなかでも、内実と内容が、味気ない、薄っぺらな、真剣味を欠くものにされていった。シェークスピアは、虚空に吊るされて、意識的に、イロニー風に、内面的な真理を持たない題材こそ最善と主張するために、意図的に犠牲にされたのである。われわれはかつて、一方では文学の文学（Poesie der Poesie）についての理

＊『ウィンザーの陽気な女房たち』の主人公フォールスタッフの子分たちで盛んに駄洒落を連発する。

論*が作られ、他方では詩人たちのサークル**が形成されるのを見てきた。彼らは、核を持たずに香りと響きだけからなる彗星の世界のなかで新しい詩の文学の黎明を告げる作品を発表しながら、お互い同士を、また公衆を、煙にまこうと企てたのである。

そのようにイロニー的に無内容と憧憬とへ昇華していくためには、抒情詩の形式がうってつけであって、そのような形式が生まれたのも理にかなったことである。なぜなら、無内容な精神の、現実性を持たない調子のなかで行われる戯れは、韻文と脚韻にごまかされて、中身はどうでもよくなるからである。劇の分野では、現実、性格、行為を欠くことはできないものだが、ここでは、内面の無、つまり、イロニー理論が追求する目標は、凡庸な人びとがおのずから陥っていくもの、すなわち、性格の喪失、不整合、偶然、気取った分別へと進んでいくのであって、この理論が付け加えたのは、凡庸さは節操の無さと中途半端という原則によってもまた生まれるということだけである。この批評はこのような立場に依って、新たな、威勢のよい、上調子すら稀ではないような躍進を遂げ、趣味的な高みにいようと欲した人びとに感銘を与えたのである。公衆というものは、ゾルガーもしばしばその経験を吐露しているように、威勢がよく派手で正道を外れたものに飛びつくものだからである。しかし、国民は――われわれは文芸との関連†でおそらく「国民」を論じることが許されるであろうし、「国民」を単なる公衆から区別す

＊　シュレーゲルは「アテーネウム断片」の二三八で大略次のように言っている。「観念的なものと実在的なものとの関係においてすべてが成立しており、哲学用語との類推でいうならば超越論的な文学とも名付けるべき文学が存在する。……超越論的文学は、……その叙述のどれをとっても、それが同時に自分自身をも表現しているものでなければならない。そしてあらゆる点で、文学でありつつ、同時に文学の文学でなければならない。」

思惟する者が自分の思惟していることを思惟するならば、すなわち、超越論的態度をとるならば、そこに精神の働きの全体が現われてくる。この超越論的哲学の原理を文学に応用したものがシュレーゲルのイロニー理論である。この反省の作用、意識の累乗によって作者の書いた作品に対する作者の関係が明らかになる。すなわち、作者の作品に対する自己批評、自己破壊の契機が現われるのである。これは「イロニーとはパレクバーゼ（Parekbase）である」という格言によっても示される。パレクバーゼとはギリシャ喜劇において、合唱隊が劇の進行に介入して観客に直接語りかけ、劇の世界を中断し、相対化することである。

＊＊　イェーナのロマン主義のグループのこと。一七九九年、ティークとシュレーゲル兄弟がイェーナに移り住み、イェーナはノヴァーリスを含め活発な文学活動の拠点となった。一八〇一年、ノヴァーリスが死に、シュレーゲルがベルリーンに移住する

ることもできるであろう――、あの第一の危機を経験してフランス風の趣向を追い払った後に形式と心情に関してこの地に根づいた国民的詩文学を獲得したあの時にくらべても、今日ではさらに、公衆が外面的な形式や内容の点で異国風のものを無理強いされなくなったことを認めているのである。

　この往復書簡のなかにわれわれはこの時代の精神に属する一群の文芸作品とその評価を目にするが、イロニー、『ルチンデ』*、『アテネーウム』**など、もっとも威勢がよく奔放であった時代は、すでに過去のものとなっていたのである。その後すぐに真面目な関心が支配するにいたり、戦争が始まり、政治状況は緊迫した。このようなものが、真面目な事柄には敵対的であった彼らの立場を、次第に、外部からも、そして彼ら個人同士の間でも、特殊なサークルへと狭めていったのである。ゾルガーの基本的な判断は常にアテネーウムの立場とははるかに隔たっており、ましてやルチンデのような立場に戻ることはなかった。また、円熟した年齢に達しても、ホフマンの作品の内でフモールが登りつめたはなはだしいグロテスクに関わるようなことはありえなかったのである。

この点に関して二三の例を挙げてみよう。ゾルガーは青年時代に、ノヴァーリス†が書き始めていたロマーン『ハインリッヒ・フォン・オフターディンゲン（Heinrich von Ofterdingen)』の内に、生活を通して詩を描くという斬新できわめて大胆な試み、神話的な物語、すなわち、この地上において有限者が無限者に被

ともに、イェーナの初期ロマン主義は解体した。

† 国民は Nation、「公衆」は Publikum である。

* Lucinde 一七九九年に出版された、一連の反省とファンタジーからなる、断片的ロマン。

** Athenäum 一七九八年から一八〇〇年まで三巻で刊行されたシュレーゲル兄弟の編集による雑誌。

† ペンネーム Novalis, Friedrich von Haldenberg 一七七二年に生まれ、一七九〇年イェーナ大学に入学、シラーの講義を聴講するとともに、個人的な面識を得るが、翌年ライプチィヒ大学にかわり、フリードリッヒ・シュレーゲルとの交友が始まる。一七九三年再びヴィッテンベルク大学に転学し、翌年からテンシュテットの郡役所の行政見習いとして勤務する。一七九八年にはシュレーゲル兄弟の『アテーネウム』に断章『花粉』を発表する。上記のロマンすなわち『青い花』は一七九九年一一月末から執筆が開始され、翌年四月に第一部が完成された。一八〇一年三月死す。

せている帳《とばり》を引き裂き、地上に神性が現われるという真の神話、ただしここではそれが個人の精神の内部で形成される神話という構想を見出している（九五ページ）。*

「このロマーンがそれ以上進展せずにまさにもっとも重要なものが始まるところで立ちどまってしまっていることが私をひどく悲しませる。」

青年ゾルガーを魅了したのはその輝かしい助走であったが、しかしこの種のものの構想はそれ以上には進展せずに終わるという点にこそその欠陥があることが、彼にはまだ見えてこなかったのである。中身のない人物像や場面は現実を前にすると震え上がり、そこからいくら離れようとしても、それに近づかざるをえないものなのである。

一二四ページには、**『ニーベルンゲンの歌』†はその構成からして『イリアス』より優れているという説明がある。A. W. シュレーゲル‡のダンテ講義には、その高貴な神話［神曲のこと］にふさわしい神聖な畏怖の念も、この崇高な素朴さを理解するに十分な感性も見出されない、と言っている。

* 一八〇三年二月あるいは三月執筆の論文

** 一八〇三年一二月の論稿

† das Lied der Nibelungen

‡ August Wilhelm Schlegel (1767—1845)

ティークとの関係

ゾルガーはティークと親密な友情を結んでいたから、しばしばティークの作品に言及している。往復書簡のこの部分は、この時代の文芸及びそれと関連する神秘主義の傾向に対する観点からしてとくに特徴的なものであるから、しばらくこれを取り上げることにしよう。

まずティークの作品に関しては、ゾルガーの場合、友情がその作品の評価に影響を及ぼすのは当然であるが、しかし時には明らかに攻撃的な批評に突き進んでいることもある。三五〇ページで、*ゾルガーが『［騎士］青ひげ』**に比肩するようなドイツの戯曲を私は未だ知らないと言い、また、四二八ページにある一八一六年に書かれた文、†「ドイツの芸術の救済はあなた（ティーク）の双肩に掛かっているというのが私の偽らざる確信です。あなたはこの偽りの世代のただなかにあっても純粋な詩的明晰さを維持している唯一の人物です。あなたを駆り立たせているものは真実にして神的なものであり、それはこの混乱のなかから次第に純粋に姿を現わしてくるでしょう」、これを読むと、ティークはこの文をおそらく友情の記念として活字にしたのであろう。二九四ページで、‡ゾルガーは、［ティークが］ティークの童話は童話的世界と現実の日常的世界との混淆［を狙ったものであるとゾルガーに反論したのに対して、そのようなことは「以前には夢にも思わなかったこと」］だと非難し、それを反省的感覚が強まったことの兆候と見なしているが、ゾルガーが、彼の言うように、その反論が夢にも思われなかったことであるならば、われわれは最近になってティーク自身がこの二つの世界の異質性を放棄し、童話という基盤を離れ小説に移っていったと見るべきであろう。小説にお

＊　一八一五年五月一九日ティーク宛て書簡

＊＊　Ritter Blaubart（1796）

†　四月二八日のティーク宛て書簡

‡　一八一三年一二月五日のティーク宛て書簡

いては、童話と違い、筋立てや外的題材が、ときには子供じみて愚かであるものから、そして必ずや、われわれの信仰にとっては取るに足らぬものあるいは排斥されるものから、取ってこられてくるのではなく、われわれの世界と真理が有している関係から取ってこられるものだからである。

ティークがゾルガーの友情を根拠に強制した後の判断においては、ゾルガーの批判的態度は明きらかに欠陥を洞察するものに近づいている。彼は、『ツェルビーノ』については三八八ページ以下で、*『ゲノフェーファ』**については四六五ページ以下で、***著者がそれと気付くようにその欠陥を指摘している。ゾルガーにとって認め難いのは制作態度における欠陥であり、十分注目に値することに、それは基本的には混淆ということだが、しかしそのような非難を彼は以前にはしたことはなかった。つまり、それは、現実に詩的なものと単に見せ掛けだけの恣意的でわざとらしいものとの混淆よりは優れていると理解されていたのである。†二人の友人は多数の書簡によって『ゲノフェーファ』について意見を交わしている。その過程でゾルガーの見解は次第に根本的なものになっていったが、その見解はそれ以前の彼の批評の様式やティークの立場との相違を明確に表現しているものである。ティーク自身は、四五三ページで、‡この詩について、これは完全に心情から湧き出たもので、突然に彼を襲ったものであり、決して作られたものではなく、生成してきたものであると言い、四六五ページでは、‡‡この詩は自分の感

* 一八一六年三月二三日の書簡

** 『聖ゲノフェーファの生と死(Leben und Tod der heiligen Genoveva)』(1800)

*** 一八一六年一一月二三日の書簡

† クレルモントによると、この「単に見せ掛けだけの恣意的でわざとらしいもの」という句はシュレーゲルの詩学の本質を意味するものだという。

‡ 一八一六年一〇月一三日のゾルガー宛て書簡

‡‡ 一八一六年一〇月一六日のゾルガーのティーク宛て書簡に引かれているティークの表現。

覚様式の一つのエポックを形成したものであり、非常にのびのびと［この作品を］書いたと述べている。これに対してゾルガーは次のように感じた。* この詩はたしかに多くの箇所と場面において完全に内面性と愛によって浸透されてはいるが、にもかかわらずこの感覚のあり方は詩人の現在の状態ではなく、むしろ［実際の彼は］そういう感覚のあり方を深く憧憬していただけなのである。さもなければこの感覚のあり方がもっと直接に現在していたであろうし、まさに唯一真実に可能的なあり方としてわれわれの心を打ったことであろう。内面性は、意識を分裂させて反省へと誘うような他のものとの対立の内でこそ現われてくるのだが、［ここには］そのような内面的かつ現在的な必然性が欠けている、と。

さらに五〇一、二ページで、** ティークは、自分にもこの詩は調和を欠いているように見えると、［ゾルガーの］批判を甘んじて受けいれている。ところがそこから結論として引きだされてくるものは、調べ、響き、感動、予感、森、空気などは、調和し音楽と合致しているのだが、狭い意味の描写、あや、文体に関しては、自分は満足しておらず不調和と感じている、というだけのことにすぎない。宗教、砂漠、幽霊、これらは自分にとってはすべてを一つにする描写の調べであるから、これがマンネリと呼ばれることは認めるわけにはいかない、と言うのである。——ここから、ティークの意識においては、調べ、抒情的で主観的なものは考慮されているが、内容と内面的な堅固さは考えられていないことが分かるのであ

* 上記書簡、四五六、六ページ。

** 一八一七年一月三〇日のゾルガー宛て書簡

る。

クライストについて

しかしもっとはっきりとゾルガーの内に芽生えてきたのは、クライスト*の作品のもつあのいかがわしさに対する感情である。クライストの作品はこの往復書簡のなかでしばしば議論の対象となっている。この『「学的批評」年報』でもクライストの著作の性格は以前才気あふれる仕方で根本的に分析され実証された。**ゾルガーはたしかにクライストの才能に敬意を表し、五五九ページ†、ここがクライストについて詳細に述べられている箇所であるが、この箇所では、何よりも彼の物語の内で明らかにされる外面的叙述のエネルギッシュで彫塑的な力量を認めているのだが、にもかかわらず、彼は、この詩人がわざとらしい状況や効果に大きな価値を置くこと——所与の事柄や現実を故意に無視し、具体的行為を霊的で怪異な疎遠な世界へと移し替えてしまう、直截にいえば、恣意的な神秘主義のある種の傾向に変えてしまう、わざとらしい努力——を見て、唖然としている。この詩人の才能がみずからに混ぜこませている自己韜晦がここでは的確に指摘されているのである。クライストは自然と真理に主要な関心を置く共通の不幸な無能症に罹り、その関心をグロテスクに追求する衝動に冒されている。この恣意的神秘主義は、人間の心の真理を排除してしまい、代わりに、心の驚異、すなわち、より

* Heinrich Wilhelm von Kleist (1777—1811)

クライストはフランクフルト・アン・デア・オーデルの軍人の家系に生まれた。一七九二年近衛連隊に入隊するが、九九年、軍籍を離れ（家門を離脱し）、郷里の大学に入学した。この頃ヴィルヘミーネと婚約する。カント哲学を研究するが、絶対的知識の不可能を知って衝撃を受ける（いわゆる「カント危機」、哲学への絶望）。姉と「あてどのない旅」に出て、パリに滞在するが、そこに道徳的退廃を感じ、ルソーに共感する。次にベルン近郊の農家に住まうが、移住に同意しない婚約者と別れる（婚約者は後にクルークの夫人となる。クルークについては『批評集』の四七ページ以下などを参照）。

この後の彼の足跡を追うことは断念しよう。彼の人生そのものが冒険と挫折の連続であった。本文にあるように、ゲーテはみずからの内にあった「デモーニッシュなもの」を創作によって形にすることによって危機を脱したが、クライストの場合、創作は「デモーニッシュなもの」と生活との均衡を回復するものであるよりも、その緊張を増幅するものであったのであろう。一八一一年、人妻とベルリーン郊外のヴァーン・ゼーでピストル自殺を遂げた。一八二一年に、ティークによって『遺稿集』が編纂され、一八二六年に、三巻の『著作集』が刊行された。

崇高であるべき内なる精神的生命という童話を置くのである。

ゾルガーはこの著者の『ホンブルク公子』*を、それがすべてを性格に基づいて展開させているという理由で、他の作品よりも高い評価を与えており、これは正当な判断である。このような評価は貴重ではあるが、公子が『ハイルブロンのケートヒェン』**と同じように夢遊病者にされてしまっており、この種のモチーフが彼のお気に入りのモチーフと混合しているのみならず、将軍としての公子の立場とも、また歴史的戦闘においても混ざりあっており、そのことによって性格の原理と状況と紛糾の全体の原理がグロテスクなものに、言うならば、幽霊のグロテスクになっている点が、考慮されていないのである。

ティークとシェークスピア

ティークはこの著作集に収録させた彼の書簡によって、われわれにそのサークル***に属する非常に多くのことを最良の形で教えてくれている。このサークルのいくつかの傾向のうち、彼自身の手で描写されている中心的性格ともいうべき人物像の描写には興味をもたれると思う。つまり、「一切の根源と善を軽蔑する人物、『ツェルビーノ』、『シュテルンバルト』†、『カーター（Kater）』、その他の著作から生まれた、ほとんどゼロに等しい酷評を受けた登場人物」のことである（五九七ページ）‡。

**(182)　右の注に記した『著作集』に対する、一八二七年の五月号の八五号から九二号に掲載されたホトーの次の書評を指す。Heinrich von Kleist's gesammelte Schriften. Herausgegeben von L.Tieck. Berlin 1826. Gedruckt und verlegt bei G. Reimer 3 Bde.

‡(182)　一八一七年一二月四日のティーク宛て書簡

*　Prinz Friedrich von Homburg
彼の最後の戯曲であり、一八一一年に完成し、プロイセン王室に献上されたが不興を買い公演されず、死後、一八二一年に刊行され、初演された。

**　Das Käthchen von Heilbronn
一八一〇年、刊行、初演。この愛らしいハイルブロンの町の少女ケートヒェンがその献身と信頼によって城主と結婚するという筋であり、国民の愛好する劇となった。

***　前述の初期ロマン主義の「金曜会」のこと。

†　『フランツ・シュテルンバルトの遍歴』(Franz Sternbalds Wanderungen) (1798)
デュラーの弟子である若き芸術家を主人公として、そのフランコニーへの旅を、こ

シェークスピアがしばしばこの書簡で対話の主題とされているのは彼らの望んだことである。ここにはすでにシェークスピアについてのティークの考察様式の特徴と基本性格の多くが姿をのぞかせている。

「ドイツにはこの詩人についての本物の研究は一つもなく、イギリスでも事情は同じです。われわれドイツ人はヴィーラント以来ただ怠惰に安易に「シェークスピアを」賛嘆しているだけです」と、ティークは五六五ページで*、イギリスから帰国後に書いている。シェークスピアについての、厳密にいえば詩人としてのシェークスピアについての本物の研究と知識がドイツに不足した（上記参照）ことはこれまで決してなかったし、また、例えばゲーテとA. W. v. シュレーゲルのような、この研究の広く知られた著名な業績に欠けることもなかったと考えるべきであり、イギリス人もまた彼らのシェークスピアを理解していると考えるべきであろう。彼らは、われわれが彼らの二三の批評家の逸脱や学問的誤謬をとらえ、ほとんど取るに足らない瑣末事をもって、われわれの研究を詩人についての彼らの評価の上に置こうとでもしたら、少なくとも大陸人のこの足軽根性からくる己惚れを笑い飛ばすであろう。シェークスピアを理解するには重箱の隅をつつくような学問研究はほとんど不要なのである。

しかもまた「ドーバー」海峡のこちら側では容易に脱線や思い付きに走ってしまうのである。なぜなら、このようなおおげさで不愉快な仕事からは奇妙きてれつ

の年になくなった親友ヴァッケンローダー（Wackenroder, 1773—1798）との旅を思い出しつつ、彼の鎮魂のために描いた小説。本文のヘーゲルの記述と異なり、フリードリッヒ・シュレーゲルはある手紙のなかで、この作品を『ヴィルヘルム・マイスター』をはるかに凌駕する、「もっともロマン的な小説、絶対のポエジー」と絶賛したといわれる。

‡ 一八一六年四月一日のゾルガー宛て書簡。底本には五九七ページとあるが、『往復書簡集』の三九七ページにある。おそらく最初にヘーゲルが誤記し、ズーアカンプ版の編集者が、そしてさらに底本の編集者が、ゾルガーの著作集に直接当たることなくその誤りを踏襲したのであろう。

* 一八一七年一〇月二二日のゾルガー宛て書簡

な考えが出てくるのが落ちだからである。この点についてはここにある書簡そのものがその例証となる。ここにはすでにシェークスピア時代の劇場の構造は今日のものより優れているという周知のティークの奇想が姿をのぞかせている。優れているというのはどうやら舞台の間口が広く、現代のものほど奥行がなかったということらしい。シェークスピアの劇を上演するときどうしてもそうならざるをえない頻繁な場面転換という悪条件、また、現在、どの都市、どの地方にいるのかが分からないということ、これは御存じのように結局は改善された。しかも後者の欠陥は、書き割りの門、市壁、家々などの前に、棒に貼られたその都市や城などの名前を書いた大きな紙片を掲げ、観客の知りたい情報を伝えるという方法で除かれたのである。さらに、役者たちが都市から都市へと旅するには、幕を動かすだけでよかった。幕が舞台を分割していて、舞台の別の側には同じように貼紙を見れば分かるように別の都市や地方が描かれていたのであり、こうすれば場面転換は厄介ではなかった。現代の劇場では桟敷の観客だけでなく、土間の観客も、屋根によって風雨や日光から守られているという条件に関しては、なるほどこれを今日の演劇のもつ短所だとまでは強弁していない。しかし昔の施設について、ティークは六九三ページで、*「詩人の感覚における欠陥ですら、その大部分は沈んだ舞台の足場**に由来するのであり、それ（!?）†がドイツに本物の作品が生まれるのを妨げた、と考えるのもあながち不当ではない」と書いているのである。

＊　一八一八年一二月一七日のゾルガー宛て書簡

＊＊　原文では「崩れかかった劇場」

†　「!?」はヘーゲルのもの。「それ」とは「欠陥」を指すのか。

しかしながら、この書簡集の内にはまだ、ティークがその後ハムレットの登場人物やマクベス夫人について公にした突拍子もない妄想は見出されない。とはいえやはりどうかと思われるようなことも多々書かれている。五〇二ページでは、*彼は長いあいだシェークスピアの『ペリクレス』をおそらく過度に評価しすぎていたと言っている（この『ペリクレス』から［ティークの］『ツェルビーノ』や『オクタヴィアン』が生まれたというのだ！）。六九六ページでは、**十年前には素晴らしいと思っていたカルデロンのある作品が今ではほとんど完璧な駄作に思えるようになったと言う。この種の趣味の混乱は芸術の客観性を顧慮しない批評の抽象的態度からのみ理解されうるものである。

ゾルガーは彼の古典の教養と哲学によって［このように］極端に走ることから守られていたのである。しかし、たとえ先に引用した彼の文章が堅実な批評の要素を含んでおり、彼が多くのロマン主義の作品（六〇六ページ†で言及されている、例えば［ティークの］『フォルトゥナート（Fotunat）』のような作品）に違和感を覚えていたとしても、それは徹底したものではなかったし、上記の箇所にはシェークスピアの『恋の骨折り損（die Liebe verlorene Mühen, Love's labours lost）』（これは全体的に不出来であるとともに個々の箇所で平板さが甚だしく目立つ作品である）に関して、次のような判断すら見られるのである。

「他の喜劇作品と比べてもこの作品においてはもっとも明確に詩人は詩の成熟を

＊ 一八一七年一月三〇日のゾルガー宛て書簡

＊＊ 一八一八年一二月一七日のゾルガー宛て書簡

† 一八一八年一月二三日のアーベケン宛て書簡

見せている。なぜなら、この作品は何か特殊な方向（方向とは実際まったく不毛なものだ）に規制されることもっとも少なく、もっとも純粋なイロニーに立脚しているからである。」

作品において何らかの価値を見出すことを期待することと結び付いて初めて、「もっとも純粋なイロニー」もその理由となることが認められるであろう。しかし、期待を欺くことが事柄のフモールといえるであろうか。

ロマン主義作品以外のものについての判断

これに対して、彼の判断は、ロマン的なものの領域外にある多様で広範な出版物、この書簡が交わされていた時期に過度の注目を引き起こした出版物に関しては、特に素晴らしいものがあり、円熟しかつ敏速である。ゾルガーは、それらの出版物が広範な公衆の間に最大の注目を引き起こし、公衆に非常に重要な成果を期待させながらも、一切の釈明もなく、忘却されるがままに、そのテーマと期待のすべてが流行遅れになってしまう以前に、その出版物が出版されるやいなやその意味を理解してしまうのである。彼のこの才能は満足すべきものである。それは、例えばかつては賛嘆されたが今では全く忘れ去られたヒラー（Hiller）の自然詩に関する、ゾルガーの初期のすでに円熟を示している判断（一二八ページ）* の内に見られる。またペスタロッチ** についての判断（一三五ページ以下）† もそう

* 一八〇四年一〇月一三日以後に書かれた論稿。

** Johann Heinrich Pestalozzi（1746―1827）次の文は、イヴェルドンなどにおける彼の学校事業などの失敗を指しているのであろう。

† 一八〇四年一二月一日以後に書かれた論稿。

である。この判断は、なぜ個人としてはあれほど高貴な人物が起こした事業が教育制度の革命には結び付かず、進歩のおもむきすら呈しえなかったのかという点に関して、今日でもなお多くの人びとに対して示唆するものがあるであろう。さらに、大きな自負とそしてそれ以上の驚きを伴って登場した多数の文学作品、例えば、『祖先の女』*（六三六ページ）**や『ザッフォー』***（六五三ページ以下）****などについての根本的な見解は読み応えがある。

ニーブール†の『ローマ史論（Römische Geschichte）』については、彼は詳述する暇がないと断っている（二二二ページ）‡が、現在ではその第二版を以前の基本的な判断と比較しうるようになったから、必要な点を簡単に取り上げることにしよう。ゾルガーは、ローマの最初の数世紀に関する見解、特に『リーヴィウス(Livius)』のもとになったとされる古代詩に関する見解は、まったくキマイラ‡‡のように思われると述べ、『ハイデルベルク年報』に掲載された［A. W. v.］シュレーゲルの書評については（五一八ページで）‡‡‡、稀にしか現われぬもので、すべての非党派人の間にシュレーゲルに対する最高の尊敬の念を新たにするものであろう、と評価している。

「ニーブールの仮説に関していえば、ロムルス以前はほとんど何一つ確定しておらず、すべては十分に説得的な理由によって反駁されるものである。シュレーゲルはロムルス以後について私が是認できない推測に陥ってはいるが、私のまった

* グリルパルツァー(Franz Grillparzer, 1791—1827) の Ahnfrau (1817)

** ミュンスターの行政長官レスラー(Reßler) 宛ての一八一八年五月二三日書簡

*** Sappho (1818)

**** 一八一八年八月三日のティーク宛て書簡

† Barthold Georg Niebuhr (1776—1831) 歴史学者で政治家。ベルリーン大学創立時にローマ史を講義した。後にボン大学に転じる。上記の著書によりローマ史研究の開拓者となる。一八三〇年のフランスの七月革命に対する反応に関して、息子のカール・ヘーゲルは「父は七月革命に驚愕し、そこに理性国家の確固たる基盤を動揺させる破局を見た。しかしニーブールとは違っており、この革命がわれわれを専制と野蛮に導くだろうとは考えなかった」といっている。ニーブールは七月革命に一切の文化の没落を見たが、ヘーゲルは後に七月革命の意味を理解したのである。

‡ 一八一二年一月七日のラウマー宛て書簡

く理解できないような逸脱に属する思い付きの、幻想的な太古の英雄詩に陥っているわけではない。」

最近では哲学者たちは、歴史をアプリオリに叙述していると非難されている。ゾルガーの哲学的センスはそのように非難する権利を、専門の歴史家にも文献学者にもそしてその他の人びとにも許すものではなかったのである。

ザント事件

同じように興味を覚えるのは、この時代の多数の事件やその時代の状況と精神についての彼の見解である。例えば、ザントの殺人事件*、そしてそれと関連する精神についてのゾルガーの見方は、今でもそこから二三の考えを取り上げるのに十分値する。七二二ページ以下**に次のように書かれている。

「このザントがどのような気持ちで事をなしたか、その心情を慮《おもんぱか》ると、戦慄が走るであろう。彼はたしかに生来出来のよい同情を禁じ得ない青年である。しかし年老いた意気地無しを殺すことで祖国を救おうするとは、何と愚かで無知であることか！　幼稚な世界審判者としていわば一人の出来損ないに有罪判決を下すとは、何と冷酷で厚顔無恥な思い上がりであることか！　宗教によって、いなむしろ最大の残虐行為を聖化する宗教の美辞麗句によって、自分自身を空しく偽るとは！　そのことに思いを致すとき、絶望にとらわれるであろう！　にもかかわ

書簡

‡‡　頭はライオン、尾は蛇、胴は山羊の空想上の怪物。

‡‡‡　一八一七年二月二日のラウマー宛て書簡

*　カール・ザント(Karl Ludwig Sand)は一七九五年、バイエルンのヴンジーデルに生まれ、テュービンゲン大学の神学部に入学した。一八一三年、ナポレオンがロシア遠征に失敗し、解放戦争が始まり、十月ライプチィヒの会戦で「諸国民」は勝利を得た。解放戦争から復員してきたイェーナの大学生は、旧来のランツマンシャフト(郷党組合)に代えて、陋習を脱して、道徳的に覚醒した、愛国的な学生組合、ブルシェンシャフトを結成した(一八一五年六月一二日)。ザントはこの戦闘に参加しようとしたが、バイエルン王国民である彼には従軍がかなわなかった。一八一六年、ザントはエアランゲン大学に移り、その地でブルシェンシャフトを組織した。しかしミュンヒェン政府からの禁止令によって運動は挫折し、彼はイェーナに移る。

一八一八年一〇月一八日、ワイマールのアイゼナハのヴァルトブルクの丘で催された宗教改革三百周年の祝祭に、彼は参加する。祭のなかで「非民族図書」が焚書にされた。そのなかに、ロシアのスパイと見られていた劇作家のコッツェブー（August von Kotzebue, 一七六一年生）の『ドイツ帝国史(Die Geschichte des deutschen Reichs, 1814—1815)』があった。イェー

らず、私にはこのすべてのことは少しも新しいこととは思えない。私はまた、その一切がどこから来たのかを、十分に知っている。――十年も前から彼らには、お前たちこそ国家と教会の再生の礎《いしずえ》となるべき賢く優れた人物であると、あり余るほどの説教が吹き込まれて来たのである。――無知、空虚、思い上がり、これが彼らを駆り立てた精神であり、これこそまさに地獄の精神である。」

「ザント事件、これはわれわれに、多くの若者の心理状況についての悲しき眼差しを与えました。ここに見られるのは、根は善良な性格のものが、偏狭（無知のことを私はそう呼びたい）、思い上がり、自分と他人に対する無自覚な、ひとをぞっとさせるような宗教的へつらいと混交している、そのすがたです。あなたは、この若者が仲間に書き送った無内容で傲慢な美辞麗句を賛美する教授たちがここにいるということが信じられますか。

これは、ヴァルトブルクの演説の駄弁やそれに類した多くのことがらを、あまりにも思い出させないでしょうか。ところが、先に述べたように、われわれは流行の時代精神なるもの以外の誰一人にも罪を帰せようとはしないのです。長い間にすべてが軽率な世界改良と空虚な思い上がりの堕落した方向に収斂してきており、まったく異質な多くの理論も絶えずその方向を促進させてきたのです。*

世に言う改良がすべてであり、唯一なされねばならぬものである、そして空虚なこの世界改良のみを信じる人はだれでも改良されたものとなる、このような放埒

ナ大学教授のフリース（Jakob Friedrich Fries, 1773―1848）らはコッツェブーを売国奴として攻撃していたのである。

ザントはコッツェブー暗殺を思い立った。彼は特注の猟刀、斬奸状、遺書、そしてヨハネの福音書を背嚢に納め、シンボルの長髪を落とし、イェーナから徒歩で、コッツェブーの仮住いのあるマンハイムに向かった。一八一九年三月二三日夕方、コッツェブーの家を訪れたザントは彼の顔を一突きし、胸を指し絶命させた。みずからも左胸をさすが死に切れなかった。彼の行為を義挙とする教授もいた。フリースの友人でもあるベルリーン大学神学部の教授デ・ヴェッテ（Wilhelm Martin De Wette, 1780―1849）は、ザントの母に「行為は是認できないが動機は理解できる」という慰問の手紙を書いた。フリードリッヒ・ヴィルヘルム三世は彼を教壇から追った。翌年の五月、ザントに斬首による死刑の判決が下され、一九日に執行された。

ザントの行為をいかに考えるか、という点で、ゾルガーとヘーゲルは多くの共通点を持っている。しかしいずれにしろ、ザントの行為はむしろ体制による弾圧を強化するきっかけとなった。一八一九年九月二〇日、メッテルニヒはカールスバートにドイツ連邦諸国の代表を招集して、ブルシェンシャフトの禁止、出版の検閲の強化などを盛った「カールスバートの決議」を決定したのである。

＊＊　一八一九年四月一八日の弟宛て書簡

な教えを腹いっぱいに溜め込んでいる呪われるべき知的啓蒙、これはまさに思い上がった愚かな高慢の学校にほかなりません。これに対しては全力で戦わねばなりませんし、少なくとも自分の良心だけは守らなければなりません。」（七二五ページ）*

　ヴァルトブルクの出来事**については七二〇ページに（同上）次のように書かれている。

「ヴァルトブルクで、二三の教授は、自分たちの無内容な熱狂主義を喧伝するために、くだらない子供じみた演説を行いました。あのようなことは、事前に禁止し妨害することも十分可能であったでしょうし、事後にしろこの政治的‐哲学的愚者どもを、彼らは生き恥を晒したと指摘することもできたはずです。」

もしゾルガーがこの指摘を引受け自分の見解を公表してあのようなおぞましい所業に反対したならば、おそらく何らかの効果は期待しえたであろう。しかし、彼に許されたことは、わずかあと六ヶ月ほど残された彼の余命の間に、予想される邪悪な敵意、卑屈な心性からなされる誹謗中傷などから逃れ、公然たる沈黙によって平安を維持することだったのである。†

ティークと哲学

このほかにも、ゾルガー自身の書簡や友人たちの書簡、なかでも編纂者の一人

*（190）　ゾルガーの書簡には、このあとに、「S-r」（シュライエルマッハーのこと）と「F-s」（フリースのこと）に対する批判が書かれており、「その方向を促進させてきた」「まったく異質な多くの理論」が、シュライエルマッハーやフリースの哲学であることが指摘されているが、ヘーゲルはあえてその文を収録しなかった。

*　一八一九年四月二一日のラウマー宛て書簡

**　ヴァルトブルク祝祭については先の注でもふれたが、ヘーゲルはこれを「出来事（Szene）」と呼び、これはもちろん焚書のことであろうが、彼とゾルガーを特に憤慨させたのは、そこでなされたイェーナ大学のフリースとロマン主義的な自然哲学者のオーケン（Lorenz Oken, 1779–1851）の演説であった。この二人の外に、イェーナ大学から医学者のキーザー（Dietrich Georg von Kieser, 1778–1862）、シュヴァイツァーの四教授が来賓として参加している。フリースは学生に求められて立ち、その演説を、「今や、祖国・自由・正義のためにドイツの共同精神が若々しく目覚めなければならぬ。諸君とともにわれわれもまた次の金言を忘れないでいよう。『一つの神、一つのドイツの剣、名誉と正義のためのドイツ精神』」という言葉で締め括った。夕方、学生たちと来賓は松明を掲げてヴァルテンベルクの丘に登った。ところが、式典が終了し、来賓と大半の学生が去った後、書籍の入った籠が引き出され、ルターの破門状の焼却の故事

であるフォン・ラウマーの書簡の内には、新鮮で、徹底的であるとともに闊達な、芸術と生活に関する見解が見出され、興味をそそられるのだが、われわれは、特にわれわれの関心にとって必要な側面に移らねばならぬから、取り上げるものを制限せざるをえない。とはいっても、この往復書簡は初めに期待されたであろうほどには、ゾルガーの哲学の形成と進展に関する資料や説明を多数含んでいるわけではない。ここで書簡を通して会話を交わしている人びとのサークルは共通の学問的使命によって選ばれたものではないからである。彼らは自分にとって重要と思われる関心をそれぞれ別個に追究しているのであって、たしかに相手の仕事に対して教養ある友人としての関わりは維持しているが、その仕事のテーマや内容に深く首を突っ込むようなことはしない。したがって、哲学的な命題や概念を相互に伝えあい、そして†解明しあうことによって、次第に一つの哲学が展開されていくというようなドラマをそこに期待するには無理がある。相互の関係は普通の激励と関与にとどまっており、*自分の出版した本についてゾルガーが詳細な意見と批判を求めても、世間によく見られるように、ある友人は今はその本を読む暇がないと言い、また別の友人は深く理解するのは熟読玩味の機会に譲り今は部分や文体の批評にとどめたいという具合なのである。

それらに比べて、ティークの書簡には哲学に真摯に関わろうとする態度が見られる。ゾルガーはティークに対しては他のだれよりも多くしかも丁寧に自分の哲学

に倣い、反民族的な書籍が火の中に投じられた。焚書にされた書籍は二十五冊ほどで、そのなかにはコッツェブーの著書のほか、ハラー（Karl Ludwig von Haller, 1776—1854）の『国家学の復興（Restauration der Staatswissenschaft, 1816—）』、（ヘーゲルらの「学的批評のためのベルリーン協会」創設に関係してくる）プロイセンの警察長官カンプツ（Heinrich von Kamptz, 1769—1849）の『憲兵操典（Kodex der Gendarmerie, 1817）』などがあった。ヴァルトブルク祝祭は単に宗教改革とライプチッヒ会戦の記念の意味以上のものを持ったのである。しかし、市民階級の革命的運動となるには時代が早すぎた。解放戦争後の反動のなかで、ゾルガーとヘーゲルがこの祝祭をどのように見ていたかが、この短い引用のなかでも理解されるであろう。

† 「沈黙」はヘーゲルの選択した態度でもあった。

＊ この「金曜会」のサークルについてのヘーゲルのこのような内容的評価に対して、クレルモントは彼らの交流は決して「普通の激励と関与」にとどまっていたのではなく、それは書簡による思想の交換という形式がもたらした制限にすぎない、と言っている。

観を表明しており、ティークが自分に内心を打ち明けてくれることが嬉しいと何度も心から感謝しているのである。ゾルガーは三七五ページで言っている。[*]

「私のまわりの人びとはみな私の作品について沈黙しているのに、あなたは私の作品を認めてくださる。このことが何度私に新たな勇気と新たな力を与えてくれたことでしょう。――あなたは私の助けになってくださる。あなたがたとえ哲学者でなくとも、あなたは哲学を理解していらっしゃる、いやそれ以上に、あなたはあなた自身の天職［文学］を通して哲学のテーマのなかを生きていらっしゃる。あなたの同意と判断は、私の内に鬱ぎの虫が巣くっているときに、しばしば私を落ち着かせてくれるものなのです。」

ティークはこの書簡集のなかで、哲学との関わりを、そして心と精神の動きを、公衆の前にさらけ出している。一人の名の知られた人物がこのように自分を表明することは、それはそれだけでも興味深い魂の描写であるが、それが魂のひとつの類型を代表しているときは、そこにはそれ以上のものがある。哲学に対するティークの立場は、悟性の時代的教養と手を結び、哲学に対して否定的な態度をとるものだが、しかし同時に、それが哲学一般の内にある肯定的なもの、つまり宗教や詩の本質と共通しているものの承認と結びつくとき、そしてそれが啓蒙や信仰の理論に見られるような普通の悟性に対して距離を置いている限りでは、哲学に対して肯定的な態度をとるものでもある。しかし、前述のように哲学に対し

* 一八一五年一一月一九日の書簡

て否定的に接することは同時に、宗教と詩との神秘主義を自称している原理そのものの内に一面的なものを持ち込むことになる。なぜなら、この原理は反省の産み出したものであり、そこにはもはやとらわれぬ宗教性や詩は残されていないからである。この種の神秘主義は先に述べた悟性の時代の立場の拡大された反映の一つにほかならず、そしてそれは同時に哲学に対するゾルガーの立場のある部分をも反映しているものでもあるから、その基本的特徴を明らかにすることは同時にゾルガー哲学への導入ともなるであろう。

　三四一ページ*に次のような文章がある。

「いかなる思想の歩みも理念の歩みもつまるところは深遠な先入見である、つまり、別の言葉を使うとすれば、信仰であり無限な**愛であると、私は確信しています。」

われわれがここに見るものは、ソクラテスとプラトンから始まった古くからの教え、つまり、人間にとって真や善として妥当すべきものは人間精神の内部にもともと存在していたにちがいないという考えである。そして、それがさらに、曖昧にしろ明晰にしろ、感覚されてあるいは予感されて、意識の内に入ってくれば、信仰と呼ばれ、そしてそれが洞察に基づいていないときは、先入見と呼ばれるわけである。

このような教えは、先の神秘主義と同様、外部の権威に基づいている単に既成的

* 一八一五年三月三一日のティークのゾルガー宛て書簡

** 原文は「消しがたい（unauslösch-lich）」である。

なだけの一切のものを止揚するものではある。たしかに哲学も内部の真実の内容との関連においてはこのようなものであることは確かだが、しかし同時に哲学がそれとの関係で行うことは、その内容を純化して、真実ならざるものを、すなわち、内容の内に先入見として存在しているという前述のものとは異なった意味における既成的なものを、分離することである。ところが、このこととの関連でいうと、ティークは「思惟そのものには全く関心を持ちませんでした」、「それがいかに大胆なものであれ、私は、理念を単に愛好し、それを使用し、弄ぶことには何の興味も持ちません」と言っているのである。信仰に対して、その内容を思惟的に認識する哲学的形式をも獲得させることは、たしかに全く個人的な要求に左右されることであるのは当然であろう。しかし、このような認識によってこそ人びとは初めて思惟の本性の洞察に導かれるのであって、それは、思惟が単に理念を使用し弄ぶこととは違う何かを生み出すものであることを明らかにし、彼のように思惟を認識せずにただそれを拒絶している態度を阻止するものなのである。

一八一七年三月二四日付けの手紙において、ティークは「告白」と称して、彼の精神遍歴の行程を詳細に語っている（五三五ページ*）。彼は、ヤコービ**と（「言葉というよりむしろ互いの谺《こだま》を聞きあった峡谷の両岸から」）対話を交わすようになる前は、すなわちヤコービと知り合いになる前には、対話の哲学者という存在を知らず、いかなる体系も彼を満足させなかった（満足

＊　このゾルガー宛て書簡は著作集の五三五ページから五四二ページにわたる長文のものである。

＊＊　ヤコービについては『批評集』の「ヤコービ論」を参照。

とはその人の求めるものと切り離せないものである。例えばプラトンも対話の哲学者であったはずである）。「とりわけすべてのものが私の宗教的本能を傷つけました。［そして私は思弁に対する感覚をまったく有していないと悟り」」、そうしてティークは、「詩に対する愛、風変わりなものや古代に対する愛によって、初めはほとんど冒瀆的な軽率さで（いったいどこに冒瀆的なものがあるのかを、だれも理解できまい）、神秘主義者たち、なかでもベーメ*へと」導かれた。「ベーメは私の生命力の一切を奪い取りました。これ以後私はキリスト教のみを理解しようと欲しました。戦いながら変容する自然の力の似姿の内に生きている言葉を理解しようと欲したのです。今では私にとっては古代の哲学も現代の哲学もすべては単に歴史における現象にすぎぬものとなりました（哲学的認識にとってはその逆のことが起こっている。そこから見れば、神秘主義やその諸形態の方こそ歴史における一時的な現象となったからである）。」

「私は私のこのおとぎの国から出てフィヒテとシェリングを読みましたが、すぐにそれらはさほど深くないことを悟りました。それらはまるで影絵芝居か無数の玉で遊ぶビー玉遊びにすぎませんでした（「すぐに悟った」と言うが、神秘主義に必要なのは一般的意味と抽象的理念だけであり、上に述べたように、思惟そのものは問題にしなかったからこそ、「すぐに」彼は悟れたのである。「さほど深くない」というのは、思想とそれを展開する形式においては「深さ」という仮象は考

＊ Jacob Böhme（1575—1624）靴職人であったが、一六一二年に『曙光（Die Morgenrothe im Aufgänge）』を著し、一六一九年から亡くなるまでに二十冊にのぼる神智学（Theosophie）の書物を出版した。一八三一年に七巻の著作集の刊行が開始されるまでは、一六八二年の高地ドイツ語の十巻の著作集しかなかったと思われるから、ティークはこれでベーメを読んだのであろう。

えることに不慣れな者の目からは消えているからである。つまり「深い」とは普通はある内容を心の集中状態の内で、そして時には、J. ベーメにおいて特に見られることだが、幻想の混乱と猥雑さのなかで見出すことであり、そういう「深さ」は内容が展開されていくにつれ失われていくべきものなのである）。」

ティークはベーメの「驚異的な沈思と生き生きした幻想の魔力」にいかれてしまったのであるが、この神秘主義にもやはり途方もない欠陥があったのであり、結局はその欠陥が思想の必要性を喚起することになったのである。

そのほか、三九二ページ*には次の文がある。そこにはさらに、その種の状態の外部でも、それが消えた後でも、理性と悟性は心の高揚と結びついているという考えまで見られるのである。

「霊感を受けた心を照明することへとみずからを高揚させ、すべての力がさまざまに絡み合い連関をなし調和的に合一しているその領域の内で再び（!?）理性と悟性とに見《まみ》えること、これは少数の人にのみ許されることであり、それを知り説明する力が与えられているのはごく限られた人——今日に至るまで一人もいないように思われる——だけである。」

ティークはこの箇所で、バーダー**、ハーマン†、サン・マルタン‡らもこの点に関して満足させてはくれなかったと言っている。しかし、これらの人の名を挙げるまでもなく、例えばプラトンの内には、霊感を授かった心と、それを知り説明する

* 一八一六年四月一日のティークのゾルガー宛て書簡

** Franz Baader（1765—1841）

† Johann Georg Hamann（1730—1788）この人物についてはヘーゲルの批評「ハーマン著作集」（一八二八年）、『批評集』の二五六から三四七ページを参照されたい。

‡ Louis Claude de Saint-Martin（1743—1804）彼のもっとも重要な著作『精神的人間の職分（Le Ministère de l'homme esprit）』は一八〇二年に出版されている（ドイツ語訳は一八四五年）。また『遺稿集（Oeuvres posthumes de Mr. de saint-Martin）』は一八〇四年に出版されている（ドイツ語訳は一八三七年）。ティークはこれらをフランス語で読んだか。

理性や悟性との、彼が望むところの一致が見出されるはずであるのに、それを彼が知るのを妨げているものは何であろうか。それは明らかに無知と未熟にほかならない。彼は、思惟する理性がその霊感の真の内容を、それが理性の内でも再び認識されるように、適切に理解されるには、どのように叙述すればよいか、その方法を知らず、それに習熟していないのである。——あるいは、哲学的な認識様式を、それを担いきれない濁った感情や神秘主義の幻影と結びつけようとする本末転倒した要求に、その原因があるとも言える。そして、思惟の本性と方法を信頼するならば、哲学にのみその権利が与えられているのであり、少なくともプラトン以後は皆無だとかごく少数であるどころか、一般に言われているようにむしろほとんどの哲学が、理性と悟性によって、上述の真の内容、その内部の錯綜、それらの関連について、知り、説明してきたのであり、精神を哲学に親しませてきた人びとはそのような知識と説明の力を所有しているのである。

ティークはこのヒポコンデリーの時期に、* 五三九ページで、** 自分は「他人にこの神秘主義の感情を伝えようとしばしば愚かな試みをした」と付言し、さらに「ベーメほどに深い人はいなかった。もっとも彼自身は自分は哲学者の内に入らないのではないかと疑ってはいるが」と書き足している。しかしおそらくこれが彼が感情を伝えることに失敗した真の原因ではない。ベーメにとってはティークへの伝達に成功しているからである。そうではなく、この時期以前には、また以

＊ 上記書簡でティークはその時の自分の心の状態を「私のヒポコンデリー」と書いている。

＊＊ 前引の長文の書簡

後にも、彼が「深さ」の感情を伝達するのに成功していた、彼の内にある伝達能力［想像力］をこの時期には思うがままに行使することができず、彼が用いることのできた能力は、まさに彼が誤解し軽蔑していた哲学の道具［悟性と理性］だけであったというのが、その原因であろう。というのも、彼はその時の精神状態について「詩や彫刻に対する好みは退けられるべきもの、誤ったものと思っていた」と言っているからである。

彼はこの描写に続けて次のように言っている。今や私は思弁（!?）と内面の生命を見出したと信じたので、「それは世俗の職業に就くことと折合わぬ」と判断し、――「修道院に隠棲して得られる多くの時間を、私のベーメとタウラー*に、そして私の心の驚異のために生きることにのみ割こう」と考えた。「私の創造力、私の詩才は、永遠に破綻したと、私には思われた。」

以上の興味深い心の動きはおのずから、このヒポコンデリーすなわち精神の形式も形態も欠くこの生気を失った状態は、それがいくら内面の生命とか心の驚異と呼ばれようとも、決して思弁とも詩的制作とも結び付くことはない、という考察を生むであろう。

しかしティークは再びこの状態を脱する。彼を癒したものが何であるかを読んで知るのは興味深いことだが、次の描写（五四〇ページ）にある「軽率さ」**や「恣意的な行動」だけでは、それは十分に理解されないであろう。

* Johannes Tauler（1290頃―1361）ドミニコ会の巡回説教師。彼の『説教集』は一四九八年と一五〇八年に出版されているが、近代ドイツ語のものは一八二六年以降に翻訳出版された。アリストテレス―スコラ的な形式で神秘思想を語っている。

** 「軽率さ」と訳したのは der Leichtsinn であるが、この語を聞くと、『精神現象学』の「芸術宗教」の章の喜劇の叙述を思い浮べるであろう。アリストファネスの『雲』に登場する放蕩息子フェイディピデスの行動にこの語があてられているが、一方でまた「人倫的精神を成立させているすべての固定した区別とこの精神の有無的な

「私の老ホメロスとニーベルンゲンとソフォクレス（おそらくホメロスとソフォクレスは自分たちの間にニーベルンゲンがいるのを知って驚くにちがいない）、私の親愛なるシェークスピア、病い*、イタリア、神秘主義者たちに対する食傷、そして何よりもおそらく、芽生え始めた私の才能が、懐疑の淵に沈んでいた私に新たな軽率さを与えたのです。そして私は、この領域に迷い込んだときとほとんど同じ軽率さ、恣意のなせる行動によって、再びそこから抜け出し、再び詩と明朗の領域に立ち戻り、再び働くことができるようになりました。」

このように労働に立ち戻りえたことは、内面という例の何物をも生まぬ抽象状態から出て精神の健康を取り戻したことのもっともよい証左であろう。労働とはこのような抽象状態を放棄し、もし内面に何か内容があるならば、それに現実性と真理とを与えることの謂《いい》だからである。けれどもティークの判断を見ると、彼は自分が労働に復帰したことの意味を十分に弁えていたとはいえない。彼の考え方にはまだ前述の分裂が残されており、そこで一面的で抽象的な主観性を「内容よりも」真実で優れているものとする見方がなお残っている。例えば、シェークスピアの偉大さあるいはその詩の本質を一般にその神秘的傾向に、これについて多くの言葉が費やされているが、置くことができるようにするために、代わりに、シェークスピアをして詩人たらしめているもの、配役や筋の具体的な設定とそれらの熟練した展開を、捨象しようとしているのである。シェークスピアの登場人

分肢の諸群をみずからの内に解消させ、そして完全に自分自身を確信しつつ、無制限の喜びに、自分自身の最高に自由な享受に到達しているものである」（Suhrkamp版、五一三ページ）ともされる。この意味では、der Leichtsinn は自己のもつ無限な力であり、実体的宗教から主体的宗教（キリスト教）への移行を促すものであり、実体的で制限されているものが解消するなかに無限な主体を見出そうとするゾルガーのイロニーに類似しているものであるが、ここではあくまで前者の「軽率な行動」の意味を越えないであろう。

＊　ミュンヒェンでの最初の病気のこと。

物の具体的で確かな側面を、神秘的なものの抽象態、内面的なものへと気化させることは、反省を事とする悟性の働きではあっても、理念と生命性を追究し認識するのを事とする批評の働きではない。内的生命なるものを批評の原理として掲げることは、先に主観の状態の内にとどまっていたのに似て、思想がみずからを展開していく活動に対立することになり、そうして詩の形象的働きに対立し、抽象的なものに固執することになるのである。

ティークのゲーテ批判

ところで、ティークがゲーテの詩人的本性とその作品についていかなる見解と理解を示しているか、これもまた、以上の立場に完全に支配されている。われわれはここではその点について、それが彼のこの立場をさらに理解させる光を投げかける限りにおいてのみ、またゲーテに対する態度をティーク自身が信頼できる人に、つまり友人に向かってのみとりあえず表明している書簡から選択されて公衆に公表されているものに限って、取り上げることにしよう。しかし、「とりあえず」とは言っても、その表現は決して一時的な気分の表明ではなく、恒常的判断として言い表わされているものである。彼はしきりにゲーテにふれている、しかも不機嫌に。それは、この「不機嫌」*という言葉を用い、話したいがためである。というのは、その判断は不機嫌から出て、不機嫌に終わっているからである。先

＊ Verstimmung

に［ティークの］『ゲェノフェーファ』に対するゾルガーの批評を引用したが、その作品においてゾルガーの注目を引いたのは、この詩人が描いているのは、愛と内面について現に今感じている気分ではなくそれに対する憧憬にすぎないという、その作為性と反省性であった。そうして、ティークが［自分の書簡で］正しく述べているように、ゾルガーには、ティークが「興奮」*と見なしていたものが、「不機嫌」とうつっていたのである。

ティークは普段からゲーテを多くの点で快く思っていなかったが（なかでも四八八ページでは、**ゲーテがまだ［ゾルガーの］『エルヴィーン』***を読んでいないことに腹を立てている）、その外にも、ティークは四八五ページで、†以前は興奮と呼んでいたものを、後になって不機嫌と呼びたいなら呼べばよいと思うと言い、いずれにしろそれが自分にゲーテの『ウェルテル論』を書かせたにちがいないと言い、四八七ページでは苛立ちを押さえ切れずに次のように問うている。

「彼は、怒濤のように溢れ出るその青年の心情によって、われわれに初めて、彼以前には理解されなかったわれわれを取り巻くこの現象の世界の何であるかを、明らかにしてくれました。だからといって、彼は許されるであろうか。彼がある種の優雅な素ぶりでそこから目を背けて、自分自身と美に対して不敬虔で忘恩であることを告知したこと一つとってみても。‡」

ゲーテは『自伝』のなかで興味深くまた優雅に、彼がいかにして、形而上学的と

* Begeisterung

** 一八一六年一二月一六日のゾルガー宛て書簡

*** Erwin, vier Gespräche über das Schöne und die Kunst, 2 Bde. Berlin, 1815

† 同上書簡

‡ 遺稿集に従い引用文の省略と活用の間違いを訂正した。

いうよりもまだ感傷的ともいうべきヒポコンデリーの病いにかかり、さらに抽象的な事柄というよりは生活の紛糾に巻き込まれながらもなお生きる喜びと生きる力を求める憧憬の病いに陥り、しかし、このロマーン［ウェルテル］を書きあげることによって、その不機嫌の気分をみずから創作してそれから解放されるに至ったかを、分析している。病いから回復するには、病んではいても生命の核が健康でいなければならないように、彼の心と頭はなお健康を保っていたのであり、その力が、不機嫌という感情を題材とテーマにし、その感情を外部に迸り出させ作品にまで作りあげ詩となったのである。不機嫌は、作品の内容となることによって、詩人の感情であることをやめる。詩人は労働を通して自分を完成させ、作品もみずから完結したもの、芸術作品となった。けれども、彼はそうしてもまだ愛する読者との関係を終わらせなかった。彼は、四方八方から自分に引き寄せ、どこにいても絶え間なく彼を追いかけてくる苦悩を書き綴っている。それは、彼がまだ心のこの病的性格を持っていると思わせ、それどころか彼自身がそれを楽しみ重んじているかとも思わせるほどであった。そして今日でもなお、いずれにしろ彼のどの作品からも、最新作の『ゲッツ（Götz）』からはただちに明らかになることからして、また、彼はあの危機を作品［ウェルテル］を通して描き、治癒のようすを描いたのであるから、現象の世界のあの病的理解は正しかったのであり、彼は不正にもその立場から離れたこと、したがって「自分に対して不敬虔である。

忘恩になった」のだと、ゲーテはみずからを責めるべきだと言われているわけで

この「不敬虔で忘恩」という非難からは、ごく自然に「もともと不機嫌と倦怠からなっているこの堂々たる心は一方的に古代に向かったのだ」という途方もない考えが生まれ、ゲーテは「かくて祖国を捨てた」という非難が続くのである。——ゲーテが祖国に深く根を下ろした詩人であると言うには抵抗があるかもしれない。しかし、たとえ彼が外国人や古代人の作品、シェークスピアやカルデロンなどを、祖国の作品と同じ程度にあるいはそれ以上に評価してはいても、また彼が自国のすべての芸術を、特に「文学の文学」を好まず、むしろ不機嫌ではない古代に大きな満足を見出しているとしても、ゲーテの功績にいささかも欠けるところはない。とにかく大切なことは主観的感情をぶつけることではなく、センスと研究と熟慮に基づいた芸術観を展開することである。四八八ページにある次の比較にいたってはまことにティークにとっては不運であった。「私（ティーク）はかつて古代建築の聖ペテロ教会も見たことがありますが、シュトラースブルクのミュンスターにははるかに感動しました。」いったいシュトラースブルクのミュンスターの有する意義を知り、それを評価し理解し、いわば再発見した最初の人物の一人こそ、ゲーテその人ではなかったか。*

＊ ゲーテは『詩と真実』の第三部第九章（一八一二年執筆）に次のように記している。
「この大聖堂の正面をよく見れば見るほど、ここでは崇高なものと快適なものとが結びあっているというあの最初の印象がますます強められ広がっていった。……すでにこの点だけからも、この古い記念物をいかに高く評価しなければならぬかが理解される。」

シュレーゲルとイロニー

ゾルガーは、フリードリッヒ・フォン・シュレーゲルのインド宗教の表現様式*に言及する際に、非常に素晴らしいことを言っている（七〇九ページ**）。「肝腎なことは、これまで使われてきた、発出、汎神論、二元論などの術語を、ただちにすべて放棄することである。こういう表現は一面的で空虚な概念を指し示しており、民族や人間というものを実際に育ててきたものでは決してない。これらは生きた認識を無残にも解剖してしまった時代に生まれたものである。」もしこのように、神秘主義、内的生命、文学〔ポエジー〕、そして特にイロニー、これらの表現が、それからもちろん宗教や哲学に関するそのような表現が〔二人の書簡に〕介入してこなかったならば、二人の友人の間の哲学対話はおそらくもっと多くの実りをもたらしたことであろう。その場合は、事柄と内容について議論される以外にないからである。この種のものを高く評価するのは客観性に対して全く否定的な方向――フィヒテの主観性の哲学から発した方向の一つである。この種の判断は内容を問題にせず、色褪せた表象のまわりを、つまり、宗教や哲学の問題を内的生命とか神秘主義という抽象的概念によって、また同一性とか二元論や汎神論などという反省規定を用いて、安易に片付けて終わりとする考えのまわりを、回っているだけである。この常套手法は同時に事柄は処理し終えてしまい事柄を見下ろすという上品な態度を装う。事柄を処理し終えたのは、

* 「インド宗教の表現様式」とは正確には『インド人の言語と知恵について（Über die Sprache und Weisheit der Inder）』（一八〇八年）である。シュレーゲルについては「解題と解説」及び「フンボルト論」を参照。

　ここでヘーゲルはシュレーゲルの名前に貴族の称号「フォン」を付けて呼ぶことによって反動政策に協力した彼を皮肉っている。この称号はウィーン会議（一八一四年）以後のものである。シュレーゲルはオーストリアの国家に雇い入れられ、いくつかの官職に就くが、一八一五年、メッテルニヒは彼を公使参事官としてフランクフルトのドイツ連邦議会に送り込み、反動政策の宣伝係の役を与えた。のみならず、彼はいくつもの変名を用いて、メッテルニヒ政策のための時局論文を雑誌に載せた。

** 一八一九年一月一日のティーク宛て書簡。この手紙のなかで、ゾルガーはインドの神話学を研究する決意をティークに伝え、それが自分の研究の地平を拡大するものとなるであろうと期待を述べている。彼の抱負は、シュレーゲルのように「見当違いの思い付きと空想」によって宗教史を「独断的に」展開する道と、カンネやクロイツァーのように「個別的な混乱」に陥っている道との間を取り、「普遍的、哲学的に」インド神話を研究することにあった。

実際は事柄を脇に置いたからであり、事柄を見下ろすとは実際は事柄の外にいることである。

客観的なものを意識的に無に帰せしめることをイロニーというが、ここには特に傑出したイロニー的な個性が見られるから、その人物に簡単にふれておこう。――上の引用文と関連して、ゾルガーはインド宗教の研究者の一部について非常に的確な指摘をしている。

「彼らは、私なら全体に結び付けることのできる文脈を、全く一面的に教条的かつ独断的に抜き出しており、そこでそれはもはや生きた連関の内にあったものではなくなる。特にフリードリッヒ・シュレーゲルがそうしたのである。」ここに指摘されているのと同じ態度を、このイロニーの父「フリードリッヒ・フォン・シュレーゲル」は哲学に対しても、彼の公の経歴の全体を通して取ってきた。つまり、彼は一度として哲学の内容や命題をそれが展開していく道筋に沿って説明したことも、それを証明したことも、反駁したこともなく、常に哲学に対して判定者として振る舞ってきたのである。反駁するには根拠を示す必要があり、したがって事柄のなかに分け入っていく必要がある。そしてそうすることは、判断し否認するという上品な立場、事柄を見下ろす立場から、あるいは（彼がかつてカテゴリーを発見する際にとった）神のごとき厚顔無恥な態度（彼と同じようにイロニーの高みから言わしていただくならば――サタンのごときあるい

† 「民族」と訳したのは ein Volk であるが、それが「人間（ein Mensch）」と同格で使われていることからしても、ナショナリズムの意味が込められた民族ではない。むしろ、人民に近いニュアンスを持っているだろう。実際、プロイセンでは公文書では、Volk を嫌い、der Untertan（臣民）の語が使われたようである。

は悪魔のごとき厚顔無恥な態度）から、哲学することそのことの大地へと、事柄の大地へと下り降りることなのである。

フリードリッヒ・フォン・シュレーゲル氏は、この学問と格闘し、常識的な仕方であれ、それを掌中のものとしていることを一度として証明することもなく、このような具合にこの学問の頂点に立っていることを常に誇示してきた。たしかに彼の鋭いセンスと講義は、宗教と共通する哲学の諸問題やただ文献学的な批判や文学史においてのみ扱われる諸問題に関しては、彼の名を高からしめた。しかし、彼はその諸問題を率直に表現し完全に哲学的に証明することはせず、いたるところでただその解決をほのめかしているだけであり、時には理解したと誇示しているだけである。このようなやり方は、彼個人にとってはいずれにしろ都合のよい主観的な解決法ではあろうが、しかし他面でそれは、思惟する理性の必要性、してまた理性の根本問題、哲学という意図的ごまかしのきかない学問の根本問題が、彼にとっては無縁のものであったことを明らかにしているのである。

ティークのイロニーは哲学との関連ではこの種の山師的なふるまいから自由であり、そもそも思惟によって内容を客観的に形態化することすなわち哲学本来の仕事は脇にのけるようにみずからを限定して、抽象的に普遍なもの、神秘的と呼ばれているものを読み取ろうとしているのである。ゾルガー哲学に対しては親しい友人として接し、時にその内容に賛意を表明することがあっても、普通はゾルガーの詳細な叙述と説明に対して、「あなたを理解している」、「完璧に理解している」、「最終的に理解し終えた」という、同じ趣旨の一般的な同意、しばしば繰り返される善意の確言でもって応じている。一八一四年［一〇月一六日］には（三二二ページ）、ティークは（『エルヴィーン』の二三の対話を読み終えて）今初めてゾルガーを完璧に理解できたと思う、と書いている。また三二〇ページでは、*ゾルガーは［ラウマーに対して］、ティークが彼との会話のなかで、彼に指摘されて初めて自分が芸術制作において霊感の衝動に駆られていることをはっきりと意識するようになったと告白した、とその満足感を吐露している。この種のことがその他の箇所でも繰り返し述べられている。こうしてティークはまた一八一九年［一二月一五日］に（七一一ページ）（この遺稿集の第二巻で初めて印刷に付されることになった哲学書簡**について報告しながら）、次のように書いている。

「私はあなたをどの言葉についても以前よりよく理解できるようになったと思います。私の求めていたものがこれであったということが、ますます私にははっきりしていくことでしょう。」

ヘーゲル ［以上、三月号］

＊ 一八一四年一〇月九日のゾルガーのラウマー宛て書簡

＊＊ 『文化（Der Cultus）』のこと。

第二編

ゾルガーの哲学理念

第一編の終わりでゾルガーの哲学との関連で引用した書簡は、そこにはティークとの友情の反映が見られるのは当然であるが、その反映の仕方はゾルガーの諸理念の側面の現われとしてのみ意味を有するはずであるから、次にわれわれはその内容を理解するために、この著作集に収められているゾルガー自身による［自分の哲学についての］説明に目を向けなければならない。

それらの説明は生前に刊行された著作以上にはるかにゾルガーの根本見解について明確な考えをわれわれに伝えてくれる。われわれはこの遺稿集のなかに、彼が、その最期の年［一八一九年］の出版を目指して推敲した二三の論文において、*自分の理念を、一部は友人たちに、またあるものは公衆に伝えようと、さまざまに真剣な努力を重ねていたその様子を見て取ることができる。しかし、それらは体系的に書かれたものではなく、出版の準備と予告のためのものにすぎず、「多くの公衆のためにも、私が哲学をいかに考えているか、私が最近のさまざまの動向に対していかなる立場を取るかを明らかにするための」、彼がその主論文を名付け

＊　この論文の一つが「哲学の真の意味と使命について、特にわれわれの時代における（Über die wahre Bedeutung und Bestimmung der Philosophie, besonders in unserer Zeit)」であり、クレルモントは、これが一八一九年夏に完成したと推測している。

るところでは（第Ⅰ巻六八八ページ以下[*]と七二六ページ[**]）、「マニフェスト」であると規定されているのである。しかし、これらはこのように目的は外面的なものでありながら、十分に彼の理念と哲学に対する彼の思弁力とその深さを知らしめ、証明するものである。ゾルガーの場合、一般にしばしば哲学と呼ばれているものは問題にされていない。われわれが彼の内に見るのはむしろ、そこに理性の思弁的な要求が息づいていることであり、そこから生まれる最高の対立と矛盾についての関心と自覚であり、そして、そのような対立と矛盾に舌打ちしながらそれを臆病にも脇に退《の》けて済ますことなく、それらをその規定性の全体とその峻烈さにおいて直視し、それらを解消することの内にこそ精神の満足を追求し獲得しようとする、その勇気である。ゾルガーはまた、このような対立は普通は表象の内にある具象的なあり方のままに放置され単純な思想規定へ連れ戻されることがないものだが、その対立の宥和を言語で表現する際に現われる一種異様な形式を恐れることもないのである。

　私はまず、彼が書簡のみならず、しばしば論文においてもその理念を表現する際に取っている周知の形式を引用しよう（第Ⅰ巻六〇三ページ[†]）。

「われわれは、われわれと神との絶対的で永遠の関係を把握したならば、われわれの衝動と生命において真実で善きもののすべてが、神以外のものではありえないことを、明晰にいかなる迷いもなく理解するのである。」

＊　一八一八年一一月二二日のティーク宛て書簡と、同じく一二月六日のラウマー宛て書簡

＊＊　一八一九年四月二一日のラウマー宛て書簡

†　一八一八年一月二三日のアーベケン宛て書簡

「神がわれわれの有限性の内で実存するとき、あるいは自己を啓示するとき、神はみずからを犠牲にし、われわれの内でみずからを否定したのである。なぜなら、われわれは無であるから。」

これに加えて次の詳細な規定も引用しておくべきであろう。

「われわれ自身の本質的な存在はわれわれの真理をなすものではない」（第Ⅰ巻五一一ページ*）ことと関連して、「われわれが無なる現象であるのは、神がわれわれ自身の内でみずからの実存を受け入れ、そのことによって自身を自分自身から区別したからである。そして、神が、われわれの存在することを許すために、自分自身を無となし、しかも、神は、われわれが単なる無にいることなく、神へ戻り、神の内に存在することを望んで、みずからを犠牲にし、その無を否定した、その死を死んだ、これこそ至高の愛でなくして何であろうか。」

さらに次のように言っている。

「われわれの内にある無なるものは、われわれがそれを無なるものとして、そしてわれわれ自身がそのようなものであると認識する限り、それ自身神的なるものである。」

私はまず一般的に、このような理念の内にはすべての思弁的認識のための基盤となる論理的概念が見出されることを指摘しておきたい。――つまり、「唯一真実の肯定」（これによって表象されるのは永遠の神の行為である）が否定の否定として

＊　一八一七年二月二日のティーク宛て書簡

把握されているのである。*

さらに、この抽象的な形式がもっとも具体的な形態、最高の現実性においても受け取られていることが理解されよう。――つまり、それは神の啓示として受け取られているのであるが、しかも、この啓示は、神が自身を自然や歴史の内に、すなわち、個々の人間の運不運の内に開示するというように形式的で表面的な意味においてではなく、絶対的な意味において受け取られている。つまり、人間が、神の本性と人間の本性との、キリストにおけるすなわち根源的かつ神的に存在するところの一致を、それとともにまた、神の本性がそして人間の本性が真実には何であるかを、そこからさらに展開される結果とともに、意識にもたらしてきたという、その事実がとらえられているのである。

最初に挙げた文との関連で、このことは六〇三ページで**（五一一ページでも）†明確に次のように述べられている。

「そこで（神はわれわれの有限性の内に実存し自分自身を犠牲にするのであるから）、神とわれわれとの関係の全体は、われわれに対してキリストの内に典型として立てられているものの持続的な関係である。それは、われわれが単に想起すべきものではなく、またわれわれの振る舞いの根拠を形成すべきだけのものでもない。神の自己犠牲の出来事はわれわれがみずから生きて知るべきものである。キリストにおいては人類全体のために起こったことがわれわれにおいてはひとりひ

* キェルケゴールは『イロニーの概念』（一八四一年）においてこのヘーゲルのゾルガー批評に多くの箇所でふれており、彼のゾルガー観はヘーゲルの考えと一致すると思われるが、ゾルガーの「否定」に関して述べている文を記しておく。
「ひとは彼をヘーゲルの体系が要求した一つの犠牲と見るとき確かに最もよく見ることができる。ここからまたヘーゲルの彼に対する偏愛も説明がつく。彼は否定的なものの形而上学的騎士なのである。それゆえ、彼はまた他のイロニーの人たちと同じ意味で現実との葛藤におちいることもない。それというのも、彼のイロニーはいかなる仕方でも現実との対立において形成されたものではなかったからである。彼のイロニーは観想的イロニーであり、彼はいっさいのものの虚無性を見る。そのイロニーは否定的なものを感受する一つの器官、一つの感覚なのである。」（白水社版『キルケゴール著作集21』二六一ページ。飯島・福島・鈴木共訳）

** 一八一八年一月二三日のアーベケン宛て書簡

† 一八一七年二月二日のティーク宛て書簡

とりの内に起こるのである。――それはわれわれが自分で考えた思想の反映にすぎないのではない。もっとも現実的な現実にほかならない。」（六三二ページ*も参照）

このキリスト教理論の内には、三一性がその根本規定に従って、引用文のなかに含まれているが、これはキリスト教が自分の避難所を思弁哲学に求めてきた結果生まれたものであることが理解されるであろう。この理論はプロテスタント教会をほとんど独占的に支配している神学**の聖書釈義や屁理屈によって日陰者にされてきたものである。そのような屁理屈は、キリストの現出を単に思い出と道徳的根拠の対象にすぎぬものにまで貶めてしまい、神を、認識できぬもの、したがって啓示された実在ではなく、現実の外部にあるものとして、全く茫漠たる空虚な彼岸へと追放してしまったものである。

ゾルガー哲学の欠陥

しかしながら、「真の肯定としての否定の否定」というものは全く抽象的な概念であって、引用の表現に含まれているような、それがキリスト教の理論において有している完全に具体的な形態を獲得するには、さらに綿密な学的説明が必要となるであろう。それは、そのような抽象概念からこの充実した内容への移行を提示し、また、理性理念に具体的形態を獲得させるとともに、キリスト教の教説を

*　一八一八年五月一六日のケスラー宛て書簡。この書簡のなかで、ゾルガーは神の自己啓示の構造を次のように描いている。「父はこの世の普遍的存在のなかでいつまでも働き続け、そのなかで自身を各モメントにおいて犠牲にする。父はたえず改めてみずからを子として仮象の内に貶め、われわれ一人ひとりの意識の内で再びそのようなものとしての自身を否定するからである。」

**　この神学は啓蒙神学の第二段階として現われたいわゆる「新解釈（Neologie）」のことである。それとの敵対という点で、ヘーゲルはゾルガーの内に有力な味方を見出しているのである。

再び思惟する精神に返還させ、そして共同戦線を張っているあのいわゆる理性とピェティスム的な敬虔の空虚さに対抗して再びその権利を得させる必要があるからである。

このような移行は哲学的に長い道のりを踏まねばならず、そこには多くの困難と矛盾が待ち構えている。しかしそれは必ずや解消されるものである。引用した文の内にもすでにそのような矛盾が現われている。まずわれわれは無（すなわち悪）として前提されており、次に神についても生硬で抽象的な表現で、神は自身を否定する、それゆえ、神は自身を無として措定する、と言われ、さらに、そのことはわれわれが存在するためだとされ、それに続けて、われわれ自身の内なる無は、われわれがそれを無なるものと認識するときに、神的なものである、と言われている。これら二つの規定、われわれは本来は無であり神と関係して初めて存在を獲得するという規定と、反対に、われわれは神との関係によって無となるという規定、この両者の対立を調停するには、さらに詳細な説明が必要となるであろう。

ここに述べられていることは永遠なる愛の過程として考えることができるのであるが、この主張はすでに一方に「神」を、他方に「われわれ」を前提してしまってもいる。そしてその難点は、われわれは存在するものとして前提されているのか、それとも無として前提されているのか、いずれであるかという点にある。こここには、創造一般のモメントが、また特に神の似姿として見られた人間のモメントが欠如しており、したがって、この源初的なだけの、即自的に存在しているだけの、まだ実存するに至っていない、人間的本性と神的本性との統一、ここから、仮象や無として言い表わされているものへの移行のモメントが欠けているのである*。仮象はみずからを規定してより具体的なものに、意識と自由［の条件］になるのであり、なかなか理解されないのは、この仮象が神の似姿であることに背いて善悪を知る認識の木の実を食べたという悪の源泉であるのみならず、その似姿へ還帰することの原理でもあることとである。だからこそ、神自身に、「見よ、アダムはわれわれのひとりのようになり、善悪を知るものとなった」（創世記三―二二）と言わしめているのである。――この箇所は［善悪の］認識という第一の意味と異なる側面［われわれのひとり、神の似姿］を示しており、普通はほとんどその深い意味において考察されることはなく、それどころか注意さえ払われていないものである。

ここに指摘した何かを前提して事足れりとする欠陥は、第Ⅰ巻七〇三ページにある次の文**でも消えていない。

「真実にして永遠なるものは、在るところのものとして、神として、善として、実存している。現実の内に投げ出された存在であるわれわれにとっては、両者（真なるものと仮象）は分離されえない※。なぜなら、もし善がみずからが滅する

* 仮象の自己措定の進展が自由を生み出すことは、『大論理学』の「本質論」のテーマである。

** 一八一九年一月一日のティーク宛て書簡

べき仮象を持たないならば、われわれに対して存在しないだろうからである。善はその永遠の善き本性に従って肉を否定し、そうして実存と自身とを和解させねばならぬがゆえに、みずから身体を持つもの、肉となるのである。すぐれた存在の仕方とは自身を啓示することであり、自身を啓示するとは自分の無を否定すること、すなわち、自分自身を通して存在することである、両者「自分の無を否定することと自分自身を通して存在すること」は全く同じ一つの事柄である。」

ここで創造の過程にも言及されているように見えるかもしれないが、しかしその過程は有限な実存を少なくとも前提しなければならない和解の過程と混合されてしまっている。つまり、善と［それの］仮象化の働きあるいは否定の働きとの非分離性はわれわれにとってのことにすぎないと言われながら、［他方で］善の永遠なる本性自身が、それを否定することを目的に、みずからを仮象となす「非分離性は善そのものの本質である」とも言われているのである。すると、善がただ自分自身を通してのみ存在するというこの非分離性は、単に相対的にわれわれにとってのことと受け取られることになってしまうであろう。

しかし、これにとどまらず至る所で、まだ未解決の本質的な根本規定が手付かずのまま残されている。例えば五七八ページには次の文がある。*

「われわれは対立の内でのみ思惟し認識できるだけであるから、われわれの矛盾に満ちた存在においては、永遠なるものの現在や啓示に対して、まったく空虚な

＊　一八一七年一二月七日のティーク宛て書簡

ゾルガーがヘーゲル哲学との関係について、ヘーゲル以外の人物に（ヘーゲル自身に対しては「解題と解説」に引いているように敬意を示しているが）述べている稀有な文章であり、ヘーゲルの引用文の前にヘーゲルの名を挙げて次のように述べている。

「これに対して［啓示であるものと単なる仮象の存在との区別をしない S…sche Schule ＝シュライエルマッハー学派に対して］、別の誤りに陥っているのがより厳密にものを考える哲学者たちです。今は特にH.［ヘーゲル］の名を挙げましょう。私は彼の該博な知識のゆえに、またさまざまの学問における思惟の変容体を明晰に洞察しているゆえに、彼を高く評価するに悋かではありません。つまり、彼は普通のものと全く異なった、より優れたものである思弁的思惟を認めているということですが、しかしこの思惟はその法則性と普遍性の点でただ一つ現実的なものとされ、その他のものはすべて、経験的認識も、それがそのような法則に完全に還元されない限り、ひとを欺くものであり、いかなる観点からしてもその法則の空虚な砕片と見なされてしまうのです。一見すると、これはまさに私

仮象、真の実在的な無が対抗してこざるをえない。」ゾルガーにとって哲学の明確な使命は二元論にとらわれぬことにある（例えば第I巻五一〇ページ）。＊たしかに真理を求めるいかなる衝動も、われわれの意識の二元論、われわれの現象の二元論から、あるいは、一切の二元論はマニ教を根拠にしているのであるから、マニ教から、解放されることを目指している。しかしまた、より優れた現実性に、宥和に至るには、［ゾルガーのように］二元論を前提したうえで始めてはならないことも事実である。＊＊

※　この説明は、ゾルガーが今日の哲学について、そしてHなる頭文字からするとおそらく評者［ヘーゲル］について、述べていることと関連している。そこで問題にされている［私の］見解なるものは、法則性と普遍性の内で展開されるすぐれた思弁的思惟のみが唯一現実的な思惟であり、その他のものはすべて、経験的認識も、それがそのような法則に還元されない限り、ひとを欺くものであり、いかなる（?）観点からしても思惟を無へ粉砕してしまうものとされる、というものである。この説明は曲解を含んでいるが、それを分析するのは止める。私はただ、S［ゾルガー］が自分の意見としてそれに何を対立させているかを述べるにとどめる。彼が対置するのは、「真実ならざる認識とその対象もやはり現に存在しており、存在しすぎるくらいであの考えではないか、と思われるかもしれませんが、どうか、そのように思わないでください。つまり、私は、真ならざる認識とその対象が存在することを、決して否定しません。ただこの二つはあまりにも存在しすぎているのです。しかし、無として存在しているのであり、一言でいえば、これが悪なのです。」

＊　一八一七年二月二日のティーク宛て書簡

＊＊　二元論的前提から出発してはならないというヘーゲルの方法は、『精神現象学』の「感覚的確信」における「このもの」と「一般者」との統一、『大論理学』における「有」と「無」との統一の議論に見られるものである。

る」というものである。これが上述の見解と対立しないことはただちに明らかである。そこで言われたのは、経験的認識の存在を認めないことではない。そのようなことはいかなる人間にも思いもよらぬことであろう。そうではなく、問題はその経験的認識を概念へと連れ戻し、概念に即して吟味することの可能性である。

ところで上の引用文によれば、今「真実ならざる認識」と呼ばれているものは仮象のモメントよりも抽象的なことと言われている。仮象のモメントとは、善が自身を啓示するための、つまり、無を否定するための、本質的なモメントである。したがって、初めからすでにそのような概念が問題になっていたのである。私のいずれの書物を見ても、一八〇七年に出版した『精神現象学』でも、一八一一年に出版を開始した私の論理学〔『大論理学』〕ならばなおさらのこと、たとえそれをいかに表面的に理解しようとも、そこでは、一切の形式が、存在の形式と受け取られようと思惟の形式と受け取られようとも、同一の概念に解消されていき、その概念はただ単に一切のものの中心としてそこで語られているのではなく、そのことが証明されていることが分かるであろう。したがって、このもっとも抽象的な思弁の頂点では、今述べた「ゾルガーの」哲学との違いが消えるかもしれない。しかし、この概念の展開とその必要性はさらにもっと手間のかかることであり、Sがこの展開のことをよく理解していなかったことは、すでに彼の理念について引用した文章に現われており、さらに以下においても明らかになるであろう。

次に以上のことは、ここに引用した説明において神の表象が前提されていることと本質的に関連している。上述の考えにあるように、神は何であるかが、また、神の存在の事実が、周知のこととして受け入れられているならば、そもそもそのうえになお何のために哲学する必要があるのかが、理解できないであろう。哲学は神の認識以外の最終目的を持ちえないからである。そうではなく、仮に周知ということでは満足せず、周知以上のこと、つまり認識を追求するのだといっても、神について、それはあれこれのことを行うとか、肉となるなどと発言する権限はそれだけでは存在しないのである。なぜなら、仮にそのような規定が可能であっても、それは神の本性についての認識を通してのみそのように発言する根拠を獲得するものだからである。このような表現はさしあたっては、大衆的でもあり、一般の宗教心の要求にもかなない、「神」という語の有する印象的な効果のゆえに、ある種の期待を抱かせて登場しうるという点で、有利ではある。しかしこのやり方は哲学的に見れば欠陥を持っている。特に、神に帰属せしめられているものと神の本性との連関が、つまり、神の規定や行為の必然性が洞察されていないのであり、それどころか、信じることから哲学することへ超出していくときに唯一問題になりうる、そのような必然性が要請すらされていないのである。

　哲学的に思索することそのことにとっても、また講義を行い理解を得るためにもまた、今述べた考察において、「神」、「自己犠牲」、「われわれ人間」、「認識」、「悪」などの具体的表象と、「存在」、「無」、「仮象」などの抽象的概念とが混在していることは、短所となる。ひとびとはこのように異なった地盤の一方から他方へと右往左往させられ、落ち着かなくさせられるからである。抽象的な思惟形式が表象の内にある中身とかみ合っていないという感情は、たとえこの混淆が思想の行程に持ち込まれる齟齬として十分に理解されることがなくても、それだけで気分が害されるものなのである。

哲学と宗教との関係

　第Ⅱ巻の最初の論文「哲学についての誤解及びそれと関連して宗教に対する哲学の関係に関する書簡」*（一から五三ページ）及び二番目の論文「哲学の真実の意味と使命、特にわれわれの時代における」**（五四から一九九ページ）、この二つの論文の内には、上に述べた根本的な理念と哲学的認識との関係を明確にして、認識の偏向及びその誤った代替物を暴露し追及するという、広範な主要関心が見られる。さしあたってこの点に関しては、ゾルガーがこれもまた至る所で表明している次の規定を取り上げておくことにする。すなわち、哲学と宗教は同一の内容

＊ Briefe, die Mißverständnisse über Philosophie und deren Verhältnis zur Religion betreffend

＊＊ Über die wahre Bedeutung und bestimmung der Philosophie, besonders in unserer Zeit

を有すること、哲学とはわれわれの認識と実存の内に実在［神］が現在していることについて、あるいは別の表現では（第Ⅱ巻一一六ページ）、神の啓示について、思惟することにほかならないこと、哲学することとしての思惟は啓示による認識と全く同じものであるが、ただそれを異なった側面から考察するものであること（一七四ページ）である。

哲学は宗教との関係において以前はその評判が芳しくなかった。事実、理性はかつて宗教と呼ばれていたものと対立関係にあったのであり、その後、結局両者は一つにされたが、それは、そのいわゆる理性が神学から自軍へ撤収させられ、神学によって宗教的内容が次第に浅薄で空虚なものにされていったことによってである。あいかわらずキリスト教を僭称している内容のないこの信念は、客観的内容が主観的内容につまりは感情に収斂したことを誇りとし、今日哲学に対して反対の意思を表明するに至ったのであるが、その反対の理由はかつての理由とは正反対である。つまり、新しい神学を完成させたと思い込んでいるキリスト教の教理は、哲学の内に自分に対する攻撃者を見ているのではなく、防衛者を見出したのであり、そこからしてこの感情のキリスト教にとって緊急の課題は、死を平穏に受容する準備のできている人びとを獲得ないしは覚醒させることにあることになったのである。——［ところが］ゾルガーが構想していた計画のなかには、キリスト教を純粋に思弁的な根拠からのみ理解し洞察しうるような展開の仕方も指

＊　シュライエルマッハーの神学のこと。『批評集』の「ヒンリヒス宗教哲学の序文」を参照。

摘されているのである（第Ⅰ巻三四九ページ）*。

哲学的認識に関しては一般的な形で以下のような本質規定が与えられている（九二、三ページ）。

「理念はすぐれた認識の肯定的内容であり、悟性がただ相互に関係付けているだけの素材を真実に統一するものである。哲学のオルガノンは思惟である。哲学は、われわれの認識の本質とその内的統一が活動**であり、活動とはあるものから他のものへの移行を、したがって対立を含んでいる、ということから生まれる。ところで、対立するものをその相互の関係の内で認識し、それらを、その相互対立が同時にそれ（思惟）***自身の自己対立となるところの根源的統一の内へ止揚する働き、これが思惟である。」

ここでは、思惟は前進するものであることに言及がなされ、そして思惟の一面性が注目されている。ところが、より重要な課題、つまり、その前進をそれ自体として把握すること、すなわち、認識における内的必然性を把握すること、弁証法に固有のこの本性を認識することまでに、ゾルガーは達していないのである。

それに反して、彼は哲学的認識が反省から出発せざるをえない必然性は明確に洞察し、それを強調している。

「われわれの生命の全体は神の啓示であり、真なるものの満足も、美の享受も、善における平安も、すべては実在的なもの［神］からわれわれにもたらされる。

* 一八一五年五月一九日のティーク宛て書簡

** Tätigkeit

*** ヘーゲルによる挿入語

それはこの実在が所与のモメントの内でわれわれに対して現在しているからである。しかし、この実在は限定されたモメントにとっては常に、所与の状態、相対的な結合における実在であるにすぎず、したがってこの実在そのものが実存の関係の内に属している。このような［神の］相対的形態に純粋意識は満足できない。信仰そのものは哲学であるが、それが哲学の内で経験として現われたとき、それの形態において知識として把握されるのであるが、このように哲学によって、理念は、それが啓示したすべてのモメントの内で同一であるものとして認識されるのであり、また、理念は完全な統一であって諸対立を自分の内に含んでいるから、それらの対立を通して、自分を実存に結び付けて、それを自分の内に受容できるものとして、認識されるのである。」

かくして初めて理念はそれのもつ意味の全体において意識されるに至る。さもなければ、理念は常に特殊な状態と関係によって曇らされているからである。その状態に意識が満足できない点に、それが哲学へと駆り立てられざるをえない必然性が存している。したがって哲学することは決して恣意的な試みではなく、必然的で不可避な試みである。哲学しようとしないひとでもやはりその救済は哲学すること以外の内では起こりえないのであり、［哲学しない場合］その人はその代わりに不幸な代替物で満足しようとして、その結果、信仰そのものをも貶めることになる（第Ⅱ巻一一六ページ以下）。

「人間は、好むと好まざるとに係わらず、哲学せざるをえない。もし正しい学問的方法を取ろうとしないならば、哲学は、全く根拠のないはなはだ有害な詭弁によってその人に復讐する。」(第Ⅱ巻一一二ページにある表現)。

思惟の満足を軽減して、哲学の代わりに虚偽の代替物、逃げ口上や弁解で満足しようとする試みを、ゾルガーは熟知していた。彼はその誤謬を暴露し、それに対して、とりわけその偽りのさまざまの形態に対して、情熱的に、根本的な洞察をもって戦いを挑んだのである。

「思惟されるに及ばないような本質的で単純なものだけを宗教の内に確保しようと望んでいる敬虔な人びとは、その本質的なものとは何であるかを、十分に肝に銘じなければならない。知識を欠いた信仰は、外面的な事実、驚異と迷信へと消滅していく。」(第Ⅱ巻三七ページ)

ゾルガーは常識の一面性と、それに劣らず常識にとらわれている「プロテスタント」正統派や敬虔家ぶりの一面性に注意を促している(第Ⅱ巻三七ページ以下)。彼は、この常識が啓蒙家を気取り、そこからからまた別の仮象哲学が出現する、この荒涼たる世界、諸々の意見の王国*(五八ページ)を描写している。

この「諸々の意見の王国」は特に、経験のその時々の形態に応じて、また時代のその時々の趨勢に応じて、変身を遂げる思惟として特徴づけられるものである。また、それはさまざまの理論として、特に歴史においては本質的なものを常に想

* das Reich der Ansichten

起していなければならないのであるが、便宜的に、また個々の特殊な目的のために、捏造される歴史の理論として特徴づけられる。* だれもそれを信じてはおらず、だれもが自分と他人のために信じている振りをしているだけである。それらは真理のまわりを中途半端な意識でうろつき回っているのだが、そのような意識の中途半端さについて、すなわち、人間の心の奥底を空想しながらひねくり回すことについて、一九二ページで、また他の箇所ではその他のいかさまについて、彼が根本的な経験と確かな筆力によっていかに鋭い描写をしているかを、見ることができる。その種の詭弁は大衆の熱狂的な喝采を獲得するものである。それらは簡単に理解でき、思惟の労苦を不必要にいや不可能にするからである（一九三ページ）。

ここでふれた一連の書簡は、** さらに哲学に対する誤解の暴露と反駁、また哲学の宗教に対する関係に進んでいる。これらの書簡が重要で教訓的であればあるほど、むしろそれだけこの種の訓戒［の形式］はそれの含む内容について期待されるほどの効果を収めないものである。そもそも哲学を誤解している者に哲学を解説することは退屈になるだけだからである。一方で抽象的理念を聞いて理解する力と、他方でその後で哲学思想を熟考できる能力、この二つは、少なくとも長い時間をかけて獲得される条件である。ところが、誤解の生じる余地のないことを直接に主張しているような種類の誤解、つまり、実際の事柄における誤りも存在

* 本書の「ゲレス論」を参照。

** 前述の第一論文のこと。

する。これ以外の種類の誤解に関しては、それを批判しても何も出てこない、あるいは一層の紛糾を生むだけであるが、しかし哲学は少なくとも事実を間違えた主張を告発する権利は持っており、よく観察してみれば、この種の誤解が予想に反して一番起こるものであり、その一部は不信仰にまで行き着くのである。

第二論文のテーマ

二番目の論文の主要な関心の一つは、相対的な認識の仕方から生じる関係を明らかにすることにある。相対的な認識においては永遠なるものは単に前提されているだけであり、したがって抽象的な一般者にすぎず、その結果、源初的な同一性も、統一と結合という単なる形式を持つだけで、神的事実そのものにはなりえないのである。もう一つの関心は、この神的事実の真の関係を明らかにすることにある。この神的事実は、先の引用に従えば、神はわれわれの実存の内に現実的に現在的に存在しており、自身をわれわれの内で実存へと形づくるのであり、われわれは神のこの実存をわれわれの内で体験し知らねばならない、と規定されていた。この事実と認識との真の関係は次のようなものとされる。思惟は自分の進行の過程において外部と没交渉であるから、それが自分の対立や相対的な諸規定を持って行き、それらを止揚する合一点の内では、理念がそれ自身、一者の永遠な行為として、自由に現われ出てきて、自身を現在する本質として再興するのである。それゆえ、神の現在はわれわれ自身の内で「思惟によってではなく」直接に経験されねばならぬものである、と（一〇一ページ）。

　ところで、上に引用した「マニフェスト」という意図からすれば、著者にとっては、根本理念を証明することが問題なのではなく、不完全な認識の仕方を批判するという観点からしてその理念を提示することだけが問題なのであるから、そのような欠陥を指摘しようとするあまり、根拠を展開することよりもむしろ自分の主張と確言を繰り返し連ねることになったのであろう。もし根拠が展開されていたならば、信念が生まれたのであろうが。

思惟そのものに関しては、思惟は反省的活動を断念し、対立にとらわれずに、その合一へと進展しなければならないものだが、その必然性が明らかにされていない。また、思惟によってもたらされた統一からいわゆる神的事実へ及びそれの現実的経験へ移行する、その必然性も示されていない。著者にとって切実な問題だったのは、外部に対して自分の立場を訴え、偏向に対して抗議することであって、内面に向かう方向を選び、外面的な観点は気にせずに、自分の思想を論理的に展開し、それを自分と読者に対して明らかにすることではなかった。もしそうしていたなら、それは彼の哲学形成にとって重要な事柄になりえたであろうが。そこで、この深遠な思想も、このような説明の仕方のゆえに、諸規定の未解明の難点と矛盾を残すことになったのである。本来ならばこの講演*という非体系的な

＊　第一論文は六通の手紙形式の文章からなるのに対して、第二論文は十四回の講演という形式をとっている。ゾルガーはその他、後に問題にされる対話形式など、さまざまの叙述形式を模索している。

形式は理解を容易にしたはずなのに、むしろこのような説明方法によって理解を困難にしてしまったのである。

思惟と永遠

すでに引用したように、思惟の展開と永遠なるものそのものとが、一切を関係づけている二つの規定である。知の本性については、次の重要な規定にまとめられている（一四一ページ）。

知は「思惟の終わりであり、完成である。しかもこの完成は決して思惟だけでは不可能であり、完成は同時に、思惟の素材が対立していても即自的には一つであることを要求する。そこでそれぞれのこのような［思惟の］終わりには、（本来、思惟とはこの対立をその最初に即自的に存在していた一性へと戻すものであるから）同時に、素材のこの本質的な一性を知覚することがあるいはその経験が結びついており、認識の二つの側面からして初めて完全な知が生まれるのである。」

まず、思惟がその完成と区別されていることが理解されるであろう。神的事物を知ろうと欲することは自己欺瞞であり、思い上がり、夢想であるなどと主張する人びと、あるいはまた、人間はなるほどいつかはそこまで進むかもしれないが、われわれはまだそこまでは達していないなどと言う人びと（一四三ページ）を考慮しながら、永遠なるものの存在と知との関係については、次のように主張されている。

「完全な意識においては、永遠の実在は自分自身を素材となし、自分を根拠としており、それは外化と啓示の以前に存立している。われわれがこのそれ以前に存立しているものを認識する仕方が信仰と呼ばれるものであって、絶対に確実な直接的な認識にほかならない。われわれにとってはすべては端的にこの認識に依拠しているのである。そして、この信仰を通して、われわれに対して存在するもの、すなわち、啓示と実存の対立におけるその分割、これをわれわれは実際に知ることができ、また知るべきである。」

このような真実なるものの現在、その現実性、そして、この基礎と前提がなければ知と行為が不可能であること、これが唯一の根本的視点である。後に引いた文では、永遠なるものの直接性が意識において知と区別されているのに対して、先の引用文では、思惟とのみ区別されており、したがって、この思惟は、その箇所で規定されたように、知の単なる二つのモメントの一つになってしまっているが、これは重要ならざる逸脱と見なしてよいであろう。

ところで、この基礎と前提の関係以外のもう一つの根本的視点は、永遠なるものの経験と称されるものを、この知すなわち没交渉である思惟から区別している点である。この文章はこの主張をなすとき、一方では、現実性、事実、信仰、経験のカテゴリーから、他方では、思惟のカテゴリーから一歩も出ず、これらのカテゴリーをさらに分析することもなく、両者は本質的に分離されていると断言するにとどまっている。主張を人びとに訴えようとする熱意がそれを吟味することを妨げているのである。しかし、多くの、いやすべての争いと矛盾は、主張の内に言い表わされているものを素直に受け取り、単純に考察し、同じように主張されている他のものと比較するという、一見容易に見える手段によって必ずや解決されるものなのである。人の言うことを知る［理解する］ことは思っているよりもはるかに稀であり、ひとの言うことを知らないではないかと詰問することがもっとも厳しいものだと言われるが、これは最大の誤りである。

そこで、次にゾルガーの主張を巨細に見ることにしよう。

哲学的認識と啓示の経験

まず哲学的認識に関しては、ここでも正確なすばらしい規定が与えられている。つまり、哲学的認識とは、永遠なるものが啓示によって生じる対立の内でも一個同一のものとして維持されている限りにおいて、その永遠なるものを思惟することである、と（一二四ページ）。認識の真実のあり方としては、次のことが認められると繰り返し述べられている。哲学的思惟は認識の内面的な一性を自分の要素に分解するのであるが、その分解は「要素をそれぞれの真の結合点において、真実の、本質的な、現在する要素にするような分解」にほかならない（一四九ページ及び各所）。

しかし私は疑う。このように規定するとどうしても、永遠なるもの、神的なものの、そして根源的一性そのものの、現在と現実性が、受け入れられることもなければ、承認されることもないのではないか、と。内面的な一性の分解が思惟によるものであり、その際にこの一性が同時に分解されぬもの、要素として、思惟の内にある一個同一のものとして、現在しているならば、永遠なるものの事実、またその事実の生命性と経験は、存在として措定されることがないのではないか。事実及び現在としての永遠なるものに属しているものは何か、あるいは、通俗的表象を用いるならば、特に他と区別するためにそれにはさらに何が与えられるべきか、これについては憶測すべきではないであろう。ゾルガーも、この根源的一性を単なる一般性に、それ自体無規定的で抽象的なものにしてしまうこのような立場にはしばしば反対の立場を取っているからである。彼の変わることのない主張は、根源的一性とはみずからを開示する活動であり、この活動それ自体はあるものから他のものへの移行、それ自身の内における分解であり、したがって対立を自身の内に含み（上記参照）、ただこれによってのみ永遠なるものは実存と結びつき、その内に現在する、ということである。

次に、信仰、すなわち、永遠なるものの経験に向かって、哲学的認識は「自分自身の外部［信仰］に」あっても自分を止揚して進んでいくものとされているが、哲学的認識が本質的に「自分の内部で」永遠なるものに向かって活動し一性に達する以前には、この信仰にいったい何が属しているのだろうか、と問われている。しかし、事柄からすれば信仰の内には何ら特別のことも際立ったことも存在しないだろう。代わりにそこにはただ直接性という空虚な形式があるだけである。この直接性は、通俗的な考えでは、ただ媒介にのみ執着しているとされる認識の働きを排除したうえで、それに代えて主張される、事実、経験、信と呼ばれるものに属すべきものなのである。しかしゾルガーはこのような拙劣な考えにはとらわれない。彼にとっては、哲学的認識とは、対立を、したがってただ他者の媒介によってのみ存在するものを止揚することにほかならず、同様にまた、媒介の立場を超えることのない単に相対的にすぎぬ認識を止揚することでもあることは、明らかであった。直接性とは本来対立の規定、対立の一方の側面にすぎない。真の思惟は、対立一般を止揚するものとして、このような規定［直接性］を自分の外部にそれだけで放置させることはない。思惟は、すでに引用したように、諸対立をそれらの根源的一性において把握することであるから、それもやはりすでにこの一性の内に、自己への関係を*、すなわち、直接性であるものを、実際に内在的な仕方で自分自身の内に有しているのである。

以上の説明で明らかになったことは、すでに述べたように、ゾルガーの言う哲学的思惟の本質的性格について簡単な反省を加えるだけでも、彼がそれと区別しよ

* die Beziehung auf sich
これは、一性の、自己との対立を含む「直接性」であり、単に媒介と対立するような直接性とは区別される。

うとしているものを言い表わすに十分である、ということである。

「理解し難い」ということについて

さて、さらに一二五ページでは、上述の二つの規定［哲学と信仰］の違いが仮定されて、その意味において、次のように言われている。

「啓示の経験、すなわち、実存を形成するとともにそれを止揚する神的存在についての経験、それと哲学とが、並んで存在しているのは、ただ、われわれが永遠なるものそのものではないことに基づいている。永遠なるものにおいてはこの二つのものがわれわれに理解し難い仕方で同じものなのである。」

たしかに、内容的には、「われわれは永遠なるものではない」ことを承認する場合に、その人間に欠けているものが哲学によって指摘されることに、何ら反対すべき理由はない。しかしながら、そう言われるとき、そこには、あたかもそれ「永遠なるものではないこと」がそもそも自明なことではないかのように言う誤りが含まれている。さもなければ、それを言うのは余計なことであろう。たとえ啓示を認識することの内に啓示を経験すること自体が含まれているとしても、ただちに「われわれは永遠なるものである」ことにはならないであろうし、ゾルガー自身の規定に従っていえば、永遠なるものの啓示の働きでありその啓示を経験するものが、ある一定の実存であることにはならないであろう。

ところで、「理解し難い（unbegreiflich）」ということに関して言うと、これもやはり全く概念を欠いて乱暴に用いられている多数の語の一つである。要するに、理解し難いというのは、神的存在についての経験が常に認識の外部に移されてしまうことから生ずるのである。すでに指摘したように、認識はそれ自身に即して、それとは異なるとされるものを含んでいる。そして、理解できる（Begreiflichkeit）とか現実に理解する（das wirkliche Begreifen）とは、一者である永遠なるものと対立の内にある永遠なるものとを思惟することとの内に経験と認識との統一が含まれていることを、反省すること以外のなにものでもない。この反省についてはすでに指摘しておいた。

ところで、この理解し難いという主張は、もし一七三ページの下から一七四ページにあるように思惟が把握されるならば、撤回されるものと考えてよいであろう。そこでは次のように規定されているからである。思惟は、実在的なものと無なるもののいずれに対しても等しく関わるとき、あるいはその両者を「無から実在への、あるいは逆の」移行という関係の内で考えるとき、単に可能であるにすぎないにせよ、両者を同時に表象せざるをえない。この等しい関わりは単に形式だけのものではない。なぜなら、それは無限に多様な要素と結び付きうることにおいて成立する等しい関わりであるからである。そこで、それは要素がたがいに完全に一致していることにおいて成立するのであり、したがって、そのような思惟によって直接に要素の全体は規定されていることになる。それゆえ、このような思惟が哲学することであり、それは啓示によって媒介される認識と全く同じものである。＊ここでは、思惟に一性を把握する力が付与されているのが分かるであろう。この一性が以前は「理解し難いもの」と呼ばれていたものである。

そして、直接に初めからあったものの内にわれわれの意識が付与していた諸規定は、それらが詳細に分析されるならば、この把握の力を獲得するに至るのである。意識は、自分自身に対立するものがその認識によって自分自身と結びつくという点において、成立するとされているからである。意識はもちろん、そこで言われているように、自然と精神の完全なる相互の移行と見なされるべきものではないが、明らかに自分を認識することによって自分自身と結びつくものであり、それゆえ、意識はみずからを認識することにおいて、経験と一致する一性に達しうるのである。

＊　その後に、ゾルガーには「ただし別の側面から考察したものである」との文がある。

「即且対自的」について

このような最高の視点について考えるときに現われる不整合は、以前明らかにしたように、概念的把握、思惟、認識であるものが、ただ漠然と前提されているだけで、そのような「前提の内にある」表象が分析すらされず、認識されないことから生じるのである。

同じことは、別の表現、「即且対自的にある」*についても指摘すべきであろう。上述のことと関連して、一七一ページと一七二ページで、ここにはもっとも深遠な説明が見られるが、即且対自的に永遠なるもの、即且対自的な実存について述べられているのだが、ただちに、このような「即且対自的」が抽象的で真ならざるものの意味であることが明らかになる。「永遠なるものはわれわれの認識にとって即且対自的に到達不可能である」〔一七一ページ〕という。永遠なるものが本質的に自己を啓示するものとして、活動として把握されているとき、それが認識によって到達できない、つまり、啓示と活動を欠いているならば、永遠なるものに残されているものは具体的規定ではなく、抽象物についての規定だけである。同様にまた、即且対自的な実存が単に、実在ではないもの、実在の無として規定されるとき、**「即且対自的」の語によって指示されるものが、抽象的なもの、現象するもの、無なるものにすぎないことは、当然である。――この場合、実存はただ単独で、それの「即且対自的」がそこにおいて初めて成立するような連関を伴わずに、受け取られてしまっているのである。

ここで私は、永遠なるものが啓示されるものの根底にある事実とされるのかと思っていると、次には啓示そのものがこの事実として現われてくる「という不整合」については、ふれるつもりはない。ただしかし、事実とは何であるかの分析がなされていれば、その事実と啓示との関係及び実在との関係が、また理解しう

* an und für sich sein

** 一七二ページに、「実存は、実在ではないもの、実在の無にすぎず、そこでそこから、実在とは、そこから実存が現われ出てくる無であることになる」という文がある。

るものとの関係が、正しく規定されたことであろう。いずれにしろ、認識しうるという視点において、不遜を避け、さらにはそう見られることをも避けようとするのであれば、「われわれの内なる神の実存」、「われわれの現存在の全体を貫いているもの」としての神の存在などという表現は放棄した方が、おそらくその視点においても、哲学的な視点においても、有利に働いたのではないであろうか。神を直接に有限者と結びつけるのは、異様とはいわないまでも、あまりにも適切さを欠いている。そして、神はわれわれ一般の内で「実存するに至る」のか、あるいはまたわれわれの認識の内でか、いずれであろうと、不遜という観点においては何の相違もない。上述のように有限者と直接に結びつけられる場合、神はその内実においてではなく、より抽象的な悟性において受け取られていることが、もう一つの別の弊害、すなわち、神に代えて、永遠なるもの、真実なるもの、実在あるいは実在的統一という表現も交互に用いられていることから、明きらかになる。しかし、神の内に、われわれは、単に永遠なるもの、真実なるもの、実在などよりもはるかに多くの事柄を理解しているのである。

評者は未展開のカテゴリーの使用に関してこの何倍も指摘せざるをえないと覚悟していた。未展開のカテゴリーの使用は当然通俗的な叙述のなかに見られものであり、健全な感性と精神がそれに内容を提供するのに応じて、欠点を持つ場合もそうでない場合もあるのだが、いずれにしろ通俗的叙述において支配的であり、反省のカテゴリーを圧倒しているものである。しかし、叙述が哲学的であり、したがって思惟規定に依拠しているときは、話は別である。ゾルガーのように根本的にものを考える思想家の説明は、前提を表象によって作り上げ、またものごとの基本である究極のカテゴリーを分析せずに済ますという誘惑には陥っておらず、したがってそこから生まれる弊害も免れている。ましてや他の哲学的な著述家の場合、特に、一切がその妥当性に左右されるカテゴリー、例えば、直接性、思惟、認識、理性、把握可能などを、周知のものとして前提して済ますという根本的悪弊が徹頭徹尾支配的なのである。このような手法に対しては、彼らと合意に達する手段は全く存在しない。なぜなら、それは自分の根本規定を理解しようと意志することの逆であるからである。したがって、それと関わりあうことも不可能である。なぜなら、それは断言だけを許す、もちろん自分の断言だけを認めるのであるが、そして、自分が根拠と見なしているものが断言であることには無知であるからである。

シュレーゲルのイロニーとフィヒテ哲学

ところで、ゾルガーの理念の最高規定とその哲学的発展の最高の段階についてふれている今の叙述には、何か物足りないところがあることに気づかれるであろう。つまり、前編で予備的にふれておいたイロニーにまだ言及していないのである。イロニーは最高のものと呼ばれて現われてくるのであるから、まさにここがそのイロニーと出会い、そして、その意味と規定が説明され、誤解を除くべきところと思われるであろう。イロニーが一般的なかたちで現われてくるのであれば、よく知られているような高尚さを衒う幻影と見なせばそれで足りる。しかし、ゾルガーに関しては、イロニーは原理として扱うことができるものであるから、そのような意味においてわれわれはここでさらにこのイロニーと取り組むことにしたい。

その手助けに、われわれは、イロニーの一つの側面ではあるが、今まで考察されてきた思弁的諸規定の内にも見出される、この思弁的モメントを［イロニーと］区別しよう。つまり、それは、抽象の極端にまで上昇していくうちにフィヒテ哲学の根本規定となった、例の否定性一般のことである。自我＝自我においては一切の有限性が消えるのみならず、そもそも一切の内容も消えているのである。たしかに哲学の問題を解決するための最高の出発点は、このような上昇によって、問題をもっとも純粋な姿において、一般者から特殊者を展開する無前提なものを、すなわち、展開の可能性を含む原理を、というのは原理とは展開への衝動にほかならないのだから、意識にもたらすことである。しかし、このような原理は最初は前提であるにすぎず、ただ抽象的な純粋性の内にあるだけで、したがって一面的ならざる真実の純粋性の内にあるのではない。原理は証明されねばならないものでもあり、直観、直接的確信、内面的啓示、あるいはどのように呼ぼうと、そのようなものによって、一言でいえば、無邪気に信頼して受け入れよ、と要求されるようなものであってはならない。ところが、証明の必要性は、現代の多数のそして同時に一様に哲学と呼ばれているものにとっては時代遅れのこととなっている。この場合の困難は、証明という媒介の働きを理念の内にある一般者の前述の無前提性と結合することにある。しかし同時に、証明として現われるものは、一般者の抽象性を具体的なものに規定するものであり、そこにのみ［理念の］展開の可能性がある。上述の形式［自我＝自我］では否定性が一面的で有限な肯定から抜け出ていない。つまり、その否定性はまだ自我としての肯定性を残している。このような単に主観的にすぎない肯定のなかで、否定性は、フィヒテ哲学から、思弁的なものは理解せずに脇に退けておくことによって、フリードリッヒ・フォン・シュレーゲルへと受け継がれ、思惟の領域の外部に引きずり出されてしまったのであり、その結果、それは直接に現実に適用され、イロニーに、つまり、理性と真理との生命性を否認することに、理性を主観の内の仮象へまた他者に対する仮象へと貶めることに、成長していったのである。フィヒテ自身は不整合によって生じる彼の原理の一面性を最後まで改良しようとしたのであり、そうして人倫と真理の権利を確保したのであるが。

ところで、このようにその意味が変更されたために、無辜のソクラテス的イロニー、がその名を偽らされることになった。しかし、そのようにされるには、そのイロニーはあまり役には立たなかったのである。というのも、もしわれわれが、イロニーの、豁達で友好的な会話、すなわち、プラトンとアリストファネスがその偉大な巨匠であったアッティカの都会風の雅《みやび》さ*の優美なソフィスティークにすぎない側面を切り捨てて、それを教育的手法**との関連でソクラテスに帰される意味において受け取るとき、それを告発するためであろうと賞賛するためであろうと、そのようなイロニーをソクラテスのものとするのは不当だと思われるからである。何にもましてもしイロニーをただ、ソクラテスが「自分は何も知らない」という確言によってまず説得の機会をつかみ、そして、他の人びと、ソフィスト、教養人たちに、あるいはその他どんな人であれ、後に彼の弁証法によって混乱させられ屈辱を受けるはめになる彼らの知識や学問を披露するように誘うものである、と考えているならば、たしかにその成果はよく知られたものではあるが、しかし同時に、一般に見られるように、その成果は消極的なものであって、学問的成果をとどめないものである。したがって、ソクラテス本来の固有性とその偉大な仕事は、人間を追思惟へと誘い、道徳的及び知性的自由を打ち立てる自分の内面に引き戻すことにある。このような真理、ソクラテス自身は教えなかったが弟子たちが彼から獲得した真理、つまり、人間は、真実で正しいと思われているものも、自分の内面から追思惟によって作り上げ、確証しなければならないという

＊　「都会風の雅さ」と訳したのは die Urbanität である。イロニーの語源であるギリシャ語の eiro は「話す」の意味であり、ギリシャ喜劇には二人の敵役が登場し、一方は大法螺吹き、アラゾォーン、もう一方は無邪気の仮面を被る狡猾者、エイロネイアである。このエイロネイアの内に都会的洗練（urbanus）を見たのがキケロである。

＊＊　いわゆる産婆術である。ソクラテス的イロニーを、「自分は何も知らない」という無知・卑下を装いつつ、人びとにドクサの空虚さを悟らせて、真の知に導く、教育的手段と考えるのが一般の理解である。これは先のギリシャ喜劇との関連でいえば、ソクラテスをエイロネイアと見ることであるが、むしろアリストファネスの『雲』においてはソクラテスはアラゾォーンとして登場するのであり、ヘーゲルも『精神現象学』の「芸術宗教」の最後で、ソクラテスをそのような者として扱っている。ヘーゲルはここでソクラテス的イロニーの通説的理解を否定し、「自分は何も知らない」を彼の本心から出た言葉と主張する。ソクラテスにイロニーが言えるとすれば、『歴史哲学講義』にあるように、彼の主観性の原理がポリスの原理と衝突し、死刑に処せられたのは必然であった、とい

真理、これは全く精神のあの自由な自己意識一般にのみ関係しているのである。したがって、真実を言っているのではないと見られているソクラテスの対話のきっかけの言葉、「自分は何も知らない」、「知識を全く持っていない」という彼の確言は、むしろ彼が全く真面目に言ったことであり、完全に正しいのであって、決してイローニッシュと考えてはならない。この言葉を、われわれは彼の実際の教えや行動からして、否定することはできないと思う。

ゾルガーのイロニー

ところで、ゾルガーにとってのイロニーは、彼自身の説明によると、「人間が本質的にそして真剣に関心を抱いている一切を、つまり、人間の本性の葛藤の全体を、軽蔑的に無視することでは断じてない」（第Ⅱ巻五一四ページ）。* 彼はイロニーをそのように理解することを明確に拒否しているだけではない。その種のすべての原則に抵抗さえしているのである。その場合、同時に彼の規定はある種の逸脱を含まざるをえない。この点は私が別の箇所で（『法哲学綱要』一五〇ページ）すでに指摘したことであり、** 上で明らかに示した思弁的な考えと関連してさらに明確な光が与えられるものである。先に述べた否定性の思弁的カテゴリーを全く抽象的に受け取る態度と、それの特殊なものへの反映、すなわち、義務、真理、原則が始まる領域への反映とは、区別されなければならない。このよ

う悲劇的イロニーにあるであろう。

* アウグスト・ウィルヘルム・［フォン・］シュレーゲルの「演劇的芸術及び文芸に関する講義」についての批評。シュレーゲルのこの講義は一八〇九年から一八一一年にウィーンでなされた。ゾルガーはそれについての批評を『ウィーン年報』の第七巻に掲載した。

** これは『法の哲学』の第二部「道徳」の最後にある長文の一四〇節の脚注にある。『法の哲学』はゾルガーの『遺稿集』の出版以前に書かれたものだが、そこにゾルガーのイロニーについて詳細な注が付けられていることは、ヘーゲルがそれ以前からゾルガーに関して強い関心を抱いていた証拠であろう。

『法の哲学』のこの箇所は、ひとりの人間の内部における善と悪との意志の葛藤を扱っているものであり、そして悪が善へ、善が悪へと直接的に転倒される無限判断が、道徳における「主観性の最高の先端」とされている。こうして自己意識が獲得されるに至るのだが、それが現実の世界において自由を実現するものとして現われ、次に第三部の「人倫」が語られることになる。

うな移行の内にこそ、イロニーが現われるのである。

第Ⅰ巻六八九ページ*では次のように言われている。

「神秘主義が現実に目を向けるならば、それはイロニーの母となる。――永遠なる世界に目を向けているのならば、熱狂あるいは霊感の子であるが。」

われわれはすでに同じく第Ⅰ巻の一一五ページで次のように表現されているのを見た。

「われわれの現実性が消失することの内で自らを啓示する神的なものの直接的現存というものがある。このことが人間の出来事の内で直接に感得される気分が悲劇的イロニーである。」

また喜劇的なものがわれわれに明らかにするものは次のことである。

「人間の本性における最善のもの、いや神的なものは、それが、われわれの、分散、矛盾、虚無の、生活のなかに完全に溶け込むものとして、現われるのであり、そしてまた、それはそのようにしてわれわれに親しいものとなり、われわれの領域にしっかりと根を下ろすのであるから、われわれはそこに安らぎを覚えるのである。それゆえ、最高のもの、神聖なものもまた、それが人間において具体化されたものとして、喜劇の対象となりうるのであり、またそうならなければならず、喜劇的なものはイロニーの内でもその真価を、いやその辛辣さすら発揮するのである。」

そしてこの箇所で、道徳の立場における主観性の頂点として、ヘーゲルは「今日流行している」「浅薄な」「主観性の諸形態」を指摘しながら、時代批判を展開している。その六番目にイロニーが取り上げられ、その脚注として、ゾルガーのイロニーに言及されている。ヘーゲルは、ゾルガーに好意的に、彼のイロニーとシュレーゲルのイロニーとを明確に区別しようとして、シュレーゲルが単に自己自身を最高のものとする尊大な態度をイロニーと呼んだのに対して、「ゾルガー教授の、このような規定とは無縁なより良き気質と哲学的見解は、この言葉の内にもっぱら特に本来的な弁証法的なものの側面、思弁的考察の活動的な生命の面をとらえ主張しようとした」という。しかし、その成果を明確に見出せないことを嘆き、「われわれが無に帰するとともに消えていくものが最高のものであるといい、われわれの現実が消えるとき初めて神的なものが啓示される、というところに何か明瞭でないものが存している」と批判する。むしろ「消えていくのはわれわれの内にある最高のものではなく、われわれは最善のものの破滅においてではなく、むしろ反対に真なるものの勝利において高揚するのである」と指摘し、古代の悲劇を例に挙げ、『精神現象学』の参照を促しているのである。

＊　一八一八年一一月二二日のティーク宛て書簡

その直前では次のように言われていたのである。

「われわれの行為にとって最高のものはただ限定された有限な形態においてのみ存在するのであり、それゆえ、それはもっとも卑しいものと同じようにわれわれには無であり、したがって必然的にわれわれとともに、またわれわれの無なる意味とともに、没落するのである。なぜなら、真実にはそれは神の内でのみ存在するものであり、神が没落することによってそれは自らが神的なものであることを明らかにするからである。」

われわれはまず、ここで「悲劇的イロニー」と呼ばれている、このような心の高揚とそれの感覚を取り上げよう。そうすれば、ここで関係づけれられている二つの規定、その一つは哲学的認識が出発点としたものであることをすでに述べたが、それらの関係について必要なことは指摘されたことになる。この高揚それ自体は、またその出発点とされるものも、祈り*にほかならず、ただ通俗的叙述のみが問題にされるならば、それを承認させるのに回りくどい言い方は不必要であろう。古代の悲劇に関しても、その芸術表現は祭祀の一部でありその様式であったのだから、われわれは祈りという名称を用いることが許される。そして、祈りがいかに純粋で感動的なものであっても、それは一般に、世俗的関心と憂慮に精神がとらわれていることから、そして心の不純さから、神へ高揚することである。しかし、祈りは生活の日曜日にすぎず、その後には仕事の日々が続く。人間は内

* Andacht

面的なものの住まう小部屋からその特殊な日常と労働に出て行くのであり、祈りの内にはあった神的なものの反映がいったいこの世のどこにあるのか、と疑問に駆られるのである。［しかし］この世における仕事の日々と活動は神なき生活であり、そうでありうるという考えは、ゾルガーには無縁のものであり、彼の神学はモラル（前編参照）でもあって、それゆえ彼の哲学は同時に世俗智でもある。

ところで、先に引用した文章、「神的なものは、この世の分散、矛盾、無のなかに溶け込んでおり、そのことによって、神的なものがわれわれと親しくなり、完全にわれわれの領域に根を下ろす、ただし喜劇的イロニーとして。最高のもの、神聖なものは喜劇の対象としてある」、このなかには、神的なもののこの世への反映が表わされている。もしこの「最高のもの、神聖なもの」の形態がどのように分節されるかを詳細に検討する意図を持たないならば、この種の世俗的な現存と有限なものを越えて高揚することとの間に、それらを媒介する「最高のもの、神聖なもの」が、人倫、法、愛として、またそれぞれの徳の形で、世俗的な現存を持っているものが、すなわち、両者の中間項が欠如していることが明らかになるであろう。ゾルガー自身は至るところで、国家、すなわち、人倫的な生活の全体を、神の啓示と見なしているのではあるが。ここにおいては、肯定は、具体物に対して否定的に固執される肯定、単に主観的な肯定［先の自我＝自我］とは全く異なった規定を持たざるをえないのである。

祈りがその精神的な滞留の内から出て世俗の現実に戻るとき、それは、義務を承認することになり、その義務とこの世の召命［職業］のための力量と有能な勤勉さを持つようになり、そのような成果に関して、自分自身が真実に徹底的にそうであるかどうかを、本質的に認識しなければならないのである。あるいは、この領域に対してもイロニーの立場を取ることが思い付かれるかもしれない。おそらくはまた、人倫的な法律、行為、心情などは有限者の観点において考察されざるをえないものかもしれず、「最高のものもわれわれの行為にとってはただ限定された有限な形態において存在する」のかもしれない。しかし、祈りは、それがたとえ優れた宗教への高揚であろうと、上に言われたように、それが正しいあり方をしているときは、それが取るさまざまの形態を「有限者」という抽象的なカテゴリーによってただ取るに足らぬものあるいは軽蔑すべきものとすること、またそれに対してイロニー的あるいは喜劇的な態度を取ることとは、はるかに隔たっているものなのである。

むしろ喜劇的で、巧まずしてイロニーとなっているのは、先にふれたA. W. シュレーゲルの演劇講義に関する批評のなかで（第Ⅱ巻五一四ページ）、ゾルガーが「シュレーゲルが演劇的芸術の真の中心と考え、私［ゾルガー］が『哲学対話』*（後述）においても欠くことができないと考えていたイロニーが、そのシュレーゲルの全著作のなかにはただの一回しか出てこないこと、しかも、そのイロニーが、

＊ 第Ⅱ巻の三番目の論文が「存在、非存在、認識についての哲学対話（Philosophische Gespräche über Seyn, Nichtseyn und Erkennen）」である。

シュレーゲルが受け入れているような、本気と冗談が根を下ろしている生活に関する、あの見解とは正反対のものでもあることに、非常に驚いている」ことである。同じように、ゾルガーは、上述の論文のなかでもっとも内面的な精神努力を傾けていた最高の理念についての思弁的な説明においても、イロニーにまったく言及されていないことを知ったのである。このイロニーは、心のもっとも奥底にあるものへの熱中と一つになっており、そのもっとも深いところで、芸術、宗教、哲学は同じものになるのである。まさにこの箇所は、この優れた秘密、偉大な知られざるもの——イロニー——がいったい哲学といかなる関係にあるかが、明確にされなければならない場所であろうと、期待されたであろうに。ゾルガーが、シュレーゲルの受け入れている生活の見解について、それがイロニーとは正反対であると言うとき、シュレーゲルは、たしかに彼が以前は「類似した表現をしていた」にせよ、その箇所ではイロニーのことを考えてはいなかったのである。このことは、たとえゾルガーが、思弁的で真面目な説明の際に、この第Ⅱ巻に収められている国家や人倫の理念についての論文*においてもまたそうであるが、イロニーの概念に思いつかず、そして生活に関する彼の基本的見解がその正反対であるとしても、まったく明らかなことである。具体的なもの、真面目なもの、真実のものが真剣に真実に主題にされるところでは、この原理はまったくその場所を持たないのである。

＊　同じくⅣの「法と国家の哲学（Philosophie des Rechts und Staats）」やⅤの「理論と実践について（Über Theorie und Praxis）」などが、これに当たるであろう。

ティークの場合にも、前編で指摘したように彼はイロニーに依存しているのであるから、同じようなことが起こっているのが分かる。彼は数回（例えば、短篇小説『詩人の生涯』のなかで）心から熱中してシェークスピアのドラマ『ロメオとジュリエット』のすばらしい描写をしている。ここはいずれにしろ哲学的な解明を期待すべき箇所ではないが、一つの例に即して、その愛と彼らの過酷な運命の内に見られるイロニーを形成しているものを明らかにできるだろうと期待できたのである。しかしそこにはイロニーへの言及は見られず、そのうえだれひとりとして容易にイロニーに思い付くこともなかったのである。

ゾルガーの方法の欠陥

さて、われわれは、ゾルガーの場合には、イロニーであるところの主観性の様式は最高の思弁的原理も具体的真理の原則をも危険にさらすことがないのを理解するものではあるが、しかしながら、最高の諸規定の持つ形式に欠陥があるゆえに、別の仕方で主観的側面が突出してくる事態が生じざるてこざるをえないのである。この点はすでに上述の諸モメントの全体を概観したときに明らかになったことである。第一の規定（第Ⅱ巻、一一四、一七五ページ、その他）は、神性はわれみずからを直接に現実の事実へと創造するのであり、その事実のモメントはわれわれにとってはわれわれがとらわれている実存の諸規定や諸関係に従属するものにすぎない、というものである。そして、このような相対的なものはわれわれの内で神についての経験とその現実的存在へと止揚されていくべきものであり、これによってすべての有限者の内に神があまねく現存することが表現されている。しかし、この「経験すべきである」という言葉によっては、われわれはさしあたっては、スピノザが「すべてのものは永遠の相の下に考察されねばならない」と表現した以上のことは理解できない。あるいはそれは、敬虔なる心が為すことと、すなわち、すべての自然的事物とその変化において、また人間的事柄の領域にある出来事において、信心深くあり、その内に、より高きものを、神の手とその現存を、承認し、感得することと、何ひとつ変わらない。このような説明の仕方のもつ曖昧さは認識によって初めて明確な内容となるのである。

この内容を真実のものとするために、ゾルガーは、単に相対的な認識方法、いわゆる自然原因からの説明に、すなわち、有限者に即しながら進んでいき制約されたものの領域にとどまる説明には、満足しておらず、また、永遠なるものをただ前提するだけで、かくてそれを抽象的一般者としてしまう認識方法にも満足していない。ゾルガーはさらにこの種の認識の仕方を非常に上手に哲学的な認識と区別している。哲学的な認識とは、その認識の内部で、自分を限定している諸規定性の進行をそれ自身が認識することによって、同時に思惟しつつ、それらが自分の有限性を超越して、そこからそれらの根源的な統一が、しかも必然的に、現われ出てくることを、見るものである。しかしゾルガーはやはり、真理の内にあるこの客観的な存在、統一の内にある対立と対立の内にある統一との認識、これと彼が神的事実の経験と称するものとを分離しているのであり、そこでこの経験に対して再び、「主観的な感覚と祈り」が要請されるものとし、神の現在についての意識へと高揚することを、心の宗教的興奮によってもたらされるようなものとして、働かせるにとどまってしまったのである。——そのことは本質的には、自己自身への関係によってのみ、あるいはまた哲学することへの関係の内でも生み出されるはずのものなのだが。したがって、ゾルガーは、哲学的認識の内に、そしてその進行の働きの内に、肯定的な結果と基盤が内在することを認識していないのであり、そこでこのような外面的な方法［祈り］によってのみこの神的なものについての経験を現実のものにしようとしたのである。

今考察している論文の最後の章でゾルガーは、哲学が「それの提示する意味と規定をもっともよく満足させると考えられる」*叙述の形式に言及している。それは対話の形式であるという。——これが、彼に終生つきまとった失敗であった。われわれは、彼が、この形式によってむしろ自分の述べようとする考えの効果が殺がれることを知りながらも、これを頑固に維持しつづけ、そしてただ不機嫌を生むに終わったのを知っている。この対話の形式は先の哲学の意味づけ、すなわち、ただ哲学の外部においてのみ理念は複数の主観によってその生命を生み出す

＊ 第Ⅱ巻一八九ページ、第一四章「哲学の形式について」にある。

ことができる、ということと完全に関連している。学的な思惟と、主観の内に真理が現存していることとの、この間にあるすでに指摘した断絶が認識の停滞をもたらすとき、経験に生きている大衆に向かって効果を期待する切実な関心が発揮されることがなく、そこから公衆の間違った評価が生まれ、そして彼らと著者との関係の齟齬が現われてくるのである。このような沈鬱な傾向が書簡集の全体に蔓延しており、ゾルガーの哲学的及び個人的な立場を特徴づける際に圧倒するように付け加わってくるものである。

宗教が公共的ですべての人びとによって日々認められ確信される状態にあるような時代も存在する。そのようなところでは、この確固とした地盤をさらに生活と学問のために形成するようなことを哲学は思いつくことはなく、哲学はただちに、その宗教的内容を、思惟する理性の所有するものとなし、それの固有の要求に対しても同様に満足を得さしめることだけに着手するものである。しかし、別の状態もありうる。そこでは、日々の生活の感覚的で時間的な真理より優れているものについての関心と信仰が、悟性の虚栄心と自己慢心の愚かさによって、あたかも駆逐されるべきものあるいは間違ったものででもあるかのように受け取られ、そして哲学は、まず今や再び超感性的対象に対する問いかけと純粋な偽りのない関心を喚起し、次に哲学に対する関心をも喚起する仕事にとりかからねばならないと、受け取られていることもあるのである。時代に対するこのような沈鬱な想いがゾルガーの往復書簡にはあまりにもしばしば繰り返されているのをわれわれは見る。そして、神的事物の意味を甦らせるために為したと彼が思っていたわずかな指摘でさえ、公衆についての彼の判断の食い違いを増しただけであった。彼の公衆像は、付き合いのあるごく近くの人びとから、あるいは遠く離れた人びとから作り上げられたものにすぎなかったのである。

一八一五年［四月二三日］、彼はフォン・グレーベン夫人*に手紙を書いている（［第I巻］三四五ページ）。

「真に純粋で本当に美しいすべてのものを貶めてしまうこのようなやり方を私は非常によく知っていますし、それが、ひとを至高なるものに対する崇高な熱中に駆り立てている人びとの間にすらしばしば認められることに、私は耐えられないのです。――今日の世界の目に、いわゆる改良されたものの目にも、正しいものとして妥当させるためには、人びとは少なくともある面において真に有能だと限定されていなければならず、何らかの弱い素質も良く見せて、真にして善なるものを常にただ誤った形態として見なければならないのです。」

［第I巻］三五九ページでは弟に宛てて次のように書いている。**

「君は、われわれの共同体では、学者の共同体においてすら、他人に反対意見を述べるくらいならむしろ退屈する方がましで、他愛のない事柄をしゃべっているということが、信じられないでしょう。」

* プロイセンの将軍、Karl von der Gröben（1788－1876）の夫人のことか。

** 該当箇所に見当たらない。

その前には次のように言われている。

「彼らは何かについて根本的な表現はしないように気をつけている。それをしてしまうと、全知であるという見せかけが必然的に危うくなるからである。」

このような嘆きは、この不満が一時的な気分であるとは感じられないほどに、あまりにもしばしば他の箇所にも（四一〇、四二一、四六二ページ）見られるのである。

さらに一八一八年に書かれたものからは（〔第I巻〕六〇七ページ）*、われわれは、知人たちとの付き合いの経験がもたらした結果を読むことができる。

「私はこの大都会にまるで荒涼たる孤島にいるかのようにして暮しています。限られた私的関心に動かされている人ですらごくわずかしかおらず、日々のパンと日々の牡蠣に係わらないものはすべて余計なことです。この一面に広がった泥沼。『偉大なる時代』はこんな様相を呈しているのです。――この人類にこのうえ何ができるであろうか。あるとすれば、ミュルナー**の死刑場の悲劇――神は存在する等々についての偽善的で無思想な実例集――だけです。もしこの悲劇の終わりまでどこかで我を忘れて興奮させられることがあれば、そこにそれでも何かのきざしが見られるでしょうか。断じてそんなことはない。実際それらはわれわれが果した義務と同じように効果を生むことは少ないのです。人びとは自由勝手に、これらは効果があるはずだと受け取ってきました。たしかにそれについて、

＊　一八一八年一月二三日のラウマー宛て書簡

＊＊　Adolf Mülner（1774—1829）であるとすれば、この人物は後に一八二六年から一八二九年までベルリンで『深夜新聞（Mitternachtsblatt）』を発刊しており、そのなかで「年報」を激しく攻撃した。

そこには優れた有徳的な流行の心情が含まれている、と書かれているし、人びとはその流行の心情を持ちたいと思ったにちがいない。その理由はただ、それに熱中しているのだと自分自身に対して雄弁をふるいたいからです。この『希望に満ちた時代』はこんな具合なのです。」

［第I巻］六八六ページでは*、ゾルガーは評者に言及しながら、次のように述べている。

「私は、H.がこの地**でいかなる印象を持たれているか、知りたかった。だれひとり、彼のことを言う者がいないのです。［彼は寡黙で勤勉だからです。］ただひどく愚かな盲従者の到来だけが必要であるかのように。そういう人物を彼らはとても好むはずです。そうして大いに警鐘が鳴らされ、学生たちは彼の同僚たちの方に行って魂の癒しと救いに与かるよう命じられるのです。［この夏に私を陰鬱な不機嫌の気分に沈めたこれらの一切のことが、今私の心を騒がせるのです。］私はときにはまったくばかげたことに時を費やす喜びを見出しており、彼らは私にはもはや気品も有徳もまったく期待していないので、そのほうがうまく行くでしょう。いったいいかなる成功を私は常に心がけているのでしょうか、それは、私はもはやいかなる愚行も提案しないことです。」

浅薄な時代

＊　一八一八年一一月二二日のティーク宛て書簡

＊＊　「この地」とはもちろんベルリーンのこと。ヘーゲルは一八一八年九月二九日にハイデルベルクからベルリーンに到着し、初めはライプチッヒ通りに住んだ。
　ゾルガーのこの書簡は仕事に根を詰めた後のヒポコンデリー的気分のなかで書かれており、一八一一年に着任して以来の彼の来し方を振り返り、彼を取り巻く同僚や学生たちの振る舞いに懐疑的な目をむけている。
　ヘーゲルはこの評論では「H.」と表記しているが、ゾルガー自身は「善良なるヘーゲル」と書いている。ゾルガーはヘーゲルのベルリーン招請に尽力したのである。

痛ましさの感情を持たずに、ひとりの精神において極限にまで進んだこのような不機嫌と倦怠の描写を読むことはできないであろう。この精神の姿は彼が自分の経験によって作り上げたものであった。公の交流や文芸雑誌において、あるいはまた劇場などで、特に好まれ賞賛されるのが普通であるようなものから見れば、この叙述も決してどぎつすぎるとは見られないであろうし、この感覚も間違ってはいないであろう。ゾルガーがそれを直観しながら生活していた、その直観のゆえに彼はつねに傑出した人と見なされているのであるが、この都市に特有の精神にどのような事情が存在していようとも、ひとびとはゾルガーに対しては、社交界の出来事や組織の動向と言動に見受けられるような事柄にはいささかも動じないことを、そして、もしそのような出来事の平板さあるいは粗野なものを生み出している、あるいは、臆面もなく彼に押し寄せてくる、諸関係や出来事をどうしても避けることができないときは、彼がそれらを想像力と感覚によってそれ以上寄せ付けないようにすることを、期待しようとしたのである。しかし、そのような刺激を和らげるには、逆に、外面的な付き合いやあまりにも喧しい文芸の衝動というものは、それ自身にとってのみならず、そのなかで動いている個人たちに関しても、しばしば表面的なものであると考えることが必要だったのである。たしかに、彼らは内輪ではまだ表面からは窺えぬ真面目さを持っていたのであり、その真面目さを、表には出さずにあるいは顕示せずに、寡黙に処理して、それを根本的に解放するという要求を持ちうる可能性もあった。しかしこの要求はついに現われなかった。そして、学問的な関心と一般的に精神的な関心の状況の全体が徹底的に、ゾルガーの直観しているように、けばけばしい表面的なものになっていったのである。そしてこのような根本的な浅薄化は、彼らの運命に、彼らの空しい幸運に引き渡されたのである。ゾルガーは彼が経験したこのような時代のすがたを力強く自分のものとしているが、そのような時代にもいつの時代にも存在しているより深い要求を見失ってしまい、自分の活動と労働をただ彼にとって価値のある場所にのみ向け、自分の業績を追求し期待することを妨げてしまったに相違ない。

けれども時には彼は明朗な気分に立ち返ってもいる。［第Ⅰ巻］四一三ページで、*『エルヴィーン』に「注意を払う人もほとんど皆無です」と述べて、「それゆえ、われわれはわれわれとミューズのために書かねばならないのであり、われわれの友人たちのことを忘れてはならない」と言っている。そしてまた五〇九ページは、**「真の哲学はただひそかに働きかけることができるだけである」というより好ましい「確信」の言葉から始まっているのだが、それに「ひそかにそしていわば無意識に」という言葉が付け加わっている。

「なぜなら、単純で純粋なものを最高のものと認識することにまで導かれる人間はつねにごくわずかだからである。人間は威勢と華美を、そして異常な聞いたこ

＊　一八一六年五月一一日のティーク宛て書簡
＊＊　一八一七年二月四日のティーク宛て書簡

ともない壮麗さを求めるものです。どうせ並みの存在のぼろ切れを集めて作られているだけなのに。」

続いて次のように言われる。

「それゆえ、私は常に次の考えにとどまります。哲学がその現実の全体をもっともよく表現する手段は対話であること、対話は人間に生き生きと働きかける哲学の最良の手段であること。」

初めに言われた哲学を成長させる「ひそかに」ということは、対話によって働きかけようとするときに、それがたとえわずかでも見受けられたならば、むしろ逆効果になるのではないか。

このような気分においては、大衆性こそ本質的な目標となる、とゾルガーに思われたのも無理からぬことであろう。第Ⅰ巻三八五ページでは次のように言われている。*

「私が特に願っているのは世間の人びとの心を宗教について感動させることです。天［神］は、空しく語ることのないよう、私を助けて心に感銘を与える叙述を得させてくれます。」

あるいはまた一八一八年には次のように書かれている（第Ⅰ巻五九三ページ）。**

「私は大いなる愛によって一つの考えを心に抱かされました。——それは、私の哲学のなかから、宗教、国家、芸術、そしてもっとも一般的な人倫的関係につい

＊　一八一六年二月一四日のティーク宛て書簡

＊＊　一八一八年一月四日のティーク宛て書簡

て、大衆向けの教本を書き上げることです。そうすれば、無学な人びと、婦人たち、目覚めた若者たちは、そこから得るところがあるでしょう。」

そのためにどのような手段を考えていたかは、次の引用から明らかになる（第Ⅰ巻三一六ページ）*。

「私の経験によれば、今日の世界ではまだ人間は崇高なるものへの眼差しをようやく芸術によって目覚めさせられた状態であり、芸術が人間を事柄の内面にまず初めに引き入れるものである、このことは確実です。」

「人間を崇高なるものへの眼差しに目覚めさせる」ことまでも考えなければならないほどに時代は進んでしまっているという、この絶望的な判断がもし正しいとすれば、さらにそのための手段、芸術、哲学、あるいは何でもよいが、それらにも絶望しなければならなかったであろう。思惟と生命と芸術との関連については次のように考えられている（第Ⅱ巻六二〇ページ）**。

「私は喜んで思惟を再び完全に生命に委ねたい。それゆえ、私は芸術的な対話の形式をいわば目標として立てるつもりになったのである。ひとは生きようとするのではなく、生についておしゃべりしたいのである。ところが、われわれの時代に、ノヴァーリス、クライストなどのように、真に生命あるものを書こうとした者で、それを仕上げた者はだれ一人もいない。」

ゾルガーが、思惟する理念の本性をそれ自身の内に含んでいる本来の生命性に気

＊　一八一四年七月一五日のティーク宛て書簡

＊＊　前述のシュレーゲルの講義についての批評

が付かなかったことは、すでに上で指摘した。この生命性をすでにアリストテレスは最高の形で深くかつ内面的に把握していた。この古代人は言う（『形而上学』XI、七）＊。思惟の活動性［現実態］は生命であり、そして神は活動性［現実態］である。そこでそれ自身だけで存在する活動性［現実態］は神の完全で永遠なる生命である、と。

＊「XII、八」の間違い。

ところで、「真に生命あるもの」についての芸術的意識が問題にされ、現代のあるドイツ人がその例として挙げられていたが、その人物は、おそらく「真に生命あるもの」をなし遂げ「仕上げた」であろうゲーテではなく、何と、ノヴァーリスであり、クライストなのである。――したがってここでは、むしろ反省的思惟によって分裂させられ自分自身を攪乱している生命だけが考えられていることに、気づかれるであろう。なぜなら、ノヴァーリスの個性の内で明らかになるものは、思惟の要求がこの美しき魂をただ憧憬にのみ駆ったのであり、抽象的悟性を克服することも、それを駆逐することもできなかったことであるからである。むしろこの人物はこの高貴な青年［ゾルガー］の心に打撃を与え、人びとの言葉に忠実にいえば、超越的な憧憬が、つまりは精神の消耗性疾患が、その身体中に浸透し、そうしてこの青年の肉体的運命を決定したのである。

クライストの作品に見られるような分裂状態にとどまっている反省については先にふれた。それは、形態、性格、状況が生き生きしているにもかかわらず、最終の判決を下す実体的内容に欠けるところがあり、その生命は分裂のしかも意図的に生み出された分裂のエネルギー、生命を破壊しつつさらに破壊することを欲するイロニーのエネルギーとなっているのである。

対話の形式

すでに一八〇〇年のゾルガーの日記に対話形式で本を書きたいという意図が述べられており（一五ページ）*、さらに彼の遺稿（この著作集の第Ⅱ巻）にはこの［形式］による思弁的な論文**が収められている。今日でもなお対話におけるプラトンの名人芸を見習うことに価値があり、それによって大きな効果と承認をもたらすことができるであろうことを、認めようとしない人はいないであろう。ところが、ゾルガーははっきりと、彼がプラトンを模倣しようとした、といわれることに抗議している。しかし方法の模倣とはやはり、それが目的にかない、正しく行われているということ以外のことを意味しないのである。しかしながら、ゾルガーは、対話の彫塑的な形式、弁証法を魂として持つというそれ本来の性格によってのみ対話が獲得しうる形式を受容したわけではなく、それをその反対のもの、会話に変えてしまったのである。会話となれば、抽象的素材に対するこの形式の長所、進行の厳密な必然性に外部から生命が注入されるということが、失われてしまい、叙述は弱々しく拡散していき、厄介な過剰、叙述内容の偶然性とい

* ハレの学生であった二十歳のころの日記
** 第三論文の「存在、非存在、認識についての哲学対話」

う形態、論証の筋をしっかりと維持して概観することに乱れあるいは不可能が生じる、というような短所のみが侵入してくるのである。

友人の一人は『エルヴィーン』の対話が難解だという（第Ⅰ巻三五三ページ）。*

「この対話は、どのような手段によるにしろ、いつか将来に理解されるようになるものにちがいありません。」

別の友人はもっと後に彼に（〔第Ⅰ巻〕七四一ページ）、** これも屈託がないとはいえない表現で、「今の今までまだ僕は君のエルヴィーンよりもシュトラースブルクのミュンスターの方がよく理解できる」と言っているのである。

『エルヴィーン』の内容をもっとよく理解させる最善の方法は〔対話によってではなく〕脈絡のある叙述でそれを直截に説明することであったろう。美とは何かについてそれ以前の定義と立場を反駁する第一部の思想はおそらくもっと少ない紙数で明瞭に規定的に述べられたであろう。そうすれば、対話を読み通すという面倒によってもほとんど獲得されえないものを、容易に把握することができたであろう。最初に挙げた友人は、同じ手紙のなかで、ゾルガーに対して、理解させるための苦労をもっと配慮するようにと、次のように述べているのである。†

「プラトンのパルメニデス、エウティデモス（?）、ティマイオスが、彼の名声を特に確固としたものではないし、これらの難解な対話篇によって彼が広範に影響を及ぼしたのでもなく、またそれのせいで神の如き人という異名を授かったので

＊　一八一五年五月二九日のラウマーの書簡

＊＊　一八一九年九月九日のハーゲンの書簡。言語学者でブレスラウ大学教授であった Friedrich Heinrich von der Hagen (1780—1856) のことであろう。

†　第Ⅰ巻三五三、四ページ

もなく、苦労してそれを作り上げたことによって魂が新しく再生させられたのでもありません。むしろ、パイドン、饗宴、そしてその偉大な深さにおいて理解される国家篇によってこそそうなのです。」

これからは外れるが、ある見解を述べるために、私は歴史を引き合いに出したい。つまり、プラトンの教説、特にパルメニデスとティマイオスのなかで述べられているものは、アレクサンドリア哲学の要石になったということである。アレクサンドリアの哲学は、より優れたキリスト教の教義の形成を、それが神の本性についての認識を含む限りで、本質的に促進させたのである。プラトンがこのような大きな影響を与えたこれらの対話篇の難しさはその深い内容の本性にあり、その内容こそ、キリスト教の啓示の内に浸透し、そこにおいて力を現わした内容にほかならない。プラトンがこれらの対話篇において語る語り方はその内容に合致していたのであり、非常に抽象的で、厳密なものであって、会話的手法などとはまったく無縁なものである。

われわれは現代語による対話的叙述の名作を持っている（フランスの対話書、ディドロ、クザン、ラモーを挙げれば十分であろう）。しかしそこでもやはりその形式は事柄にとって付随的なものであり、なくもがなのものである。一方、事柄も思弁的内容ではなく、その本性からして会話の対象であってもかまわないようなものである。

プラトンの対話の彫塑的な形式においては、対話者の一方が流れの筋をしっかりとつかんでおり、内容はすべて問いの内に含まれており、答えには形式的同意があるだけである。教える者は導く師匠でありつづけ、発せられた問いに回答することはないし、立てられた異論に回答することもない。この立場は、それを教理問答の脚色と呼ぶとしても、ソクラテス的方法と考えられているもののイメージと正反対のものである。無知なる者は問うことはせず、教えてしかも問う者以外の対話中の人物が自立的に行動することはない。会話はあちらこちらに進んでいくものであり、会話中の人物はそのような自立の権利を持つかもしれないが、対話中の人物が特殊な見解と確信を根拠を持って主張したり、対立する見解でもって反論したり、そのような根拠によって自分に有利なものを追求したりすることはない。おそらく会話において支配的であるこのような議論の態度は、古代人によってソフィスティークと呼ばれたものであろう。プラトンがこれに対立させている弁証法においては、対話のそのような形式は、注意を結果あるいは全体の表象に向けさせるだけでなく、進行の個別的な事柄の一つひとつに同意させるようにしむけ、臨場感を生むための外面的なものにすぎない。この形式によって同様にもたらされる挿話の美しさがあまりにも魅力的なので、多くの人びとは導入部で立ち止まってしまい、それと対照的な論理的抽象の無味乾燥さとその展開には疲れ果て、その部分にまで進んでいかないにもかかわらず、プラトンを読んだ、彼の哲学に精通した、と思い込んでいるのである。ところが、この両者の関係は、同意が不毛で退屈な形式主義にならないために、その個々の規定と命題が単純で厳密な連関の内で説明されることを、要求するものである。そして、進行のこのように彫塑的な形式は概念をもっとも単純なものにまで徹底的に分析することによってのみ可能である。このような思弁的叙述の本質的規定に従って、アリストテレスも彼の叙述を彫塑的に展開しているのであって、仮にプラトンの堅牢な対話篇から問いの形式を取り去り、命題を直接に講義風に順に並べてみれば、まるでアリストテレスの著作を読んでいるかのように思われるであろうし、あるいは、アリストテレスの著作や章は、その命題のつながりを問いの形式に変えてみれば、プラトンの対話のそれぞれの文節とすることもできるであろう。

「存在、非存在、認識について」

私は対話に関しては以上の一般的注意で満足するとしよう。この遺稿集に収められている「哲学対話」を例にとってそれ裏付けたり、あるいはそのために『エルヴィーン』や一八一七年にゾルガーによって出版された『哲学対話』に戻るのは面倒であろう。ただ前者の対話「存在、非存在、認識について」（第Ⅱ巻一九九から二六二ページ）に関しては、ここにおいて、すでに題名から明らかなように、ゾルガーの哲学的経歴が純粋な思弁的対象の考察にまで上昇して完結していることを、指摘しておくことができるだろう。この試論にも、会話の形式という攪乱的要素のみならず、以前に指摘した、存在と非存在という抽象的なものと認識のようにより具体的な規定との混合という弊害もまた侵入している。そして、その主要な命題が、非存在は認識であり、認識は無際限に特殊的である存在の非存在であり、したがって一般者でもある、などのように不適切に結合されている。しかしそれでも、理念について、それがそれぞれの箇所において綜合化の働きであり、自己へ回帰することである、というようなその進化の一般概念も存在しており、一般的にいってここでは概念の思弁的性格が支配的になっているのである。ゾルガーは存在と非存在との統一を言表するのを躊躇しない。認識は存在と完全に一つであるが、ただその一なるものは他者ではないものであるとされ、二二四ページでは、一般者と特殊者とは必然的に完全に一なるものであるといわれ、それは、やはり一般者が特殊者の総体の非存在にほかならないからである（二四五ページ）とされている。ここには、伝統的論理学では思考不可能なものそしておそらくは存在すべきでないとも見なされる矛盾、これを思惟するという思弁的な大胆さに欠けていないし、また、理念は本質的に矛盾を含んでいるという思弁的洞察にも欠けていないことが、分かるであろう。ただこの矛盾が今引用した表現においては取りつく島のない形に固定されており、そこで、矛盾は持続するものとして現われ、そして、矛盾は直接に本質的に消失するものでもあるのだが、その消失ということが、矛盾を解消させるものであると同時に矛盾を表象や思惟に担わせるものでもあるものと、結び付けられていないのである。しかし、矛盾をこのように取りつく島もないような形で表現することもそれはそれで重要なことである。それは、矛盾の解消や思惟による宥和ということを思惟の内外で語られているのを聞くとき、まるでその解消や宥和が、そして何か肯定的なもの、理性や真理一般が、矛盾という審級なしにでも現われうるかのように考えられてしまうことを、遠ざけるためには必要なものである。

その他の論文

ゾルガーの哲学的省察の領域に関してはさらに「法と国家の哲学」*を挙げなければならない。これに関しては第Ⅱ巻にこれまで印刷されなかった三つの論文が収録されている。これらはたしかに箴言の体裁を取り、一部分は完結していないが、とりあえずはこの主題についての彼の講義の導きの糸として役立ったはずであり、そして、そこから思想の深みを十分に認識しうるものであり、また、その一般的理念の面からしても、法、国家、憲法についての考察に際して現われてくる特殊なカテゴリーの面からしても、この主題について流布している原理からそれを完全に際立たせている根本的見解がはっきりと十分に認められるのである。評者としては、これらの論文を読み通しながらほとんどすべての点でその内容に

* Philosophie des Rechts und Staats 二六三ページから三六五ページ。「形而上学的基本概念（Metaphysische Grundbegriffe）」「国家の理念(Idee des Staats)」「国家と憲法（Staat und Verfassung)」の三論文からなる。「箴言の体裁」としたが、むしろ教科書風といった方が適切であろう。節番号がふられ、一ページに二節ほどのやや長い文章が、見出しなしに続いている。

同意できることを知って、うれしく思った次第である。

そのほか、これまで印刷されなかった二三の論文、ラテン語によるものを含む国王の誕生日になされた講演がある。円熟し明晰であるとともに思想豊かなゾルガーの練達の言葉遣いはこれらの論文に特別の価値を与えている。編纂者たちが、ソフォクレスの翻訳に付けられたゾルガーの内容豊かな序文と、『ウィーン年報』に掲載された、重要な、そしてそこにある反論のみならず時にそこで引用されるものに関しても興味深い、A. W. シュレーゲルの演劇的な芸術と文芸に関する講義の批評［前述］を、ここに印刷に付してくれたことに、感謝の気持ちを覚えずにはいられないであろう。

［著作集の］掉尾を飾っているものは、ゾルガーがそれ自体としてもまた哲学との関係においてもその興味と活動を早いうちから向けてきて、その経歴の全体をこれによって維持してきた、精神に富む古典研究の領域の論文である。「神話学に関する見解*」は、ゲッティンゲンのミュラー教授によってゾルガーのノートと手書きの文書が編集された論文であり、それは内容豊かなものだが、如何せん、ゾルガーが構想しさまざま準備をなしていたものの内ほんのわずかなものしか収めることができなかったのである。

ゾルガー自身が推敲した論稿「世界の形態に関するギリシャ人のもっとも古い見解について**」はこの同じテーマについてのフォッセンのよく知られた論文を吟味

* 六七六ページから七一八ページ。「ゾルガーの神話学に関する見解。K. O. ミュラーの手になる、彼の文書からの集成 (Solgers mythologische Ansichten, aus seinen Papieren zusammengestellt von K.O. Müller)」

** Über die älteste Ansicht der Griechen von der Gestalt der Welt　六二九ページから六四九ページ

したものであり、この激情的な口喧し屋が史実と情報の精密さを自慢したにもかかわらず、むしろ自分の即且対自的に不毛な表象を自己流の虚構で粉飾していることを白状したものであることが、明らかにされている。

ゾルガーは宗教史のために授業や省察のなかから多数の材料を残しているが*、それらはそのテーマについての包括的な書物を書くためのものであった。彼の関心は現代の神話学のさまざまの異論のある見解や取扱方法にまで深く及んでいる。彼の生涯の最後の数カ月の書簡、そこでは彼は友人のフォン・ハーゲンと多少はげしくぶつかっているが、それらの書簡（第Ⅰ巻参照）**もまたこのテーマに関係している。けれどもこれらの資料のさまざまな宝物のうち、その他の多くのもの、その一般的内容からして、あるいはまた、令夫人に宛てた純粋で繊細な感覚に満ちた書簡のように、その人格性からして、興味深いものがあるのだが、それらはこの報告からは除外せざるをえなかった。この報告は、個人的な交流の親密なサークルのなかから印刷されて公衆の前に出され、評価にさらされているもののうち、評者もまた彼と知り合いになれたことに満足を覚えているものだが、彼の人格的個性よりも学問的な個性を詳細に特徴づけるのに役立つもののみを取り上げることにしたからである。

ヘーゲル　［以上、六月号］

* 宗教史関係の論文としては、「古代ギリシャ人の宗教におけるダイモーンと守護霊の説の起源について（Über den Ursprung der Lehre von Dämonen und Schützgeistern in der Religion der alten Griechen）」（六五〇ページから六七六ページ）と、「ギリシャ人とその他の古代の諸民族の宗教についての考察（Ideen über die Religion der Griechen und einiger andern Völker des Alterthums）」（七一九ページから七六一ページ）がある。

** ハーゲンからの九月九日、九月一九日、一〇月一〇日の書簡と、ゾルガーからの九月一一日、九月一九日の書簡がある。

「ゾルガーの遺稿と往復書簡。ルートヴィッヒ・ティーク及びフリードリッヒ・フォン・ラウマー編集。第Ⅰ巻七八〇ページ、序文一六ページ、第Ⅱ巻七八四ページ、ライプチッヒ、一八二六年刊行（Solgers nachgelassene Schriften und Briefwechsel. Herausgegeben von Ludwig Tieck und Friedrich von Raumer. Erster Band 780 S. mit Vorr. XVI S. Zweiter Band 784 S. Leipzig, 1826)」

この書評の第一編は『学的批評年報』一八二八年の三月号の五一／五二号と五三／五四号に、第二編は三カ月後の六月号の一〇五／一〇六号、一〇七号／一〇八号、一〇九号／一一〇号に掲載された。翻訳の底本は、Berliner Schriften (1818—1831) Herausgegeben von Walter Jaeschke, Philosophische Bibliothek Bd. 504, Meiner, 1997 の一七四―二四一ページを用いた。

『ゾルガーの遺稿と往復書簡』は「ドイツ翻刻本」シリーズ（Verlag Lambert Schneider, 1973）のなかに、Herbert Anton の編集によって、一九七三年に写真復刻版として収められており、私はこれを参照した。ゾルガーは一八一九年に三十九歳で早世したが、七年後の一八二六年、二人の友人、ティークとラウマーは、彼の遺稿と往復書簡を集め、ブロックハウス（Brockhaus）社から右記のように二巻本で出版した。ヘーゲルが書評を書いたのはその二年後である。この著作集の構成は、ヘーゲルの本文からも理解されるが、第Ⅰ巻は二十歳（一八〇〇年）から亡くなる一八一九年までの未刊のごくわずかの小論稿と友人や親族との往復書簡（全体の四分の三）からなる。第Ⅱ巻は印刷するに至らなかった十五編の遺稿からなるが、代表的なものは次のものである。

Ⅰ　哲学とそれと宗教の関係についての誤解に関する書簡（Briefe, die Mißverständnisse über Philosophie und deren Verhältniß zur Religion betreffend）

Ⅱ　特にわれわれの時代における、哲学の真の意味と規定について（Über die wahre Bedeutung und Bestimmung der Philosophie, besonderers in unserer Zeit）

Ⅲ　存在、非存在、認識についての哲学対話（Philosophische Gespräche über Seyn, Nichtseyn und Erkennen）

Ⅳ　法と国家の哲学（Philosophie des Rechts und Staats）

Ⅴ　実践と理論について（Über Theorie und Praxis）

Ⅵ　愛国的熱狂について（Über patriotischen Enthusiasmus）

Ⅶ　芸術の見解と研究における真面目について（Über den Ernst in der Ansicht und dem Studium der Kunst）

Ⅷ　ソフォクレスと古代悲劇について（Über Sophokles und die alte Tragödie）（ゾルガーのソフォクレス翻訳の序論）

Ⅸ　劇的芸術と文学に関する講演の批評（Beurtheilung der Vorlesungen über dramatische Kunst und Literatur）（A. W. シュレーゲルの講演についての批評）

Ⅹ　ギリシャ人の最古の世界像について（Über die älteste Ansicht der Griechen von der Gestalt der Welt）

Ⅺ　古代ギリシャ人の宗教におけるダイモーンと守護霊の説の起源について（Über den Ursprung des Lehre von Dämonen und Schutzgeistern in der Religion der alten Griechen）

Ⅻ　ゾルガーの神話学の見解。彼の書類からミュラーによって蒐集されたもの（Solgers mythologische Ansichten, aus seinen Papieren zusammengestellt von K. O. Müller)

ヘーゲルの批評の意図はもちろん夭折したゾルガーの遺稿集の出版を機にその思想を紹介することにあったであろうが、われわれは読み進むにつれて、彼の関心はむしろイェーナ・ロマン派の批判にあったことが分かってくる。ゾルガー哲学に対してなされる批判も、ゾルガーその人の批判を目的とするものであるよりも、ゾルガーをこの「イロニーの使徒たち」から離して、彼をヘーゲル自身の「無限で絶対的な否定性」の立場に引き寄せるための必要な措置にすぎないとも考えられるのである。ゾルガー哲学の欠陥は、シュレーゲルなどとは異なり、その哲学にとって本質的なものではなく、早世のゆえとされている。晩年のヘーゲルの思想上の最大の敵はロマン主義的思想であるが、その批判がもっとも具体的に遂行されているのがこの批評であり、さらに注に記したように晩年の『法の哲学』や『美学講義』の序論の第三章において、この批評と同趣旨のロマン主義批判、イロニー批判が展開されているのである。

ノーアクによるゾルガー哲学の記述

ゾルガー（Carl Wilhelm Ferdinand Solger）の生涯については、本文でも書評としてはやや異例と思われるほどの分量を割いて、ヘーゲルがふれているが、一世代後のノーアクの叙述を以下に記しておこう。彼の記事は、ゾルガーの生涯よりも、彼の哲学が当時いかに見られていたかを知るのに得るところが多いであろう。

一七八〇年、ウッカーマルクのシュベート（Schwedt in der Uckermark）に生まれ、一七九四年からベルリーンのグラウエ・クロスターのギムナジウムで学び、一七九九年からハレ大学で法律学を専攻するかたわら、ヴォルフ（August Wolf）のもとで哲学を学び、その後、一八〇一／〇二年の冬学期、イェーナ大学でシェリングの講義を聴く。一八〇二年、スイスとパリを旅した後、ベルリーンで戦争－国有地省に職を得るが、一八〇四年、フィヒテの知識学の講義を聴き、学問に専念するため職を辞した。数年間ベルリーンで私人として生活しながら、フィヒテ、シェリング、スピノザを研究、その後、一八〇九年、フランクフルト・アン・デア・オーデル大学で私講師の資格を取り、人びとの喝采のなか、文献学及び哲学の講義を行った。一八一一年、大学がブレスラウに移転されるのを機に、ベルリーン大学に哲学教授として着任した。ベルリーンでは、一八一四年以来空席であったフィヒテの後任者としてヘーゲルを招請するのに尽力したが、ヘーゲルの着任一年後（一八一九年）、この地で亡くなった。

ゾルガーはスピノザを哲学の師と認めていたが、一方、宗教の崇高なオルガノンである想像力（die Phantasie）を哲学建設のための補助にせんとし、想像力の覚醒のために対話術を改革しようとする。彼はこの方法が哲学の最高形式と思ったのである。彼の教養はロマン主義から出発し、それに根ざしている。彼はティークと親密な関係にあり、彼と長年にわたり学問上の書簡を交わしている。ノヴァーリスのロマーン『青い花（ハインリッヒ・フォン・オフターディンゲン）』の内に、地上における神の現われの神秘的な歴史の創作という大胆な試みを見ており、またダンテの『神曲』の崇高なる神話に対してははなはだしい畏れを感じている。また彼は古代神話や神秘という過去の世界に目を向けたロマン主義者たちの流れに同調し、神話学や宗教史の研究に携わった。

しかし、彼の内に息づくフィヒテの弁証法の酵素が、ロマン主義者たちの怪奇趣味やシェリングの一八〇九年以後の神智学的朦朧性への転向から彼を守った。一八一五年には『エルヴィーン』の表題を持つ美と芸術に関する四つの対話が、一八一七年には『哲学対話』が出版された。しかし、彼は、その早い死の訪れる少し前、ティークに対して、ドイツの学界は自分の書物などまるで存在しないかのように振る舞っている、と嘆いている。彼が哲学をいかなるものと考え、自分の哲学的研鑽をいかに考えていたかを、われわれが本当に知るのは、ティークとラウマーによって編纂された『ゾルガーの遺稿と往復書簡』、及び、その最期の年に講義され、彼の聴講者であり後に教授となるハイゼ(K. W. L. Heyse) によってエアランゲンで編纂された『美学講義（Vorlesungen über Aesthetik)』（一八二九年）以後のことである。

シェリングは一八〇六年に哲学固有の目的を達成するために後期哲学に移行し、哲学固有の目的は厳密な意味における現実すなわち神の現在と生命的な定在を物の全体の内でまた個別者の内で明らかにすることに存する、と宣言したのであるが、この考えはゾルガー哲学のテーマを形成するものでもある。というのは、この考えはフィヒテとシェリングの立場を一つにすることによって、信仰哲学と啓示哲学の基盤を構想しようとするものであり、これによってこの問題をめぐってなされてきたヤコービの努力は凌駕されたからである。哲学とは（ゾルガーの説明によると）われわれの認識及びわれわれの実存の内にある実在の現在性に関する思索、別言すれば、神の啓示に関する思索にほかならない。哲学はまた理念をその諸対立へと展開し、その諸対立において再び理念をそれ自身と一致させる思索にほかならない。哲学とは、永遠者の創造的現在としての、実存における現在性を、すなわち理念が実存へと輝き現われること、このことをわれわれが自覚的に洞察し、われわれに確証させるものでなければならない。実在（本質）は実存へ神秘的に移行することによって、自分自身を交互に実在と実存として形成し、また止揚するのであるが、この移行こそが実存の真なる内面的な生命点である。

したがって、哲学の前提となるのは神がみずからを対立の統一として開示するという絶対的事実である。この事実は永遠の真理であり、この真理をめぐる知識が信仰である。そこで信仰と哲学とは全く同じ一つの内容を持っていることになる。本質的な、ないしは、神的な統一とは、単に根拠の内にあるだけではなく、そのようなものとして実存へと現われ出て、何らかの結合によって実存の内でみずからを啓示するものでなければならない。われわれの全体的で完全な意識を通して、また同時に実存全体を直接的現在の唯一の点の内で一つに集めることによって、神の完全なる生命は啓示されるのである。われわれの意識の内で、また、すべての実存の内で生じている意識に特有の現在的な実在としての神の啓示によって、われわれの意識の置かれている状態が、高次の認識様式の全体にとって本質的なものとなるのであり、それが信仰である。信仰に閉じこもるような哲学は退けねばならない。信仰は、知、理性と一つのものである。完全なる意識においては、永遠なる実在はみずからを素材とし、自分自身を根拠となすのであり、自分の外化と啓示をあらかじめ含んで構成されているのである。信仰とは、われわれが、永遠なる実在のこの永遠の予めなされている構成を承認することの途である。信仰は絶対に確実な直接的認識にほかならず、われわれにとっては一切が端的にこれに基づいている。

しかし、信仰によってわれわれに対して存在するものすなわち啓示とそれが実存の対立の内で二分されていること、これをわれわれは知ることができるし知るべきである。われわれが内的直観によってわれわれの認識のすべての根拠をわれわれの内に呼び覚ますとき、われわれの思惟と生命のすべてにとってただ根拠にあるだけであった理性はわれわれの内に現在する統一へと高まる。その統一の内で、その統一を通して、われわれの認識はすべての事物の本質の、すなわち無制約的なものの認識と一致し、初めてわれわれは世界経過の必然的法則とその永遠なる秩序を理解するに至るのである。

啓示の、すなわち、実存を創造しまた止揚する神的定在についての、経験が存在すること、また、他の哲学が啓示を知る哲学と並んで存在していること、このことは、われわれが永遠ならざるものにも心を動かされることにほかならない。しかし、だからといってわれわれが啓示の内に存在する実在そのものを思惟しようとしないなら、つまり哲学をそれ固有の事実へすなわちその真理の経験にまで導いていかないのであれば、哲学は次第に形式的遊戯に陥るであろう。哲学は一方でその絶対的事実に埋没しているのであれば、自分自身を否定するのであり、他方で永遠なるものの知覚と経験のみで終わるのであれば、余計なものと見なされざるをえない。しかし、哲学がみずからを喪失し解消していかざるをえないところは、決してそれに疎遠なものではなく、むしろ、それ自身の本質とそれの真の出発点をなすものである。

思惟の一般法則は、永遠にして実在的なものがみずからを啓示する活動性の内で、生み出される。全体がただ部分としてまたただ他者との関係においてのみ現象するような普通の認識は、単純と多様、普遍と特殊の対立に関する矛盾と戦いの認識として現われてくることは決してない。しかし、普通の認識がばらばらにしているもの、対象の多様と抽象的な概念、素材と形式、これは高次の意識においては一つである。すなわち、高次な意識は、普通の意識のように単なる関係や相関を積極的内容とすることはなく、実在そのものあるいは絶対的統一（これによって実在が一者ないしは神の啓示として現象する）をその内容とするのである。

われわれは神を特殊な人格と考えてはならない。神はむしろ世界を、自分自身を啓示するものと見なければならない。神を普遍的実体とだけ考えることはすべての不完全な哲学の持つ根本的欠陥である。神はただ同時に真の現実でもある所の永遠なる事実を介するその啓示の内でのみわれわれに対して存在するのである。これに反してわれわれが一般に現実と呼んでいるものは、現象、あるいは（神との関係においては）単なる仮象、純粋な無にすぎない。真の自己意識においてはこの現象は一切の対立とともに止揚される。自己意識はこの諸対立を自分自身で否定するのであり、真に持続するものとしてわれわれの内に残る唯一のものが神の現在である。この真の自己意識は次のことを直観することによってのみ可能である。つまり、われわれがわれわれ自身の自我を神の内にある真なるものと把握し、現象をすべて自我に引き渡し、定在する無をわれわれの永遠なる本性から遠ざけることを知ることによってである。

この実定的なしかし定在する無の内に私（ゾルガー）は悪の原理を見る。悪は単なる欠如の内にあるのではなく、また善からの分離の内に存在するのでもなく、真実には善の対立者である。それゆえただわれわれにとって何ものかでありうるものは、神の立場から見れば純粋な無である。われわれの性向や生命において真であり善であるものはただ神のみである。なぜなら神以外には何も存在せず、われわれにとってのみ（神以外の）何かと思われているものは無であり、したがって存在するとしても、それは悪であるから。神がわれわれの有限性の内で実存するとき、あるいは自己を啓示するとき、神は自分自身を犠牲にし、われわれの内で自己を否定しているのである。なぜならわれわれは無だからである。この神の自己犠牲という出来事、キリストにおいて典型化され、われわれ人類全体のために生じた出来事、われわれはこれをわれわれ自身の内で体験し、もっとも現実的な現実性として知覚しなければならない。個人としての私が失われ、私を理念の内にある特殊として直観するとき、その理念が私にとって神であり、普遍的個人なのである。私は、私がただ神の内でのみ生きているように、私自身を知覚する。この個人としての私が失われるというモメントにおいて神の生命が点火されるのである。

個人が自分自身を、したがって世界全体を、神を通して直観するところに、宗教が成立する。個人が外部世界を、したがって自己自身を、神を通して直観するところに、芸術が成立する。芸術家の創作は想像力によって生じるのであり、想像力は神の本質を現象へと導くものである。なぜなら、想像力とはそもそも物を神のごときものとし、その固有の本質を自身において完全に表出せしめる魔法の湯浴みだからである。したがって芸術の内では神の創造力が実存へと現われ出ている。芸術家の制作におけるポエジーは、理念が芸術家の内で働いており、そうして想像力の内ではより意味深く形成的に、また悟性の内でも働いていることの内に存するのである。しかるに芸術に固有の中心点を形成するものは芸術家のイロニーである。それは、われわれの現実が、もしそれが神の啓示でないならば、無であること、そしてそれゆえに、このような現実によっては理念は無なるものとなり、没落していくこと、このことをわれわれが認識する、そのような心情の把握に掛かっているのである。イロニーは、没落することが美しきものの宿命であることを確信することとして、現実の内でもっとも支配的なものもまた理念に対しては無であるという慰めを与えてくれるものである。

ゾルガーとヘーゲルとの関係

ゾルガーはハレ大学の学生であった一八〇一／〇二年の冬学期にシェリングを聴講する目的でイェーナを訪れている。一方、ヘーゲルはこの学期から私講師としてイェーナ大学の教壇に立っているのであるから、ゾルガーがヘーゲルの講義を聴くことは可能であった。しかしヘーゲルの聴講者リストのなかにゾルガーの名前は見つからない。二人の接点が見出されるのは一八一六年の、ベルリーン大学への一回目のヘーゲル招請の時である。ゾルガーはその招聘に尽力したが、ヘーゲルはハイデルベルクに移った。そして一八一八年の二回目の招請は成功し、ヘーゲルは一八一八／一九年の冬学期から講義を持つことになる。ゾルガーはこの招聘についてティークに次のように書いている（一八一八年四月二六日の書簡）。

「同僚たちは［学期が始まり］再び活動し始めましたが、学生にとってはやはり［教師の］数が足りません。私はヘーゲルの存在が効果を生むことを期待しています。たしかに多くの人は、彼の採用が私にとって好ましくないと考えているようですが、けれども最初に彼を推薦したのは私ですし、それに、私が彼に何か期待するところがあるとすれば、哲学の意義を促進させることだけしかありませんし、これはすばらしいことである、と確信できます。私がフィヒテのところにいたときは、今の十倍の学生がいました。私はヘーゲルを非常に尊敬しており、多くの作品において彼と驚くべきほどに一致しております。弁証法においてはわれわれ二人はたがいに独立にほとんど同じ道を歩んできましたし、少なくとも事柄を全く同じのしかも新たな側面から追求してきました。彼がその他の多くの私独自のものに関しても私を理解するかどうかは、分かりませんが。」

ヘーゲルはヴィルケン（Wilken）（ハイデルベルクの同僚であり、当時はベルリーンの教授）を介して、ゾルガーに、講義内容の重複を避けるために、冬学期の講義予定を尋ねているが、ゾルガーは（五月頃）その回答を認《したた》め、次のように述べている（Briefe Bd. 2, 189. Nr. 340）。

「あなたがこの地にいらっしゃって、あなたの友情を獲得できることを私は願っております。あなたの著作から私の心に沁み入ってきた深い尊敬の念について長々と述べようとは思いません。私は自分なりの仕方で別の道で仕事をしておりますが、あなたがこれを全く気に入らないということのないように念じております。おそらく、私たちは協調して仕事ができるというだけでなく、おたがいに理解しあって仕事ができると思います。普通はそういうことが稀なだけに、私はこの幸運を高く評価するものです。」

ヘーゲルは就任講演を終えると、その足でゾルガーの家を訪れている。

「ヘーゲルは私が帰宅する少し前に訪ねてきてくれましたが、私が引越し準備に忙しかったので、ほんのわずかしか話ができませんでした。私は彼を非常に気に入りました。もっと彼と近付きになれたらと願っています。」（一八一八年のティーク宛て書簡）。

ヘーゲルもかつてのハイデルベルクの同僚クロイツァー（Creuzer）への近況報告のなかでゾルガーの名前を出している。

「［ベルリーンの］気候はハイデルベルクのように私の身体にうってつけというわけにはいかないようです。けれどもリューゲンへの旅行（ヘーゲルは九月一日から家族全員でここに旅行し、九月二三日にそこからベルリーンに向け出発した）が今年の秋を快適なものにしてくれました。一昨日、ゾルガーを墓に案内しました。フィヒテの墓からそれほど離れていません。私の墓も同僚たちと並んでここにあります。ゾルガーから察するところ、ここの教授たちは年を取らないでしょう。」（一八一八年一〇月三〇日の書簡、Briefe Bd. 2, 220 Nr. 359）

しかし、ゾルガーは、ヘーゲルのこの期待に反して、わずか一年後に亡くなり、この墓地（オラーニエンブルガー門前の Alter Dorothenstädtische Friedhof）に葬られたのである。また、ゾルガーは、本文でヘーゲル自身が書きとめているように、ヘーゲルがベルリーンで人びとに注目されないでいることを気に掛けている。

ゾルガー批評の構成

ヘーゲルのこの批評が人びとにセンセーショナルに受け取られたことをファルンハーゲンは一八二八年四月一六日の日記に記している。

「ヘーゲルの『ゾルガー遺稿集』の書評は、ティークとフリードリッヒ・フォン・シュレーゲルに対する辛辣さのゆえに、当地でセンセーションを起こしている。」（Hegel in Berichten seiner Zeitgenossen, 383）

これは「第一編」の反響であるが、ファルンハーゲンの報告にもあるように、この編を書いたヘーゲルの意図は、ゾルガー哲学そのものの分析にあるよりも、ゾルガーを可能な限りティークから、特にシュレーゲルから引き離すことに、すなわち、彼の哲学を初期ロマン主義の流れと別のものと理解しようとするところにあった。冒頭でゾルガーの生涯に書評としては異例なほどのページを割きその「模範的な姿」を強調しているのも（このような人物描写は次の「ハーマン批評」を予告するものであるが）、シュレーゲルの「高慢さ」を浮き上がらせるための配慮とも憶測したくなる。

ヘーゲルはゾルガーの生涯を描いた後、「(若き)ゾルガーとその時代の一般的趨勢」を明らかにしようとする。それは「ドイツ文芸の危機」と特徴づけられる、疾風怒濤とイェーナのロマン主義の時代である。ヘーゲルが時代把握の定点とするのはゲーテとシェークスピアであり、その視点は、彼は自分の美学理論を展開してはいないが、「内容―形式」の反省規定に依拠している。この時代ではゾルガーは批評の主人公ではない。一般的にはシュレーゲルとクライストの作品、また特にゾルガーの個人的関係からしてティークの作品が判断の対象となっているのである。

次にヘーゲルは文芸の領域からザント事件とヴァルトブルク祝祭に移り、そこに時代の特徴を探るが、この事件に関してはゾルガーとヘーゲルの判断は完全に一致している。さらにヘーゲルの筆はゾルガーの書簡をもとにティークをひとつの典型としてこの時代を描写し、第一編の主題と見なしうるシュレーゲル批判に向かう。「イロニーの父」シュレーゲルに対する批判は鋭く、おそらく一八二八年に出版された彼の『生命の哲学』に対する批判を含んでいるのであろう。そしてイロニー批判は第二編で主題の一つとなるのである。

第二編はゾルガーの哲学の批評を主題とし、遺稿集第Ⅱ巻に収録されている『エルヴィーン』以後の未刊の論稿が扱われる。まず宗教と哲学との関係が論じられ、哲学と宗教とは同じ内容を持つものであり、哲学の本質は宗教の思弁的理解にあること、したがって宗教を道徳や感情に貶めているプロテスタント正統派に反対すること、この点にヘーゲルはゾルガーとの共通点を見ている。しかし、彼は、ゾルガー哲学が、①神の実在と実存についての知を前提して済ましていること、②概念と表象とが混淆されており、思弁的概念の展開の必然性が把握されていないこと、要するにその方法的欠陥を厳しく批判している。批判は術語の用法にまで及んでいるが、一方でその欠陥がゾルガーの早すぎた死に起因することを指摘し、彼の哲学そのものの欠陥ではないことを強調している。

ゾルガー哲学の批判はヘーゲルにシュレーゲルに対する厳しい批判を再び呼び覚ますことになる。シュレーゲルのイロニーはフィヒテの自我の哲学を受け継ぎながら、その思弁的側面を排除し、実在するもの、客観的なものを否定する自我の主観的な否定性のみを取り出したものとされる。そしてヘーゲルはそのようなシュレーゲルの主観的イロニーに対して、ゾルガーのイロニーは「人間の本性の葛藤の全体を軽蔑的に無視することでは断じてない」というゾルガーの言葉を引いて、その違いを指摘しているのである。

ゾルガー哲学は主観的イロニーに陥ることはないが、しかし先に指摘した形式の持つ欠陥のゆえに、別の形で主観的なものとなる。それは絶対的なものを即且対自的に把握する思惟の能力を持たぬがゆえに、絶対的なものに対しては「主観的な感覚と祈り」が要請されざるをえないのである。このことは絶対的なものの「経験」と「認識」とがゾルガーにおいては分離していると言い換えることもできる。そのような分裂はゾルガーの欝的気分においても現われてきており、その文章は「痛ましさの感情」なしには読むことができないものである。

神についての経験と認識との分裂は、ゾルガーに「対話」という叙述形式をとらせることになる。しかし「対話」はヘーゲルによれば「彼に終生つきまとった失敗」であった。プラトンの対話篇が優れているのはその形式によるのではなく、実質的内容を持つがゆえである。ところがゾルガーはその形式に固執するあまり、実質的内容とその弁証法を忘れ、対話を「会話」に変えてしまったのである。

ヘーゲルは対話と弁証法との関係をさらに述べようとしたのであろうが、話を打ち切り、最後に残りの論稿のいくつかに簡単なコメントを付けて、この長い批評を終えている。

フリードリッヒ・シュレーゲルとルートヴィッヒ・ティークについて

ゾルガー批評はロマン派批判の意味をも持っているので、批評のなかにしばしば登場するシュレーゲルと、ゾルガーのもっとも親しい友人ティークについて、簡単に記しておく。シュレーゲルに関してはノーアクの哲学に関する記述を主にして他の文献で補い、ティークについてはノーアクの記述がないので、その生涯を簡単に述べるにとどめる。

Friedrich Schlegel

一七七二年、ハノーファーで生まれ、十五歳のとき銀行家のもとに見習いに出された。ゲッティンゲンとライプチッヒで一七九一年まで文献学を学んだ。一七九二年にノヴァーリスを知る。一七九四年から九六年までドレースデンに私人として滞在し、その後、兄アウグストを追ってイェーナに移った。シラーとの不和を知ったゲーテの勧告により翌年ベルリーンに移る。その地で彼はフィヒテと交流し、またシュライエルマッハー、ティーク、ラーエル・レーヴィン(後にファルンハーゲンの夫人となる)、そしてモーゼス・メンデルスゾーンの娘、ドロテーア・ファイト夫人(シュレーゲルは『ルチンデ』のなかに彼女を描き後に結婚した)らの文芸サークルの中心となった。一七九九年、再びイェーナに戻り、一八〇〇年に教授資格を得て、冬学期から哲学の講義を行った。

一七九九年に出版されたは断片的ロマーン『ルチンデ』は一連の反省とファンタジーを折り込み、そのなかで彼は、天才的な解放された女性と天才的な芸術家の関係を通して、彼らの感性的-精神的な性愛を完全な姿で描こうとした。彼はその哲学的直観を主要には断片の形式において『アテーネウム』のなかで述べている。一七九六年以後、彼は哲学体系をイデアリスムスの意味において形成することに熱心に努めた。カント哲学の内に彼が見たものはロック、ヒューム、バークリーの理論の単なる混淆であり、したがってそれとフィヒテの知識学との一致は問題になりえなかった。彼にとってフィヒテ哲学は完成されたイデアリスムスであり［ヘーゲル哲学はその亜流にすぎず、フィヒテをさらに完成させることは不可能だから、ヘーゲルは空虚で抽象的な思惟に陥った「人類の敵」とされている］、彼はフィヒテ哲学を、フランス革命とゲーテの『マイスター』とともに、時代の偉大な傾向の一つと呼んだ。にもかかわらず彼はフィヒテのイデアリスムスにも満足しなかった。無制約的な、ないしは絶対的な自我が制約的あるいは有限な自我と分離していることが非哲学的と思えたからである。フィヒテは芸術に対して、哲学と生活、観念論と実在論、この間の裂け目を塞ぐ特権を与えていた。シュレーゲルはフィヒテのこの思想を受け継ぎ、美的な立場を哲学的立場と同一視した。芸術家は彼にとっては真実の人間である。自分を通俗から分離するという決断が芸術家すなわち天才的人間を作る。その人間の内で神性の言葉が語り出すのであり、ゆえに芸術家のみが真に宗教的な人間、真に精神的な人間である。

崇高で完成された人間はみな天才を有しており、真の徳は天才性にあり、天才性は通俗な人倫的規定に拘束されず、みずからを自由へと高めるのであり、自由は非我としての掟に制約されることはない。天才的自我はすべてを自分で措定するがゆえに、それは徳の文法の上に立ち、絶対者以外の何ものも尊敬することはない。通俗な人間にとっては労働が最高に崇高なものだが、天才においては労働の代わりに享受が現われる。ギリシャの神々がのらりくらりと生活しているように、詩人、賢者、聖人は、その神々に似るように努めるのである。安寧を求める人間の衝動は失われた神の似姿の聖遺物である。無為の権利は高貴と通俗を分けるのであり、貴族本来の原理である。最高に充実した生活は完全に植物のように生きることである。勤勉と労働は死の天使であり、人間が天国に戻るのを妨げる。生まれながらの感覚、力、意志、これが根源的であり、人間的なものであり、人間の内にある聖なるものである。

すべてが即自的に善であり、美であると仮定することによって、皆は、その気分のままに生活し、神性の入るがままに詩作する。教養を持ち熟考する人間の生活は自分の使命の美しき謎について熟考しみずからを教化することである。天才的主観のこの態度がイロニーの立場であり、これによってひとはすべてを無視することができる。イロニーにおいては労働に捧げられた生活の厳しさは消えていく。なぜなら、みずからをイロニーに高めるとは、グラツィア（優美の女神）の犠牲になることだからである。自我が何かを妥当させると同時にそれを超越し、それに献身しながらそれに真剣でないとき、イロニー的に振る舞っているのである。精神を欠いている者のみが何かを法として妥当させようとするのである。精神の豊かな者はすべてを自分自身で措定するのであり、それゆえ、彼がそうしようと意志しないときは、何ものも妥当しない。目的はすべて有限で空虚である。一切の法的なものをイロニー的に無視することが本来の人倫であり、その最初の動きは実定法・因習的な法律に対する反抗である。——この「イロニー」の立場は『ルチンデ』においてもっとも純粋に完璧に描かれているように、もともとはフィヒテの「自我」の機知に富んだパロディーであった。ところが、天才的主観にとってすべてが空しいものであるならば、自我そのものも自分の空しさを経験しなければならないのだから、シュレーゲルそのひとが自分をイロニーと化し、パロディーとなり、後にその立場の反対にひっくり返ることになったのである。

シュレーゲルは一八〇二年イェーナにおける地位を放棄し、ドロテーアとしばらくドレースデンに住み、そこで講義を持ち、さらに妻を伴ってパリに行き、そこでも講義を持ち、ロマンス及びインドの文学を研究し、中世のロマン主義的詩の集成を出版した（一八〇四年）。『一八〇三年から六年の哲学講義（Philosophische Vorlesungen aus den Jahren 1803—1806）』（シュレーゲルの遺稿をヴィンディッシュマン（Windischmann）が編集し一八三六年に刊行した）の内に早くも立場の変化が見られる。天才的な断言、断片的な哲学思惟の代わりに、方法的に遂行することのの必要性が現われてくるのである。今度はシュレーゲルは、生成的思惟（その形式は同時に存在の形式としても妥当するとされているから形而上学的意義を持つものであろう）に哲学の救済を期待し、哲学的構成は三一性において運動すべきであると考えた。無限者も有限者も生成として把握され、人間の使命は個的人格性の放棄と無限な世界－自我への献身にあるとされた。

ロマン的イロニーから改宗したこの哲学者は、一八〇八年四月、ケルンにおいてドロテーアとともにカトリックに改宗した。この改宗は一大スキャンダルと騒がれた。この年、兄アウグストはスタール夫人とともにウィーンに旅行し、〔本文にもある〕著名な講演を行ったが、彼は皇帝に拝謁した機会をとらえ弟の仕官を願い出た。オーストリア史と皇帝の功績をたたえる悲劇の執筆を条件に、シュレーゲルはウィーンに招かれた。その地で学問的講演を行い、『ベオーバハター（Beobachter）』を編集し、また外交文書を執筆することによって政府の信頼を獲得し、貴族階級に上昇し、宮廷の多くの官職に就き、一八一五年、ドイツ連邦の公使館参事官としてフランクフルトで活動した。一八一八年以後、彼は再びウィーンで公開の講義を行い、一八二七年に行われたものは『生命の哲学（Vorlesung über die Philosophie des Lebens)』のタイトルで翌年に、一八二八年に行われた講義は『歴史の哲学（Vorlesung über die Philosophie der Geschichte』のタイトルでこれもその翌年に編集出版された。一八二八年、彼はドレースデンに旅をし、そこで学問的講演を開始し、一八二九年一月、講演の準備中に心臓発作で急死した。不完全なドレースデン講義は一八三〇年、『哲学講義。特に言葉と言語の哲学について（Philosophische Vorlesungen, insbesondere über Philosophie der Sprache und des Wortes)』というタイトルで印刷された。

一八〇三年から六年にかけての講義にはなお神秘的汎神論が現われているが、後期の講義は完全に国家と教会の既成秩序の土台の上で動いている。そこでハイデルベルクのダウプ（Daub）はシュレーゲルの哲学活動を聖体顕示台の呪物信仰の砂糖漬と呼んだ。シュレーゲル自身は後期の哲学を経験学と呼ぼうとした。――「生命の哲学」の最初の五つの講義では心理学的基礎が展開されている。生命の原理としての魂には理性とファンタジーが、そして精神には悟性と意志が付与される。次に、理性には記憶と良心が、そしてファンタジーには衝動が配分され、これら四つは主に愛の内で魂の最高の活動として協同して働くものだが、知識すなわち言葉の領域においても働いている。理性は区別されたものを聞き取り結合するものと規定され、悟性は見抜く力を持つものとして、最高の洞察として現われる。そこで、神についてのわれわれの知識は聞き取りあるいは経験の知識であり、それは神の啓示へと向かい、啓示は自然並びに良心において、聖書と歴史の内に下されている。そして意志はこの啓示を受け取るためのオルガノンである。魂の諸力の間に見られる葛藤、自然や神に対する魂の関係は、この世界が永遠の死の深淵の上にかけられた橋にすぎず、拒絶の住家であることを間違いなく示すものである。この家はただより優れた力によって、信仰、愛、希望の媒介のもとに、復活へと導かれるのである。――六回と七回の講義においては一種の自然神学が講義され、自然における神の秩序、自然の不可視の世界への関係、真理の領域、人間の歴史、国家生活における神の秩序が扱われた。九回から十一回までの講義では、論理学と存在論のタイトルによって一種の応用論理学が与えられ、信仰と知識との関係、学問における真理と誤謬の二種の精神、学問の生活に対する関係が扱われた。最後に十二回から十五回までの講義では生命の形而上学が展開されており、それは、現実の芸術及び教会生活と国家生活における超自然的原理を提示するものとされている。

「生命の哲学」は内面的意識の内にある神の似姿の再興を明らかにしようとしたものだが、「歴史の哲学」はそれをさまざまの世界時代の内で歴史的に示そうとするものである。しかも、彼の歴史哲学は世界の出来事を自然の出来事としてのみならず、同時に自由な意志の力としても考察し、各時代の主導的理念あるいはしるしを正しく理解するためには、神の摂理を考慮しなければならないのと同様、悪の持つ暴力も考察されている。ルターの宗教改革のとらわれぬ正しい評価に従って（これは改宗者たちにおいてすら一般に見られるものである）、シュレーゲルは、世界の救済、絶対者という幻想、それが自我性として、また自然の全体あるいは理性概念、そのいずれとして理解されようとも、そういう考えを放棄し、生きた精神を承認することによって啓示の哲学を基礎づけるような学問を期待したのである。

「言葉の哲学」の最終講義では、人間の現在の状態においては、理性、ファンタジー、悟性、意志が葛藤状態にあるという否認できぬ事実を、哲学が承認することを求めている。われわれの意識はこの葛藤から内面的な統一へと戻っていかねばならず、この故郷へ帰る手段となるのが言葉である。言葉は対話によって対立を調停するのであり、その最高の形態においては、ソクラテス－プラトン的対話として、前述のイロニーとなる。イロニーは本来の有限性の感情から、そしてその感情と無限者の理念との明白な矛盾から生まれる。かくてイロニーはシュレーゲルの初期の哲学青年の立場とは対立する意味を獲得した。これもいわば改宗したイロニーであり、ゾルガーにおいてもこの種のイロニーに出会うのである。シュレーゲルはこの最後のドレースデン講義の七回目の講義をファウストの言葉「感情がすべてだ」によって開始し、厳密な講壇用語の一切に対して戦いを宣言し、その哲学講演の課題を、信仰、愛、希望という三和音を通して現われ、人間に、聖書、自然、人倫的感情、祈りによる四種の啓示を受け入れさせる根本感覚を呼び覚ますことにあると述べている。

Ludwig Tieck

一七七三年ベルリーンに生まれた。父親は綱作りのマイスターである。幼いとき、弟や妹と人形劇の人形を作って遊んでいた由、本文にあるようにゾルガーの子供時代をも思い出させ、この時代の子供たちの流行の遊びだったのであろうか。一七八二年から九二年までフリードリッヒ・ヴェルダー・ギムナジウムに通い、ヴァッケンローダーと友情を結ぶ。十九歳のティークはベルリーンを離れ、ハレとゲッティンゲンの神学生となる。しかし彼は各国の文学作品を読み漁り、特にシェークスピアに熱中した。一七九四年、大学を卒えてベルリーンに戻り、ラーエル・レーヴィンやドロテーア・ファイトらのユダヤ人女性のサロンに迎えられ、そこでフリードリッヒ・シュレーゲルを知った。ゾルガーとの接点はハレ大学の「金曜会」にあったであろうが、ゾルガーがハレ大学に入学したのは一七九九年であるから、この期間には直接的交流は考えられない。一七九八年にヴァッケンローダーが亡くなり、その鎮魂に『シュテルンバルト』を書いたことは本文を参照。翌年、イェーナに移り住み、イェーナ・ロマン主義が形成されたこともすでに記した（現在、イェーナには「ロマンティカーの家」という博物館がある）。一八〇二年から一九年まで、友人の領地があるツィービンゲンで過ごし、その間、ローマやプラハ、そして本文にあるようにイギリスに旅行している。一八一九年からドレースデンに住み、「朗読の夕べ」を主催した。ヘーゲルも一八二四年一〇月一〇日、旅行の途次ティーク家の客になっている。一八四二年、フリードリッヒ・ヴィルヘルム四世の招請を受けてベルリーンに戻り、栄光の晩年を送り、一八五三年に亡くなる。

四　ゲレスの『世界史の基礎、区分、時代順序について』（一八三一年）

J・ゲレスによってミュンヒェンのルートヴィッヒ＝マクシミーリアーン大学でなされた三回の講演

はじめに

ゲレス氏はこの書物において、公衆に向かって、大学教師という新たに獲得した地位から[*]、学問的対象についての教訓的講演を企てようとするものであり、この三回の講義ではそのための手引きを公衆に報告する、と表明している。以前の彼は、古代アジアや北欧などの神話学と文芸学[**]、それから現実についての政治的関心と時事問題に対する発言[†]、この二つの極にまたがる仕事によってよく知られていた。前者においては、おぼろげな形象や未成熟な名称を、また深遠な予感つまりは思想そのものというより思想のファンタジーであるものと大胆な連想をともなった無味乾燥な筆遣いを縦横無尽に駆使する一方で、後者においては、現下の状況に直接に介入し、民族の心情を情熱のほとばしる雄弁によって行動の熱狂主義へと煽り立てようとしていたのである。

さて［この講義における］著者の狙いはかの茫漠とした歴史の始まりを世界史の長い連鎖をたどってこの現在と結び付けることにある。そもそもこの対象は、公になっている歴史であり、学問的洞察によって人びとの蒙を啓くという、情熱とは無縁の目的を持っており、彼の著作に仰々しさのその一部を付与してきた扱い方とははるかに隔たったものである。これまでの著作には、ファンタジー、大胆な連想、亢奮、雄弁が、あまりにもしばしば夢想、類推や思い付きによる空虚な

* ゲレスは選帝侯バイエルンのマクシミーリアーンに捧げた『ルートヴィッヒ王への説教 (Standrede an den König Ludwig)』によって、一八二七年に新設のミュンヒェン大学の歴史学の教授となった。文教政策の担当者であったモンジュラはゲレスの招聘を阻止しようとしたが果たせなかった。

** これに当たるのは、ハイデルベルク大学の私講師時代に書いた『民話集 (Volksbücher)』(一八〇七年)、同じく『アジア世界の神話史 (Mythengeschichte der asiatischen Welt)』(一八一〇年) などであろう。

† これに当たるのは、『ドイツの来たるべき憲法 (Deutschlands künftige Verfassung)』(一八一六年)、ハプスブルク家にドイツ統一の期待を賭けた『ドイツと革命 (Deutschland und die Revolution)』(一八一九年)、次にカトリック教会に理想の実現を賭けた『ヨーロッパと革命 (Europa und die Revolution)』(一八二一年) などであろう。このようにゲレスは思想的振幅の激しい人物であった。

ことば遊び、盲目的な情熱や大袈裟な表現と結び付いていたが、そのようなものは、学問の全体を講義するここでは、思想、史実の確定、悟性の冷静さの背後に退かざるをえないであろう。とはいえ、とりあえず著者がわれわれに与えてくれているこの緒論においては、奔放なファンタジーの要素、熱気と雄弁にあふれた形象が、それにふさわしくない箇所に目につくわけでもない。

批評的に報告するという目的のためには、純粋な、つまり抽象的な内容を取り出すべきであろう。しかし、そのような内容をそれが埋め込まれている、否むしろ完全にそれと一体となっている熱を帯びた生き生きした形象言語から切り離すことは不可能に近い。それにまた講義の趣きをまったく無視してしまうのも残念なことであろう。とはいえやはり、三回の講義が扱っている時代のすべてにわたってほとぼしりつづけている演説口調はひとを疲れさせ効果を損なってしまっていること、読む場合ですら精神を満たすより耳を聾することがあまりにも多いことは否めない。

第一回の講義で著者はこの講義と続く二回の講義の内容を提示している（六ページ）。彼が明らかにしようとするのは以下のことである。

第一に、支配的ないかなる根本原理を歴史の基礎に据えるか、またそれと対立するものをいかにして切り捨てるか、

第二に、この支配的な根本原理は他の派生的で従属的な原理といかなる秩序にお

いてつながっているか、またそこからさまざまの規範の相互に対立する下位区分と意味がいかにして導き出されるか。この諸規範は導きの星であり、それらは歴史の行程を事実において導き支配するとともに、また学問を直観*において導き支配するものである。最後に、第三に、この内面的な連鎖から出て、いかにして歴史の内部にある有機的な分肢が展開されていくか、また歴史はその分肢においていかにして大きな自然的時間区分へと分かれていくか。自然的時間区分はよく秩序づけられ相互に絡み合ったいくつかの円によって生起する事柄の内容全体を表現するものである。

たしかに緒論という性格**からすれば、内容は講義に先立ってただ一般的にのみ話されるのであり、まだ基礎付けや証明は問題になりえないとも言えよう。しかし、この世界史講義で言われるように、そのようなこと［基礎付け］はそもそも学問の対象ではないというなら、歴史における事実と区別して学問の本性として直観を挙げるようなことはすべきではなかったであろう。また、この講義のどこにも、著者が真理と見なすものについて、それが外面的‐歴史的真理であろうと、より優れた実体的真理であろうと、証明の必要性は指摘されていないのである。著者には、必然性とはただ思惟と概念的把握によってのみ洞察されること、歴史的な事柄の裏付けはただ史的な証拠とそれの批判的評価以外には正当化されえず、そのような認識のみが学問とよばれうるということが、まったくわかってお

＊　Anschauung

＊＊　上に述べられているように、この講義を、ゲレスは彼の世界史の「手引き」として位置づけていた。後に一八三八年から、彼はカトリックの立場に立って世界史の記述を試みている。

らず、そもそもそのことに気づいてすらいないようである。思想*という語すら評者はこの書物のどこにも見た覚えがなく、概念**という語は五五ページに出てくるが、その箇所ではただ「制約された」諸概念が問題にされているだけで、それに関しては「狭量な方法」「人為的な体系」「多様なものを体系に無理矢理おし込む」などという一般の陳腐な表現が使われているのである。われわれがこの論文から取り上げるものを見ていただければ、著者が自分の認識様式と称している直観の内には、普通の悟性的教養人が持っている抽象的観念とカテゴリーが支配していることが、そして、その直観がいかに歴史の素材を捏造しようとしているかが、明らかになるであろう。

第一回講義。歴史についての二つの根本直観

第一回講義は、世界史の根底にあるという真理を、謬説と対立させながら、展開することから始まる。この対立は「自然の領域の内で」発見されるという「二種類の直観」と対比しながら導入されている。――その直観の一つは、地球を宇宙の全領域の、地下から天上へと広がっている本来の中心であると考える、感性的仮象を根拠としたものである。†もう一つのこれと対立する直観は、太陽を中心に置くものであり、‡ケプラーの法則と重力の根本法則が発見されて以来、等しからざるもののすべてが容易に中心のこの秩序と結び付いたといわれる。この世界

＊　Gedanke
＊＊　Begriff
†　天動説
‡　地動説

直観について、著者は臆面もなく、それは古代最古の時代から継続的に伝えられてきたものであり、二三の僧侶学校において、かすかな光、輝きを失った伝承として、保存されてきたものである、という彼一流の作り話を繰り返している。しかし反対に、彼はこの考えを擁護するために、星界の日々の運動の前提となるといわれる「巨大な速度の測り難さ」についての通俗的反省を引き合いに出すのを拒んでいるわけでもないのである。

この二つの［自然の］宇宙直観に歴史の二つの根本直観が対比される。その一つは自然的なものを支配者と見なす直観である。*――この直観は「古代全体を（これもそうか！）支配していた見解であり、それは、すべての感官を自然の仮象と密着させながら、地上のものと、地上においては精神界における支配者として尊崇される自然原理と、屈従的な隷属状態にある神的なものとを、全能の女神に結び付けているものである。この見解の内にあるのは、実際に歴史を動かすものは自然の力だけであるということであり、人間と神々は、たとえ天界に属しオリンポスの頂きにその座を与えられてはいても、そのもっとも内面的な根底においてはやはり地上的なもので、自然に埋没し自然の必然性に無条件に盲目的に支配されているのである。」

著者がここで暗示しているギリシャの神々を悪霊や悪魔の申し子と見なした教父たちもたしかに存在した。しかし著者の言わんとすることは、「オリンポス山は地

＊　ギリシャの自然を中心とする世界観

中深くその根を張っており、神々の故郷は他の地上の生きものの故郷と結び付いている」ということであろうが、そうだからといって、このような直観をもとにして、自然原理が、著者の考えるように、精神性も精神的自由もなしに、一面的に神的なものについてのギリシャ人の意識の本質を形成していた、と言い切るのは行き過ぎであろう。たしかにこの神々の頭上には宿命が精神を欠く必然性として漂っている。ギリシャの宗教は究極の事柄に、すなわち、永遠の精神が有限な精神の内で自分自身と無限に具体的に宥和することにまで、到達することはなかった。しかし、ギリシャの運命ですら、自然に対してのみ妥当する自然必然性のそれと同じものではない。その必然性は自然原理とは異なった類の抽象物、すなわち、有限性や偶然性に対する否定的なものであり、しかも単に最初の否定的なものであって、そのようなものの内で精神的自由についての意識が人間に与えられたのである。そしてこの自由は単なる自然物には明確に対抗して、時間（クロノス）、大地（ガイア）、天（ウラノス）などの巨神や、ギリシャの神々の原理を形成するものであり、これらに優越して措定された先の必然性［運命］は、精神性と自由の原理が初めて開示される際に伴わざるをえない制約を承認することにほかならない。彼のような捉え方をすると、ギリシャの精神とその神々の世界についての根本直観は見失われてしまう。ゲレス氏はただこのようなものについての反省の産物に、それらの否定的側面に、つまり必然性の内に迷い込んだのであり、さらにそのような抽象物を誤って自然原理として捉えたのである。けれどもこの種の欠陥は今挙げたギリシャ的生活の見方にのみ生じているだけではない。神々と人間がとりこにされているというこの単なる自然力の抽象的な悟性対立、また客観的な歴史そのもの、そしてそれについての主観的見解も、すぐ次に述べる歴史のもう一つの直観における神に比べて、歴史の具体的な真理をとらえ理性‐認識を行うにはあまりにも表面的で浅薄にすぎるのである。そこでわれわれは次に、もう一つの直観においてはゲレス氏の歴史的直観が本質的にはたしかに深化してはいるが、やはりまだ善と悪の抽象的な悟性対立にはまり込んでしまっていることを、見ることにしよう。

＊ キリスト教の世界観

歴史のもう一つの直観は、ただ創造的な神の力にのみ第一の支配者という尊厳と意義を付与するものとして性格づけられる。この力は、みずからの行為を自覚しつつ、自由にひとりで、すべての倫理的な自由を尊重しつつ、行使されるものである。この力は永遠なる摂理として、柔順な自由の諸力はこれを領導し、反抗する自由の諸力はこれを育て、ただ奴隷化された自然だけはこれを必然性の軛に縛りつけ妥協の余地のない法則に結びつけて、生起する出来事の行程を導くものである。著者は「われわれの歴史は一点の疑いもなくこの学説を認めている」といっているが、たしかにいかなる哲学的世界史も、そもそも現在の、そしてまた過去の世界の出来事に関するキリスト教的‐宗教的な見解がそうであるように、このことを認めてはいる。しかしこういう原理は、もしそれがその一般性にとどまっているだけならば、それ自体新しいものでも独自なものでもない。そのような一般性にとどまるならば、それは宗教的信仰を出ていないのである。世界史の叙述というものはそれをそれが展開していくなかで規定的に明らかにすることである、つまり、摂理のプランを理解させることでなければならないのである。このプランは第三回講義の対象とされているから、その箇所でそれがどのように把握されているかを、後にわれわれは見るであろう。

とりあえず著者はこの原理について次のような歴史を提示している。先の第一の歴史の直観は事物の根源の近くへと接近していくものであるのに対して、この直観は神性との親密で信頼された関係という［人間の］より優れたより良い状態*から生まれ出て、僧侶たちの伝承によって伝えられ、霊感を授かった預言者によって時に応じて更新されてきた、と。その教えは「選ばれた民族の聖性の内で初めて告知された」という。事実、われわれは歴史的にはユダヤ民族の内に、まだ非常に無規定的な仕方ではあるが、神の世界支配と摂理の教えを見出すのである。しかしこのような考えが御伽話であることは次の文にはっきりと表われている。「この教えの放つもっとも遠い光線は異教徒の世界［東洋］の内で太古のかすかな記憶と一つになって神秘の覆いを被ってその仕事を果たし、次に自分が光の血統であることを知り認識していたあのもう一つの神々の種族［ギリシャ］の内で

＊ 人間の理性が状態（Zustand）として表象されているというのは、人間がそれを自覚的に獲得したのではなく、いわば先天的に持っているにすぎないことを意味させようとしたのだと思われる。神の真理が初めから人間に啓示されていた、アダム（とイブ）がすでに初めから人間として完成されていて神との良好な「状態」にあったという考えは、カトリックが真の宗教であり、最古の宗教であることの論証のために必要なものであった。これはラムネー師やシュレーゲル（とくに彼の『歴史の哲学(Philosophie der Geschichte)』（一八二九年））の影響を受けたエックスタイン男爵の主張したことであった。これに対してヘーゲルは人間の意識の発展を歴史の重要な要素と考えるのである。

少なくとも象徴的に真理を暗示していたものを呼び覚ました。」

この講義においてもまたゲレス氏に期待されていたのは、フリードリッヒ・フォン・シュレーゲルや他のカトリックの著述家たち、特に現代フランスの著述家たち、ラムネー師*やエックスタイン男爵**、さらにまた教皇の聖省につながっている学者たち、このような人々と共有する考えから出発することであったのである。カトリック教は人間存在に関しても自分の側に普遍性と根源性を取り戻そうとしているのであり、そのような関心においては、精神すなわち神の似姿としての人間の内にもともと置かれていた理性はすでに現存していた状態として表象されるのであり、したがってそのような状態においては、倫理的にもまた完全であった人間の直観の前に、自然もその深みと法則のすべてを明きらかにし開示していたということになる。そのような知識の財産は、なかでも上述のケプラーの法則も、彼は罪あるものとして［教皇によって］弾劾されはしたが、今や数千年に及ぶ苦難に満ちた仕事によって取り戻されているのであり、そして同時にそのようなことは、この第二の人間の犠牲によって悪からの解放が実現された後になって、やっと可能になったのだという。――その場合になによりも、キリスト教を経由してではなく直接に人間にこの知識と学問の財産が返還されていることに、［著者の］目は向けられていないのである。

さまざまの民族のあいだで正しい優れた神の知識や自然の知識に関して見出され

* Hugo Félicité Robert de Lamennais（一七八二―一八五四）フランスのカトリック政治思想家、キリスト教社会主義の提唱者。少年時代ルソーの影響で信仰を失うが、再び教会の門をくぐり、一八一六年カトリック司祭に叙階。『宗教無関心論』（一八一七年から一八二三年）で教皇至上主義に基づく一種の神聖政治による社会の救済を提唱。一八三〇年機関紙『未来(L'Avenir)』を発行、宗教的自由を求める論陣をはる。教皇に訴えるが、後破門。その後政治的活動に専念、『民衆に与える書』（一八三七年）では、原始キリスト教を模範とする自由な社会主義を構想している。

** Ferdinand Baron de Eckstein（一七九〇―一八六一）王政復古派と教皇至上主義派の党員。一八三〇年までフランス外務省の歴史編纂官であった。ドントはヘーゲルの弟子のクザンが一八二四年にドレースデンで逮捕されたとき、エックスタインが関わっていた可能性を指摘している。

るすべてのものも、人類が、精神的世界の内に侵入してきた悪によって蒙らされた難破から、多種多様な運命に翻弄されながら多種多様に変容しつつ、救い出した残骸であるという。以前人びとが引き合いに出していたインドや中国などの伝統文化における自然についての学問的認識の痕跡に関する歴史的な証明に関していうならば、そのような主張をこのようにして根拠づけることは放棄されなければならないものである。一知半解や自慢話による漠然としたおしゃべりはこれらの国民の原典に対して獲得された理解によって排除されて、彼らの「自然に関する」学問的知識を高く評価することが非歴史的で正しくないことがすでに証明されているからである。他の側面、つまり、神の認識に関していえば、特にラマ教と仏教は、神人というものについての明確な表象において傑出したものを有しているのであるから、すでに獲得されている財宝についてはその学問研究の関心を呼び起こし、今はまだ手にするのが難しい原典については新たに計画されている探検旅行によってその探索の関心を呼び起こしているのである。* この旅行によって東洋の宗教的表象と哲学学説について、非常に興味深い情報が――たとえば絶対者における三一性の原理** に関するものもまた――すでに手に入れられおり、これからも多くのものが約束されている。しかし、それはまだ彼の主張が目指している歴史的な連関をとらえるにははるかに遠いものであって、それだけに、このように表面的な類似性から作り上げられたアプリオリな「非歴史的な」連関はま

* インドや中国の古代文献を蒐集する探検旅行はフランス政府の援助によってカトリックのいわゆる「伝導本部（Propaganda）」が行ったものであり、これもカトリックが普遍的で最古の宗教であることの証拠を求めることを目的としていた。ヘーゲルは探検の意義は認めるが、その探検及び研究によってむしろカトリックの主張が仮説にすぎないことが暴かれることになろうと言っているのである。

** 「フンボルト論」を参照。

すます貧しく見えるのである。

ゲレス氏の世界観の抽象的な基盤、これはすでに触れたものだが、つまり、聖霊及び天上と地上で呼び起こされ活動している一切のものの内においては、神がすべての運動の始まりとして、中間として、終わりとして、妥当しなければならない（一六ページ）、これについては、何も反対するつもりはない。* また、同じ箇所で、［歴史の］始まりを、「神の言葉がその実在の最内奥から発せられ、響きかわすこだまは非在の内へと鳴りやみ、そしてそのこだまの内で聖霊界が同時に最初の質料を伴いつつ形成され、聖霊たちの言葉が質料から出てみずから文字となり、言葉は文字に移され、魂は肉へと現われ出で、こうして措定された生きた文字が自然の書物のなかに書き込まれた」という描写のその仕方も認めるのにやぶさかではない。さらにまた、その進行に関して、「神の全能によって与えられる始まりは（歴史における善のすべてはこの神のなすものであり、一方歴史における悪のすべては歴史自身に責任がある）、光と清純の内にあり、中間は神の愛に支えられつつも分裂と戦いの内にあり、そして終わりは分離のなかで正義によってふたたび光輝に満たされるに至る」と描写されているが、これも認めてよいであろう。――ところが、その始まりが単に神の即自存在の意味においてではなく、ある歴史的な状態の意味においてうけとられ、そのような考えが「太古の、史的な、僧侶の根本直観」（一七ページ）とされるとき、そこにこの講義の全体を貫いてい

＊「これはすでに触れたものだが」「何も反対するつもりはない」の句は、「故人の友の会」版の全集にはあったが、それ以後の全集では脱落していたものである。また、本来は改行されていないこの段落はズーアカンプ版二十巻選集では改行されてしまっている。

る著者の独自性が明らかになっている。つまり、彼は史実の有する史的な権威よりも、また、歴史の内で神の必然性を思惟的に認識する概念よりも、自分の直観による断言の方を上位に置いているのである。

これらの講義のどの箇所にも、神の摂理の行程、これこそ世界史の考察の基礎にあるべきものであるが、これを、思惟する理性を用いて追究するという課題には一言も触れられていないのである。ゲレス氏は自分の直観を小出しにする以外のやり方をまったく知らないことを露呈しているわけである。そこで、彼が［直観以外に］知っているのは、彼の理解している一面的で抽象的な形態において、この第一回の講義においてはまだ、内容からすれば正しく評価して、ただしグロテスクな造形がないことはないが、ゴルゴーンを描いている、その有限な悟性的見地のみである。「あの銀髪の老人［老女］、ギリシャの（？）伝説にあるせっせと働きながら大地の中心に座っている悪魔のゴルゴーン*――彼に対してキリスト教は休息せよと諭したが、彼は新たに、すべての事物の、また人間の深い自然本性の内で甦り、再び世界の主としての優れた自由の力を大地のすべての力を使って支配しようとしている。小人王、英雄伝説のアルベリッヒは、彼のプックや小人の地の精やコボルト**を大地の襞の隅々に送り込み、彼らは熟練した金属細工士として金属を叩きあげ、金の輝きと銀の光沢が太陽の光りを奪っているのであり、サラマンダー†が送り込まれてきているからである。――この行状の報い、こ

＊ Dämongorgon　ギリシャ神話で、ポルキュースとケートーは化け物の類の子供をたくさん生むが、ゴルゴーンはそのなかの三人の怪女である。ペルセウスが彼女らのなかで可死的であったメドゥーサの首を取った。「銀髪」というのはゴルゴーンではなく、同じくポルキュースとケートーの子供である三人の老婆グライアイである。いずれにしろ女性で三人であるから、ゲレスが男性名詞で指しているものと違うかもしれないが、あるいはゲレスに記憶間違いがあって、それゆえヘーゲルは（？）を挿入しているのかもしれない。

＊＊　いずれも小妖精の名前。

†　火の精

の時代の劫罰は、社会的な結びつきを愚かな自己欺瞞の根底から厚顔無恥な相互欺瞞にまで推し進めているが」、その影響が青年たちに及ばないようにすべきである。――この前では、彼はこのような方向を「世界秩序からすれば完全にキリスト教とその世界観に本来属するであろうはずの時代〔現代〕における古代の異教的世界への復帰」とも称している。

ゲレス氏は、彼が堅固な根拠として提示しているこの見解に従えば、本質的に神の摂理によって導かれてきた世界秩序にも、また、キリスト教とその世界観にも、ほとんど敬意をはらっておらず、キリスト教に真実の信仰も信頼も捧げていないのである。彼がキリスト教の世界観に許しているものはただ、現代はキリスト教の世界観に属すべきであるが、その世界秩序は力も権力も持っておらず、現代は異教世界の手中にあり、社会的結びつきの全体は厚顔無恥な相互欺瞞にまで進んでしまっているということだけだからである。自分の原理に対する著者の根本的信念は、このようにこの時代に対する洞察が著者にただ欺瞞、虚無、冒瀆、異教世界などについての直観を与えているだけならば、むしろ著者を疑いの底に突き落とすものであるにちがいない。この「直観」と称されている洞察は主観的な表象にすぎず、たとえ概念と学問性を軽蔑していても、原理にはその尺度が必要であることを単純に考えてみるだけで、ただちに疑いが生じてくるはずである。しかしこれによってこの洞察ははなはだしい矛盾にはまり込み、矛盾は解消されずにそのまま放置されているのである。この根本的信念は、もし著者が安直な直観に身を任せるようなことをせずに、研究、思想、洞察に労苦を惜しまなかったならば、その努力によって神の摂理の力と現実性についてのもっと報われる認識と確信が、この世界においても、この時代においても、自分に与えられるにちがいないという自信を、著者にもたらすものとなったことであろう。
このように多方面に拡散していくゲレス氏の描写と雄弁のなかで特に目立つものは悪に関する無味乾燥な悟性的抽象だけである。彼の根底にはこの抽象的観念しかなく、それが雄弁で飾り立てられているだけであり、これはまことに貧相なものである。その描写と雄弁は内容的にそれ以上の中身も財産も持っていないからである。

第二回講義。世界史を貫く三つの国と三つの法則

第二回講義では、神の原理と自然の原理との関係、両原理を上位秩序と下位秩序として接続すること、両原理の形式と契機、両原理の活動性の法則、最後にこの二つの法則がわれわれに達するその仕方、これらが樹立されるという（三〇ページ）。そこで、われわれは今回は何らかの内容を獲得できるだろうという期待をいだかされるのだが、実際はこの講義もやはり形式性を脱していないのである。

ゲレス氏が三三ページで、「自然の内にある神のメカニズムと、天と地の内に投入されている調和的に配列された均衡の法則について」行なっている描写はまことにほれぼれする。

「この均衡が支配的で原型的なイデーとしてそれのすべての運動を貫いており、次にその運動を土台としてより高い歴史、自由な自然の歴史が建設される。この王国〔自由な自然の国〕の建設者たちに、マイスターはそれに必要な力とともに、調和的に配列された同じ均衡の法則を内部から与えたのである。この法則はまた外部でも彼らのすべての行為を、支配的で原型的なイデーのすべての力とともに、貫いており、そのイデーにおいてはすべての倫理的な不平等は取り除かれ、〔この王国から〕こぼれ落ちざるをえない。このイデーは、神を内に含んでいる善の充溢からあふれ出るのであり、歴史においてはただこの善の反映を形作って、善の内面的調和の外に現われ出た余韻を呼び起こそうとするのである。」

評者としては、このように雄大な直観に対しては、ゲレス氏のお望みのように、賛意を表し、ここでこのように真実に表現され承認されていることを多とする以外にはない。しかしそれだけになおさら、このように一般的な真理にとどまっていることを残念に思うものだが、それだけではなく、この真理に外面的－実在的な確証を与えるために必要とされている叙述が、むしろその確証のための最大の障害となっていることを、残念に思うのである。

続いてすぐ、この「神のイデーの実現を精神を持った自然物［人間］に期待するのは無理であったのであり、彼らには天体の運動の内に、ただそれを真似るだけでよい雛形が与えられた」といわれている。もしこの「精神を持った自然物」がすでに上述のケプラーの法則の知識を所有していたならば、彼らにとってことは容易だったわけである。

ところが、著者は、より詳細な規定を必要とする事柄、すなわち、神の意志と人間の自由との関係についてなされるべき説明は、簡単に済ませてしまっている。それは、彼が善と悪という無味乾燥な対立に固執して、主要な問題に関しては公教要理の考えから抜け出ていないからである。つまり、「神は歴史を永遠の現在において見るのであり、神が見ているように、歴史は成就されざるをえない。しかし、神は歴史を、自由な精神たちの共働によって成就されるように、見るのである」というものである。――その前に、「神はその［歴史の］実現を自由な被造物の手からの自由な贈り物として、また彼らの愛と感謝の証しとして喜んで受け入れんとする」とあり、これはうまい言い方であるが、そこに、神はそれを強制命令によって取り立てることもできる、と付け加えているのは、やはり適切ではあるまい。そのような可能性の無意味さについてはもはや問題とするにたりないであろう。

ところで、人間の行為に対する神の支配の関係に関しては、著者は次のような一般論を出ることがない。

「神によって予見されている自由な人間の行為は、神の見ることを規定し、神の見ることは［人間の行為がなされた］後に初めてその行為において成就された予見を、すなわち、神の意志は実現されるものであるから（？）、歴史においては一切が良い結果を生むことを規定するのである。――その際に、この優れた神の威力がふるう暴力は圧倒的な必然性として自由な選択権の濫用には対抗し、それが歴史の内にもち込む無秩序から神の永遠なる秩序を防衛するのであるが、主は、熟慮された洞察によって自由により良い方を選択する柔順な人間にとってはそれを助ける者であり、みずからの富を用いてその人間の仕事を補完するのである。」

このような考えやこれに類似したほかの説明は、理性的な洞察によって考えられたものというよりもスコラ的な悟性的見方の受け売りである。また、世界史のように具体的な対象において問われるべき内容としてはいかに形式的なものであるとしても、それらを正しいものとして、内容を持つものとしてさえ認めることができるかもしれない。たしかに、子供の精神はまず基本的な規定に導かれるものである。そういう規定はもっとも抽象的であり、それゆえもっとも単純で容易なものであるからである。同じように、教養された宗教人もまた常にそういう規定に戻っていくものである。しかし、子供は世界と自分自身の心情を経験することによって初めて、何が善であり何が悪であるかを、何が秩序であり何が無秩序であるかを、より具体的に学ぶべきなのである。宗教人が戻っていくのも、同じように、豊かな内容を内に秘めている略号や抽象記号としての基本的規定にであり、彼はそのような内容を生活の内で、歴史のなかで、研究によって意識的につかんだのである。良心の抽象的な内面性においては、宗教においては、神の前では、さまざまの具体的な区別が、善と悪、秩序と無秩序という単純な区別に集約されるであろう。しかし、顕示的な対象――もっとも顕示的な対象は世界史である――について、顕示的に認識することが問題にされているところでは、この種の抽象的観念ではその役を果たさないのである。物をよく考える人は、ある人物に関して、彼が善人か悪人かを、断定するのをためらうものである。ましてや民族に固有の形態や、それが世界史の流れのなかで姿を現わしてくる、その形態のこれほど豊かなありようとふるまいを、この種のたんなるカテゴリーをもって把握しようとすることは、単に表面的な関心すら満足させないであろうが、それ以上に、この課題が有している豊かさとはあまりにもかけ離れているのである。

続く箇所（四一ページ）では初めて内容を詳しく述べようとしているように見える。まず、世界史を貫いている三つの国、すなわち、神の国、必然性が混じった自由の国、そして自然の国について、それぞれが三つの掟、すなわち、神性の深淵の内に隠されている（?）掟、人間の精神の内に置かれている掟、物質の内に蓄えられている掟に基づいていることが指摘される。次に、人間は第一の国

［神の国］を神と協同して精神世界の内に作るものであり、そのために人間には自由が供与されているという。そして、この自由の行使は、摂理の道を洞察することと、この国を動かしている、神が根拠を据えた掟の知識に結びつくとされるのである。

次に、人間のために神が書き入れてくれたこの掟は、残りの二つの掟を含んでおり、それらを人間の行動様式の規範となすのに十分なものであるにちがいないように思われるという。——ところがこの「思われる*」ということから次のように通俗的な議論に移っていくのである。

「神が人間にこの知識を授けてくれなかった時は（いったいどんな「時」のことか!!　著者は気軽にこの種の命題を挿入してしまうのだ!）、あるいはこの知識を授けられた者がこの贈り物を不用意に失くしてしまった時は（このような事態は、神の掟とその文法があらかじめ人間の胸と自然の内に書き込まれていることと、どのような関係にあるのかを示すつもりならば、こんな粗雑な表現では足りないであろう）、さらに人間との協同において達成される優れた歴史もまた問題にされるべきであり、神は、人間を優れた教えを授けるに値するものと評価し、教師たる人間に対してこの神の掟を啓示を通して伝えなければならない。」われわれをごくありふれた無味乾燥な学校知識の領域に置くだけの、このような曖昧で外面的な仕方によって、聖書としての啓示が導き入れられることになり

* scheinen

（四三ページ）、まず聖書は神が歴史の全体を通して実現しようとする掟がそこに告知されているものと規定される。そして、三つの国の掟は、三つの聖書、すなわち、自然の聖書、精神の聖書、歴史の聖書の内に書き込まれており、前の二つは第三のものに従属しているというのである。

さて次に、多数の人びと、多数の種族の間に論争が巻き起こり、そのいずれもが、自分たちこそは歴史の普遍的中枢に位置するものだとためらうことなく僭称し、それぞれが、多くの証言からして同じひとりの人物の口から出たものだと誓言して憚らない書物を差し出し、その書物は他のいかなる民族にもまして神に愛されし者である自分たちにこそ優先的に告知されたものだと言い争そうことになったのだという。――したがって、すべての民族の神聖な書物のなかのどれに、そこに真理が流れ込んでいることを前提したとして、真理の明白な源泉が溢れ出ているか、それらのいずれの書物に優先権が保証されているか、これ知るためのいくつかの基準が提出されることになる。

これらの基準は［第一に］、すばやく引証されるものでなければならないから、簡単で修飾のない質素なものでなければならない。それは、神のような、考察によって創造されることのない内容を、目には見えない形で隠して持っているが、しかしその隠されたものをふたたびすべての探究者の前に公然と率直に提示するものである。（われわれは第三回の講義のときに、著者の探究の目には公然と提示されているらしいが、おそらく他の探究者にとっては目に見えずに隠されたままであり、著者の発見した内容からしてもおそらく目に見えないままにとどまるであろうものを、知ることになろう)。第二の［基準］は人間の学問と聖書との完全な調和ということである。――ここで再度、創造的な神性が無の内に語り入れたものが神の言葉であり、［聖書とは］自然と精神の内に書き込まれたその文法であるという、彼の唯一の基本構想が述べられている。――人間の学問と聖書はたがいに相手を認めるが（四八ページ）、やはり、神的なものに優位が与えられるのであり、人間的なものは前もって疑うことのできない妥当性が証明されていなければその存在を許すべきではないという。このようなものを正しいとすることもできようが、しかしこの種の一般的な用語ではほとんど基準の用を果たしていないことも明らかであろう。

そこでこのカノン［基準］の内容のなさを補強するために、著者はすぐに、人間の学問はその本性からして欠陥が多く、聖書はしばしば理解に苦しむことがあり、その解釈に関してはさまざまに意見が分かれている（その通り！　残念ながら！）、と付け加えている。そのために、「聖なる書物の最高の尊厳」すなわち「それは美しい均整と全体が巧みに一つにまとまっていることの穏やかな確実性とを実際に体現している」という第三の目印が付け加えられるのである。――第三回の講義においてもやはり、著者のいう確実性は、ヘブライの書物[*]の内に、これは

＊　旧約聖書のこと。

歴史的側面からは一つの国民にのみ限定された書物と見ることができるが、世界史にとっての巧みな統一が見出されるという点に、表明されているのである。――つまり、ヘブライの書物に対して人類のなかの優れた人びとたちは数千年このかた優越性と支配的中枢の地位を一致して認めてきた、というのである。この曖昧な一般的語句と確言の口調からは、完全にラムネー師やその他の昔や今の教会の頭目たちのスタイルを見てとることができるであろう。著者がここで述べていることはもっと優れた思想を暗示するものであるが、しかし、「しばしば新たに拡張されることになった足場*が讃仰者たちの手中のものとなり、すべてのまなざしがそのつど新たに、その原史料は傷ついていないかどうか、その隠されていたものは新しい立場を追究するまなざしに対して広く開放されているかどうか、ということに向けられる」というような瑣末な議論をもし越えようとするならば、それはさらに規定される必要があるであろう。

聖書釈義はもちろん時代の精神に左右されるものであるが、しかしその精神はルターに対して、彼と彼の民族のまなざしにこれほど長いあいだ隠されていた聖書そのものに目を向けるように促したのである。** しかしすべての人がその方向に同意したわけではなかった。ところが、著者の確信によると、すべての人が同意したのであり、彼は彼らに同調したことになるが、そう言いながら彼は反対に自分の手柄を誇っているのである。五二ページにある彼の言葉を引用しよう。

* 新たに史料が発見されたことによって視点が拡大されることを言っているのであろう。

** この箇所でヘーゲルはルターによる聖書の釈義と翻訳及び宗教改革を称揚しているが、ベルリーン時代以前には、宗教改革にこれほどの歴史的意義を与えていないように思われる。この論文にも見られるようにカトリック派の教皇至上主義者たちとの論争が、宗教改革に意義を付与する一つの要因になったのであろう。

「私は、言わせていただくならば、人びとが部分的にさまざまの視点からたしかに探究してはいるが、等しい範囲には決して遂行していない課題を、普遍性において、また個別的なものにまで浸透している特殊性において把握した。それゆえ、私の信ずるところをいわせていただくならば、私は、一方では、これらの書物に含まれている真理の流れを純化し浄化し解釈し説明しつつ、同時にそれを新たに世界史の直観に導き入れることに、また他方では、この歴史をそのすべての富において、事実による保証を持つものとして、また精神にとって欠くべからざることの真理の担保として叙述することに、すでに一度は（！）成功したのである。」著者が、世界史に流れ込んでくるこれらの書物を、いかに「純化し浄化し解釈し説明し」ているか、また彼がそれを世界史の直観に導き入れる際に与えてやった「事実による保証」なるものがどういうものであるかを、われわれは後に明らかにするであろう。

第二回講義からはこの点［言行不一致］に関してまだ引用しておくべきものがある。五五ページで、つぎのように彼は［自分自身がそうしていながら］はっきりと抗議しているのである。「地上世界の構造が有する多様なあり方を暴力によって強引に歪めること、恣意的に除去したり付加することによってそれを人為的な体系という枠組に強引に押し込めること、作為的な解釈によって欠陥を読み込んだり不適切な事柄を読み取ること、臆病な不安に駆られて生命の完全な発露を忌避《・・・》すること、これは問題外である。」

さてこの講義では著者は事柄そのものの検討を開始している。つまり、歴史の主要契機が提示されているのである。――それは、自然の歴史の全体の三つの［契機］であり、自然の歴史はその第四のものにおいてより上の歴史に接続し、それはそれを支配するものである*(文法的に明瞭でない)**。これを提示した後で、ただちに「なぜなら」の語が続いている。なぜなら、これは人類の生命を個人の生命と比較することであり、こうして人類の生命は個人の生命と同じ段階を経過するのである！　と。このような比較を好んで受け入れ、それを妥当させようとする人もいるであろう。しかし、個人の生命の段階の提示という「図式」自身も完全に明瞭なものだとは言えない。

第一段階としては、人間が初めに迎え入れられる自然的な定在、少年期が提示される。次の階梯は人間に生まれながらに備わっている生命の諸力が活動するものであり、人間が、家族、氏族、民族に入っていく関係を把握するものである。第三の領域は人間の内に置かれている道徳的、倫理的な諸力の領域であり、その最後の領域は宗教的なエレメントである。たしかに「世代」という表現は避けられてはいるが、やはりそのような発想に注意が向くであろう。初めには自然秩序に従う諸段階における個人の生命過程が問題にされ、その最初の段階が少年期と名

＊　「より上の歴史」は「自然の歴史」を支配する、ということか。

＊＊　この（　）内の文はヘーゲルのものである。

づけられたのだが、続くものはもはや段階ではなく領域とよばれているが、*だからといって「一貫して」たとえば少年の領域、成人の領域、老年の領域とされるのでもない。最後の年代になって初めて宗教的なエレメントが置かれるのも唐突の憾が否めないであろう。

ところが同時に予告されていた「個人と人類との生命段階の」比較もまた抜け落ちてしまっているのである。われわれはただ人間の生涯の異なった主要な諸契機が提示されているのを見るだけであり、そういうものにとどまって、ひとりの人間に、その生涯を考えるとき、そこにはそういう契機が見出されたであろうと、彼を引き合いに出すだけでは、意味のないことである。――『国家』の叙述を思い出していただければ分かるであろうが、プラトンは逆に「個人の考察から」ただちに国家における正義の考察に移り、そこから個人における正義の根本規定を明確に刻み出しており、しかも、そこではその規定をただ繰り返しているだけでなく、それが個人において本来的に現われてくるように、つまり徳として正しく把握し記述しているのである。

次に、この個人において証明されたことが世界史**においても妥当するだろうという。なぜなら、人類の祖先†も個人としての人格であったのであり、したがって彼がすべての人類の根拠であり始まりであるから。――このように根拠薄弱な連関によって、先に個人の人格に関して証明されていた諸段階が世界史の諸段階で

* 「段階」と訳したのは Stadium、「領域」は Gebiet であり、上にある「階梯」は Stufe である。なお「世代（Lebens-alter）」という語はシェリングを意識しているのであろう。

** ここでは Weltgeschichte ではなく、Universalgeschichte の語が使われている。おそらくゲレスの語をそのまま用いたのであろう。

† アダムのこと。

もあることにされている。

数を増し地表の全体に拡がっていった人類は［それぞれの居住地に］運び去られ、気候的、地質的、地理的に異なった大地の要素が［それに］刻印される。――これは、最初の、最下層の、ほとんど自然と密着したエレメントである。第二は民族的なエレメントであり、種族、民族、氏族、そして特有の生活傾向と特有の本能や素質などをもった一族による区分である。この場合、おそらく地理的エレメントを［民族的エレメントとは］独立に記述することもできるかもしれないが、しかしそれでもそれがいかに人間に関わっているか、いかに人間の内部に刻印されているか、それはたんに民族の契機の一つにすぎないものなのか、もし民族的契機から分離した場合、人間に特有ないかなるエレメントを示すことになるか、このようなことはうまく説明されないであろう。第三の契機としては法治国家の領域における倫理的－政治的契機が挙げられており、第四の契機は、それぞれの民族はこの大地の表面にある自分の遺産と宿命のうえに、その民族の好む言葉［聖書］のある部分を付け加えていき、多い少ないはあれ人間的な追加をそこに混ぜ込んでいくのであるから（もしその民族の好むものが「ある部分」だけであるならば、その民族における言葉はそれだけでも十分有限なものであろうし、言うところの「人間的な追加」も初めから有限なもの、その民族の好む部分に限られてしまうであろう）、それは教会のエレメントである。

これらの契機は単純なものであるが、それがすでに先の比較対照によって不必要に二重化されてしまっているうえに、この第二の説明においても、それが思想によって展開されることなく、空虚で無味乾燥なおしゃべりによって廻りを固められてしまったのである。ここは一般的な区分をさらに詳細に規定する区別を提示することが求められるべき箇所であるが、まったく不適切にも、冗漫な記述が見出される。たとえば、倫理的‐政治的エレメントのところで（六二ページ）、「精神的‐倫理的な諸力の内面的統一は歴史の経過の内でみずからを現わし、その豊かな内容をさまざまに広げられた方向のなかで広げることによって」のような文が見られ、続けて次のように言われている。「これらの力の遊戯のなかで新しいより優れた力学が基礎づけられて、生命の諸エレメントは、その力学によって生命をふきこまれながら、それぞれ別の?*関係に分かれて入っていき、強化された?精錬術によってたがいに混ざりあい、改善された?法則に従って分離され、そして、物の別の秩序に属している合成物は交流しながら形態化される（何に?）。」こんな具合に無内容な話がだらだらと続くのである。

第三回講義。世界史の構造の見取り図と概観

この種の反省的形式主義が、先に引用したようなほとんど空疎な空想的妄言の奔流に代わって、内容の退屈さ**に付け加わってくるのが、特に第三回講義である。

* これらの「?」、引用文の最後にある「(何に?)」はすべてヘーゲルのものである。

** 「退屈さ」と訳した語は das Tädiose である。新旧のドイツ語辞書のいくつかにあたってみたがこの単語は見当たらなかった。フランス語からの借用語とあたりをつけ、ようやく Edmond Huguet の『十六世紀フランス語辞典』に ennuyeux の意味で tedieux (taediosus) の語を見つけたので、とりあえずこの意味で訳しておく。

この根拠のない抽象的形式主義が演じる目を奪うばかりの混乱は、「世界史の偉大な構造の見取り図と概観」を打ち立てて、「われわれが遂行しようと企画した仕事を実現させるべき」この第三回講義（六六—一二二ページ）に、その正当性を与えることすら難しくしている。まず世界時代の経過がその順序に従って提示されるのだが、ところが各時代の全体的構造の展望が例の直観に対して与えられるべき箇所に至って（一一一ページ）、計算（彼の根本的カテゴリーは数の図式主義である）が、それがその展望の混乱を収拾するために導入されたために、「直観に対して」超越的なものとなるのである。

六七ページで、「物が最初に始まる前に、すでに神性*（この表現を著者はよく用いる）の自己開示が生じているところの、時間も方向も持たない永遠」について「述べられている」が、（このような永遠についての形而上学あるいはむしろレトリックは無視して）、（七二ページでは）一切の歴史を越えているこの最初の行為に第二の行為が結びつき、そこにおいて、創造者となった神性が、創造の時間を時代と日々に分かちつつ、万有を生み出したのである。時代**には六つのものがあり、そのなかで「精神的世界及び自然的世界がそのすべてのヒエラルヒーの内で、すなわち、三つの分離と三つの合一の内で、生み出され」、「内部から外部へと向かう第一の分離は光と闇とを分離し、これによって最初のヒエラルヒーが宇宙「世界」の内へ入り込む。」このようなモザイック的な叙述による六つの創造の契機を

* Gottheit

** Zeit

用いて論が進んでいくのであるが、しかし、分離と合一としての創造のこの過程が、なぜそれぞれ三つずつであるのか、そして、それらの六つのヒエラルヒーをさらに著者はどのようにして相互に結びつけるのか、普通の言い方で言うと、「構成する」のか、あるいは、それらがどのようにして結合と対立についての「著者の言う」「直観」にもたらされるのか、これらについては、われわれは説明するのを控えることにしよう。

ただ次の特徴だけは指摘しておきたい。著者は（彼自身は恣意的な思い付きに抗議しているにもかかわらず）自分の思い付きからここでもまた次のように付け加えているのである。「最初の三つの分離の内の最後の分離（太陽と星の創造）にはさらに、精神的エレメントと自然エレメントがそれぞれ分離されるもう一つ別の第四の分離が結びつく」のであり、それもやはり三つの分離を含んでいるという。この三つの分離とは、水のエレメントから火が分離すること、陸地の上に山脈が膨張して「陸地から」分離すること、そして三番目に、大気の浄化、彗星の煌《きらめ》き等の分離として説明されている。――この後ですぐに、「すべてのものは自然的側面においても精神的側面においても等しい仕方で完成されている」とふたたび言われているが、評者には何よりも、ここで精神的エレメントの分離ということで何を言わんとしているのか、理解できない。精神的側面において完成されるものは、著者にとっては、「隠された」ままであることが好都合なのであろう。

次に、「その内に六つの時代*を含みそれらを貫通している第一の史的**（!?）時期［Ⅰ］」がある。」「そのなかで活動し支配しているものは神のみであり、神の生み出したものはすべて善であった。」ところが次に、「第二の世界時代［Ⅱ］の内で精神の有する本性からして悪の生成が始まり」、それは、より上位の領域（上を見よ）にある第一の世界の諸時代［上のⅠ］において善の形成が開始されていたが、それと同じように、その第一の世界諸時代の内にある上位の諸精神の内ですでに悪の形成によって開始されていたものである。そして著者の確信によれば、「第二の世界時代も」同じく「堕罪という、三つの下降的な活動と他の三つの大胆な上昇的な活動によって、上位にある精神の国に進入し、また下位の大地の上にある精神と自然とが混合した国へと広がっていった。」

この「六つの契機による悪の生成の完成」とともに、その史的推移についてはわれわれはもちろんこれ以上の「文字による」知識を持ってはいないが、「第二の偉大な世界時代は過ぎ去っていく。」これに続くのが「堕罪から世界洪水までの、第三の世界時代［Ⅲ］であり、善の国と悪の国との間の生死を賭けた戦いが、世界洪水の審判――あまりに単純な手段――によって、終結する。」この世界時代を理解するために、著者はわれわれに多数の情報を与えるすべを知っている（八三、四ページ）。つまり、たとえば、仮に堕罪が入り込まなかったら、またその反対の場合でも、もしただその罪に対する災いだけが支配的であったならば、アベ

＊「時代」と訳したのは Zeit である。次にある「時期」は Periode、そして「世界時代」は Weltzeit である。ゲレスのテクストからすると、時期は時代の類概念であり、世界時代と同義であるように見える。以下の時代区分を分かりやすくするために、ローマ数字とアラビア数字を付けて相互に区別することにした。

＊＊「史的」と訳したのは historisch である。ヘーゲルは「歴史」に res gestae（なされたもの。出来事）と historia rerum gestarum（なされたものの記録。物語）の二面があること、しかも両面は一つであり、物語は真実の出来事の生起と同時に現われるものであること、したがって、歴史の始まりは意識の内に合理性が生まれる時点で、すなわち共同体の生成とともに現われること、以上の三点をもって彼の歴史哲学の基本的視点としている。ゲレスが旧約聖書に依拠して描いているような歴史はたんなる物語であって「歴史以前（Vorgeschichte）」にすぎない。そこでヘーゲルは(!?)の記号を挿入することによって彼自身の歴史観を暗示するとともにゲレスに対する批判の意を表明しているのであろう。

ル族、セッ族、カイン族は同じくあの六つの契機において何をなしたであろうか、そしてさらにまた、アベル族が建設した神の都市とカイン族が建設した地上の都市との間の三つの時代にわたるあの戦い、人の娘たちやネピリムがその世界史的役割を果たすことを怠ったあの戦いが、いかに推移していったか、ということについてである。

「この洪水とともに先史時代は過ぎ去る。」もしここで著者が、その先史時代における史的なものが、アベル族、セッ族、カイン族ともども、洪水の水が引くように、われわれの前から流れ去っていったことに、満足してくれていたなら、それにまた、創造の六日間については語っているが、世界洪水からキリストの登場によって再び完成されるという六つの世界時代については何も語っておらず、さらにそこから出発する次の六つの世界時代なるものについても何も報告していない聖書の記述をそのまま尊重してくれていたのなら、彼はどれだけすばらしいことをなしたことだろうか。

　ところが、まずこの新たな世界時代［Ⅲ］（八七ページ）が、そのなかで小さな三つの時代（この三つの世界時代［小区分としての時代］の「三」という数字は、以下の計算にあたって混乱することのないように、特にしっかりと目に焼き付けておいてほしい）に分けられ、その最初の時代［Ⅲ―1］では、「ノアの方舟のなかで生まれ、洪水によって贖いの洗礼を受けた新しい人類の芽が」（たぶんこの洗

ヘーゲルは「歴史」を一般に、上記の前者のドイツ語訳である（しかも上述のように後者の意味をも当然こめて）Geschichte, geschichtlich と書くのであって、Historie, historisch の語を用いることはきわめて少ない。この論文においてもゲレスからの引用を除いてすべて前者を用いている。

礼は洪水の水による洗礼を意味し、掛け言葉であろうが、著者はそれに才気を付け加えているわけでもない）、すべての対立のなかで芽吹くのであり、中間の時代［Ⅲ―2］では、神性の持っている救済の活動が啓示に達し、約束が成就され、そして第三の時代［Ⅲ―3］では、宥和された人間性の内部で悪との戦いが最終的に戦われているのである。

次に、この最初の世界時代［Ⅲ―1］がいかにして［さらに小さな］六つの時代のつながりのなかで推移していくかが、「創世記の初めの各時代に割り当てられていたタイプに従って」提示される。図式というこの空虚な基礎に従って、この新たな時代の最初の世界時代の歴史が、ふたたび三つの部族、セム、ヤペテ、ハムから、彼らの家族の時代［Ⅲ―1―1］、ニムロデの時代［Ⅱ―1―2］、塔の*なかに新しい地上国家のカピトルを建設する無謀な企ての時代**［Ⅲ―1―3］、以上の最初の三つの時代を通して進行するのである。

「第四の時代［Ⅲ―1―4］は、神の子ら（ヘブルびと）の聖別された諸国家と結びついた保守勢力と人の子らの内で活動する破壊勢力との戦いの内に過ぎていき、次に、地表の全体にわたって、北方からヤペテの一族のなかに、次に続く二つの世界時代を満たすことになる反作用が生じるのである。」世界君主制をゼウス信仰による第三の秩序という新しい教説によって根拠づけたのもまたヤペテ族である。

＊　バベルの塔のこと。

＊＊　古代ローマの元老院のあったカピトル丘のことと思われるが、これによって神ではなく人に主権が移っていったことを指そうとしているのであろう。

「第五の世界時代［Ⅲ―1―5］は、バクトリア―メディア―ペルシャの世界支配によって、フェルドゥスィー（フェルドゥスィー［の記述］に誤りのないであろうことを、人びとはおそらく著者の『シャーナーメ』の翻訳の緒論から期待できたのである）＊の時代以降［の通説では］、イラン［高原］から諸民族を包囲して実現されたものであり、それによって権力は世界の東半分に移った。ところが、ただちに支配権がヨーロッパに移ることになり、第六の世界時代［Ⅲ―1―6］は地上の支配者としてギリシャ人を迎え、そしてローマ人が彼らから支配者の杖をもぎ取るのである。」

以上の文章がギリシャ世界及びローマ世界の精神について述べられている一切である。著者がアベル族、セツ族、ヤペテ族やそれらの家族に対しては世界史において大きな意味を与えているのに比べて、ギリシャ人によってヨーロッパにもたらされ、そのギリシャ人からローマ人がもぎ取ったという「支配」なる貧相なカテゴリー［がヨーロッパに与えられているの］を見ただけでも、驚かされることであろう。このカテゴリーとともに、この朦朧とした図式に対抗している［ギリシャの］民族精神の豊かで気高い現実性は吹き払われてしまうのである。しかしながら、著者は先にギリシャ神話を「悪魔のゴルゴン」が登場する陰鬱で遅れた意味のない所産であると見なしていたことを、改めてここで指摘するまでもあるまい。

＊　『シャーナーメ（Schah-nahme）』（『王書』）はFirdowsiがイランの古い英雄伝説を集大成して描いた膨大なイラン民族の叙事詩である。イラン軍歌の多くはこの『王書』の詞句から取られているというから、長年イラン人の民族意識を鼓舞してきたものであろう。フェルドゥスィーはこれをガズナ朝のスルタン・マフムードに捧げた。しかし彼はスルタンからその報酬を得ることができなかった。この辺の有名な経緯は、事実かどうか定かでないが、ニザーミーの『四つの講話』（黒柳恒男訳『ペルシア逸話集』平凡社東洋文庫134所収）に詳しい。フェルドゥスィーが『王書』を書き上げたのは、その最後に「回教暦四〇〇年」とあるから、西暦一〇一〇年のことである。

翻訳上の問題点は、ヘーゲルがFeridunと記していることである。もっともフェルドゥスィーは雅号であって、本名は不明であり、イラン本国でもロシア、西欧でもさまざまの表記がされてきており、Ferodousiなる表記もあるということだから、本文の（　）内の人名は『王書』の作者と断定してよいだろう。ところがその前の人名は同じ綴りながら、意味からするとイラン王朝の創設者の一人とも取れまい。

第二の世界時代［Ⅲ—2］は新たな安息日、もうひとりのアダム、新しい精神的種族の父祖の時代である。著者はこれらの表象の持っている興奮したレトリックを吐露しているだけで、それを越えて、この世界時代のための六つの［小］時代を提示するまでには至らなかったように見える。

次に、そこから第三の世界時代［Ⅲ—3］が始まる。この時代については、その本質的性格が、堕落の後に始まった時代におけるのと同様に、新たに人間性の内に根をもつことになった生命と、その前の時代からなお働き続けている死との、相互の戦いのなかにあることが明らかにされる。キリスト教が拡大していくことによって、キリスト教とイスラム教との間に、新たな歴史が光と闇とに分割され、そしてそれがその歴史における——六日のうちの——第一日［Ⅲ—3—1］の夕と朝であった。それ以後のことについてここで指摘するものがあるとすれば、宗教改革以後*に第三日［Ⅲ—3—3］が始まり、われわれは今なおその日に生きているということだけである。しかしわれわれはそれについてこれ以上その叙述から細部を引用するのは控えよう。その叙述はいたるところで、思想と数遊びの不毛さにもかかわらず、一方では修飾過多のけばけばしさに圧倒されるあいも変わらぬ文体に支配されているのである。

一一一ページにある説明を読んでいただきたい。そこには、世界史の流れの全体が集約されるという二重の三の数から七の数が獲得され、またそれが四つの大循

る。するとこの表記に音の近い王はピーシューディー朝の第六代のファリードゥーンがいる。しかし別人物とするのは不自然なので、本文では同一人物であるとして、年代を一致させるために意味を補いながら訳してみた。

ゲレスは『王書』の梗概を、本文にあるように、『フェルドウシーのシャーナーメによるイランの英雄叙事詩（Das Heldenbuch von Iran aus dem Schah-Nahme des Firdusi）』として一八二〇年に出版した。ヨーロッパで最初に『王書』の研究を始めたのはイギリスのW. Jones（1746—1794）であり（「フンボルト論」参照）、最初の全訳は七巻本でフランスのJ. Mohlが行った（1838—1878）。ドイツでは一七九三年にWahlが抄訳を出版している。日本語は抄訳で『王書——ペルシア英雄叙事詩』（黒柳恒男訳、平凡社東洋文庫150、一九六九年）がある。この注は特にその解説を参照した。

＊　宗教改革は第二の堕罪とされている。

環と二十四の時代経過を含むこと、ところが、この偉大なお芝居はその結末で、われわれはまだその一部分を知っているだけのようであるが、ふたたび分割されて、歴史の時代の流れの全体が三十六の大きな時代部分に分けられて描かれているのである。数を数えることはものを考える仕方のもっとも外面的側面をなすものであり、またここで原理にまでされている根拠のない思い付きはただ苛立ちと嫌悪感を生むだけのものである。先に内容を欠く反省のレトリックに関してその例を挙げておいたが、それが歴史の諸形態とその推移というより明確な事柄が提示されるべきこの箇所にもまたいたるところで混入してきており、そこで、美辞麗句で飾られた一般的用語からなるフランス風の世界史講義の古くさいスタイルを、それ以外の要素は無用なものにされ、思い出させすぎることであろう。「古い」、「新しい」、「次第に」、「混乱」といった類の、また他の不明確な形式が、冗長な説明を通して支配しており、何らかの明確な思想をつかまえようと努力しても、疲労困憊するだけなのである。

このような中身の伴わない手法を具体的に直観するために、評者は、キリスト教の活動についての多くの叙述のなかからほんの二三のものを引用してみよう。種子との比喩が前もって詳細に述べられた後に、キリスト教そのものについては次のようにいわれている（九八ページ）。

「この種子は、新たな土壌の上で膨らみ、芽吹き、根を張り、枝を出し、次第に地を覆う樹木に成長しつつ、戦いによってのみこのような開示を、大地の活動を生み出している力に対抗して本来それに植え付けられている超地上的な力を注ぎつつ、戦い取ったのである。」——次に「世界にあまねく繁茂している悪に対抗するそれに本来備わっている善の原理で武装して、種子は目に見えない始まりから」と、同じことが繰り返される。——「ところが、新しい信仰が混乱と破壊に勝利をおさめ、その腐敗のなかから新しい生命が呼びさまされるのと同じ度合いで、死せるものが新しい活動に目覚め、無秩序の混乱（冗語である）のなかで解体されたものは秩序の円環へと取り戻され、それは次第に拡散しながら人間存在のすべての地域に、人間的本性に開放されているすべての領域と対立の内に浸透していく。」——このようなありきたりの言葉にはもううんざりである。

精神の自由は自然との無味乾燥な対立状態にあり、その精神の国を一貫して支配している対立は善と悪との抽象的対立であり、次に善と悪同士との戦いが生じるのであるが、これはすでに述べた。次に、創造的な力、破壊的な力、保存的な力の区別が現われる。なぜ著者がこのような悟性の抽象的概念を、数による区別とともに、直観と見なし、それを提示することができたのか、［評者には］よく理解できないのだが、それ以上に、精神、そして直観なるものが［著者のなかに］存在するのであるならば、なぜ精神的直観が、歴史や世界史において、このようなものに満足していられるのか、理解できないのである。この講義の根本的欠陥は、それが関わろうとしているこの偉大な対象［世界史］にふさわしい具体的原理が、そこには全く欠如しているという点にある。この原理の思想内容は、ゲレス氏がしばしば言っている神性をわれわれに示すにとどまらず、精神を、しかも神の精神と人間の精神を示すものであり、そして、歴史の諸現象を数によって規定する外面的な図式化や、さらにアベル族などのような曖昧な観念を棄てれば、世界史におけるその有機的な体系化が樹立されるものである。この種の図式化の内にはいかなる精神も生きてはいないし住まってもいない。著者はこの図式化を法則と称し、先に引用したものと同じような抗議の言葉でこの書を結んでいる（一一四ページ）。

「発見されたこの法則は、それが何らかの先入見によって事実に暴力を加えようとしても、また事物の内的な連関（いったいこれはどこからやってくるのか？）を誤認し攪乱しようとしても、出来事の経過を規制することはない。そのうえ、この直観による方法はどこにおいても単なる類似性（数を数えることは類似どころか等しさを与えるものである）をとらえようと汲々とするものではなく、粗雑にも内的な区別を――見失ってしまって、退屈な一本調子を歴史記述の内に持ちこむこともないものである。」このようなことは言わずもがなである。

ところが、著者はそれ以上に、前述の少数の貧弱な抽象観念を何度も繰り返すことによって、またわれわれが十分その性格を明らかにした講演全体のありようによって、「一本調子」を生んでしまっているのである。そして、これらとともに、これまでのすべての［歴史に関するゲレスの］特性が、さらに著者が挙げている特性、――秩序は「数学的な」（もちろん単に数を数えたりそれを繰り返すことだけでは「数学的」ではない）網状組織のようなものではなく、史的事実の集合を別の姿に変え、それらを苦労して不十分ながらも結び合わせること［である］――という特性、これらの、著者が排斥しようとしている特性こそ、容易に分かるように、まさに世界史の［彼のいう］「ヒエラルヒー」の内に見出されるものであり、彼がしばしば表明している抗議はむしろこのような［彼に向けられる］批判を予想してのことと考えられる。

終わりに

この講演は学生たちに対してなされたものであるから、彼が学生たちにいかに対しているかを、指摘することで［この批評を］締め括ることができたかもしれない。ところがこの講演の内容はほとんどこちらに［われわれ公衆に］向かってなされたものとしか考えられないであろう。そこでわれわれはただその点に関してのみ、以下の彼特有の考えを挙げることにしよう。著者は、最後の講義の一一九ページ以下の結論部分で、彼の構想する、彼の属していた諸部族による［民族の］連合を、描いている。バイエルン人、これはまず第一にもっとも多く彼を取*

＊ 以下の「部族」はゲレスの個人的経歴と関連する。バイエルン人は彼が現在属している人びとであり、シュワーベン人は一八〇六年以来私講師をしていた土地であり、スイス人は一八二〇年以来亡命していた土地である。しかしフランク人との接点は分からない。

り巻いている人びとであり、彼らの気質と性質は、過去二年間の吟味の結果、試練に耐え抵抗力を持っていることであることを十二分に理解したという。そして、彼らの天性は機敏ではないが強靱なものとして現われているとする。こうして、彼自身の属したシュワーベン人、スイス人、フランク人の順に［述べている］。かつてはそれぞれの祖先はみなオギゴスと呼ばれていたのであり、近代は古フランクより以前に遡ることはできなかったという。「北方に現われた二三の部族もおそらくはまたこちらにも存在している。」北方では悟性が、昔から人びとが「もっとも慎重に配慮してきた」能力であり、それはひとを一面性に導くものである。もし彼らが、常に完全なる全体から語られつつ、歴史から発せられる声に、耳を傾けようとするならば、彼らは、彼らなりの優れたものを失うことなく、利益を得ることも可能となるであろう。なぜなら、彼らはその一面性に対抗して、考え方のよりすぐれた自由を獲得するからである。

しかしながら、教師がその聴衆に対して取っている立場の私的側面に、たとえ彼が公衆を前にしている場合であろうとも、これ以上言及することはふさわしいことではあるまい。

ヘーゲル

* ゲレスは一八二七年にミュンヒェン大学に招かれたのであり、それ以後の彼の見聞を言うのであろう。

** 「オギゴス」Ogygos　太古の伝説でテーバイの王のこと。

解題と解説

原題は、Über Grundlage, Gliederung und Zeitenfolge der Weltgeschichte. Drei Vorträge, gehalten an der Ludwig-Maximilian-Universität in München von J. Görres. Breslau 1830である。本批評は、ゲレスのこの著作に対する書評論文として、『学的批評年報』の一八三一年九月号の、五五、五六、五七、五八号に分載されたものである。翻訳の底本は他のものと同じく、Philosophische Bibliothek 504を用いた。Suhrkamp版ヘーゲル選集の十一（Berliner Schriften 1818―1831, Redaktion Eva Moldenhauer und Karl Markus Michel）も参照したが、これには少なからず誤植が見られ、改行やダッシュの用い方も異なっており、それらは上記底本と『年報』のファクシミール版によって訂正した。

ゲレスは、彼の生誕百年を記念して作られたカトリック学者の団体である「ゲレス協会」によっても知られるように、その多方面に渡る（政治も含めて）活動とその博覧強記な書物によって当時も今もカトリックの人びとに大きな影響を及ぼしている。クルーク（Wilhelm Traugott Krug）は『哲学辞典』（一八三二―一八三四年刊）において、ゲレスを「プロテスタント主義に対抗した狂信的カトリック主義の信奉者」と呼び、この書物を「通俗的で修辞的－詩的な比喩的言語にまとわれた、否むしろその内に埋没している歴史の哲学的理論であり、言うまでもなくこのようなものは学問的叙述にとってもっとも避けねばならぬものである」と酷評している。

彼の生涯は、フランス革命の熱狂的な支持者として始まり、弾圧を被るとともに、ナポレオンに幻滅すると、次にはロマン主義的民族共同体の理念からしてプロイセン国家にみずからの夢を託すようになり、最後にカトリックの内に人類の普遍性の実現を夢想したのである。本批評の対象となっている書物はこの最後の時期のものである。フランス革命―プロイセンの民族国家―カトリックの神秘主義というこの思想遍歴は、ヘーゲルと同世代の少なからぬ人びとがたどった道である。ゲレスのより詳しい生涯については、この解説の終わりにノーアクの記述を訳出しておいたので、それをご覧いただきたい。

ゲレスは一八二七年、五十一歳で新設なったミュンヒェン大学に歴史学の教授として招請され、そこで行なった三回の講義の内容を印刷したものが上記の本である。講義の内容は、ヘーゲルの批評から推測するところ、第一回目は「世界史の基礎」を主題としている。「基礎」とは、自然科学の二つの原理的直観である天動説と地動説との類推から、地上を中心に置くギリシャ的な世界観と神を中心とするキリスト教の世界観の二つであり、それが「(歴史的)直観」として提示されている。第二回の講義では「世界史における区分」が扱われる。世界史は、自然の国、必然性と混合した自由の国、神の国の三つに区分される。また、歴史の契機が、個人の生命段階との比較によって、少年期、それからいわば成人期、老年期の三つの段階として指摘されている。しかし、他方で、世界史のエレメントを自然、民族、国家、教会と四つ挙げているが、このエレメントと上の契機との関連は必ずしも明らかになっていない。最後の第三回講義は「時代順序」を主題にするものである。「世界時代」は大きく三つに分かれる。Ⅰは存在するものは神のみであり全てが善であった時代、Ⅱはアダムの堕罪によって悪が侵入してきた時代であり、Ⅲが創世記から当代までの時代である。さらにその内の最初の時代、Ⅲ―1は、おそらくキリストの出現までの時期を指し、Ⅲ―2は十字軍までの時期であり、Ⅲ—3はそれ以後の歴史を意味しており、六日ある内のその三日目［Ⅲ—3—3］に宗教改革が起こり、現在まで続いている、というのがゲレスの言う時代順序であるように思われる。

ヘーゲルはゲレスのこのような「世界史」を二つの点からきびしく批判している。一つはゲレスが学問の基礎としている「直観」が史実の裏づけを持たないファンタジーにすぎないこと、特に史料を持たぬ「先史時代」についての叙述が空想に陥ってしまっていることである。それに対して、ヘーゲルは歴史叙述に「概念」と「思想」の必要性を強調するのである。第二の批判は、このように歴史の内容が空想的であることの補完として、ゲレスが「数の神秘主義（Zahlenmystik）」を持ち出していることに向けられる。彼の世界史は内容を持たぬがゆえに、数という悟性的な「図式」に頼らざるを得なくなっているのである。

一方でまた、ヘーゲルは折にふれて、他のカトリック思想家の名前を挙げて、彼らとともに、ゲレスが「教皇権至上主義（Ultramontanismus）」を喧伝していることに注意を促している。この批評はヘーゲルの死の二カ月前に発表されたものだが、晩年の彼がもっとも関心を持ち、批判の対象としたものはこのようなカトリック復古運動であったのである。

ノーアクによるJoseph Görres（クルークはJakob Görresと綴っている）の生涯の記事

一七七六年、コーブレンツに生まれる。その地で九年間、まず出版者として、雑誌『赤色新聞（das rothe Blatt）』を編集し、さらにそれが弾圧された後には、『青衣のリューベツァール（Rüebezahl im blauen Gewande）』（坑夫や修道僧の姿をして旅人をからかう山の精のこと）なるタイトルの新聞を発行して、フランス革命の理念の普及に尽力した。しかし、ブリュメール一八日の革命後、ナポレオンに将来の独裁者の影を見、政治生活に嫌気がさし、一八〇〇年、生地の中等学校の自然史と物理学の教師の職に就いた。教師として、彼はアフォリズムの形式によって、芸術（一八〇二年）、有機体論（Organomie）（一八〇三年）、有機体学（Organologie）（一八〇五年）、生理学の叙述（Exposition der Physiologie）（一八〇五年）に関する書物を書いた。それらのなかで、彼はシェリングの自然哲学についての基本的な研究を公にしており、フィヒテとシェリングの仕事を熱狂的に承認して、近代のかつての哲学的努力に関して率直に意見を述べると同時に、芸術と哲学における英雄たちは自分を「学問の指揮官」と見なしていると、その虚栄心に満ちた思い上がりに対して決定的な矛盾を指摘している。

一八〇六年、ゲレスは、コーブレンツでの彼の地位を確保したまま、ハイデルベルクに向かった。その地で、彼は、物理学と神話学の講義をし（何という取り合わせか！）、『信仰と理解（Glauben und Verstehen）』（一八〇六年）という小冊子によって、シェリングの汎神論をフリードリッヒ・シュレーゲルのロマン的思想と融合させて伝え、一八〇七年にはドイツの『民衆本（Volksbücher）』を編纂し、中世のすばらしさを華麗で空想的な雄弁でもって賞賛しようと試みた。ハイデルベルクの私講師としての彼は、その講義が機知に富んだ内容を含んでいたにもかかわらず、規則的で関連性のある学問的講義ではなかったために、幸運に恵まれなかった。そこで、一八〇六年（誤植か?）、コーブレンツの職に復帰し、ハイデルベルクでの神話学の講義を、一八一〇年、『アジア世界の神話史（Mythengeschichte der asiatischen Welt）』として出版した。そのなかで、彼は倦まず弛まず、ロマン主義のヒポグリフ（頭が鷲で翼を持っている空想上の馬のこと）にまたがって、人口に膾炙している空想に乗って、民族の歴史を駆け抜けている。最も近いものを最も離れたものと結び付けつつ、歴史的で神話的な細部を世界史の直観の黄金の枠組に織り込んでいるものは、吟味し判断する悟性ではなく、空想が生む恣意であった。その世界史においては、千里眼的な思想がもっとも恣意的な思い付きと乱雑に混淆しているのである。哲学のロマン主義は、彼の内では、構想力の思い切った飛躍と一緒になって、「歴史の世界における前進のカーブ」を描くために、帆をいっぱいに膨らませ、知識の流れをとびこえ駆け抜けていったのである。

ゲレスは雑誌『ライン・メルクール（Der rheinische Merkur）』を発刊して、政治及び出版の活動を再開したが、今度は民族問題の主張のゆえに、この雑誌はナポレオンによって「第五勢力」と呼ばれ、一八一六年初めにはプロイセンによって弾圧される結果に終わったのである（これが新聞禁止令に引っかかった最初の例となる）。代わりに、ゲレスは一八一六年に、『ドイツの将来の憲法（Deutschlands künftige Verfassung）』を書き、そのなかで、ドイツの皇帝位がハプスブルク家によって確立されるように要求している。『ドイツと革命（Deutschland und die Revolution）』（一八一九年）では、彼は諸侯と諸民族に対して、「フランス革命期において」彼らが彼ら自身と祖国の屈辱をもたらすことになった過ちを等しく指摘している。彼がその自由な精神運動をこのように官僚制警察国家「プロイセン」の内に求めたのは空しいことであったから、次に彼は、彼が教育を受けたカトリック教会の内に、国家によっては踏みつけにされた彼の理想の庇護者を求めることになった。滞在地のフランクフルト・アム・マインで、逮捕命令が発せられた。彼は辛うじてそこを逃れ（一八二〇年）、シュトラースブルクに赴き、しばらくしてそこからスイスに行く。その地で、一八二一年と一八二二年、再度、多数の公衆向けの政治論文によって、特に『ヨーロッパと革命（Europa und die Revolution）』（一八二一年）によって、時代の宗教的－政治的再生を守るために戦った。彼はカトリック教会の統一勢力という彼の希望の実現を期待したのであり、これ以来、彼はこの関心のために戦うのである。

ゲレスが選帝侯バイエルンのマクシミーリアーンに捧げた『ルートヴィッヒ王への説教（Standrede an der König Ludwig）』というパンフレットは、一八二七年、彼を新設のミュンヒェン大学に就職させることとなった。彼は歴史学の教授として、「戦争と争乱によって絶えず成長していくドイツ帝国を歴史全体のなかで明らかにすること」に着手した。世界史をカトリック主義の意味において、またその賛美として解釈するのに、ゲレスが打って付けの人物であることが、彼の政治的‐教会的なパンフレットによって明らかになったのである。彼は一八三〇年に出版された「本批評の対象である」『世界史の基礎、区分、時代順序』によって、歴史に関する彼の空想的構想を教皇権至上主義の世界観の原理から作ろうと試みており、そこでは聖書の七日間［六日間の誤りか?］の仕事の基準に従って世界史の全体が区分されている。

混合結婚に関するプロイセンの教会論争に際しては、ゲレスは自らケルンの大司教の弁護人を買って出て、『アタナーシウス（Athanasius）』（一八三七年）を著わし、一八三八年に『カトリック的ドイツのための歴史的‐政治叢書（Historisch-politische Blätter für das katholische Deutschland）』の準備に取りかかった後、『キリスト教神秘主義（Christrischer Mystik）』全五巻（一八三六年から四二年）においては、歴史の真理を意に介さずに、中世の亡霊たちを老年に達した彼の闇の幽霊として、明るみに出そうとしている。「神秘主義を放棄するならば、聖なるものは汝らからは消えてゆく。聖なるものの香りの内にいることは、具象的に語れるものではない。快い香りは、聖なる生活を送っている人びとから実際に発散されてくるものだから。」さらにまたゲレスは一八四五年、カトリックの呪物崇拝賛美に賛成する声を小冊子『トリーアへの巡礼（Die Wallfahrt nach Trier）』において鳴り響かせた。これによって彼は自ら、「ドイツロマン主義者のオデッセウス」（アーノルド・ルーゲが彼をそう呼んだ）として、耄碌してしまったことを世に知らしめたのである。一八四八年の二月革命のわずか数週間前、彼は臨終の秘跡を授けられた良きカトリック教徒として死んだ。

補遺

1　レッシングの妻との往復書簡について

私は先日レッシングの妻との往復書簡＊を読んだ。――そのとき読みながら感じ、そしてまた心に残った感覚は、まったく独特なものだった＊＊。それは、喜びと悲しみの関心が入り混じったものであった。長編のロマーンを読んでも、このように現実の生活を知ることからのみ得られる読書の楽しみに優るものを期待することはできない。ひとは常に事柄が展開することを欲するものである。［しかしここには］陰謀や大きな障害が――これは、一般に、読者の注意を引きつけておくために、ロマーンにおいて必要とされているものだが――、展開を阻［みつつ色どるという］ことはないのであるが、それでも関心に欠けることはないし、その状況はまったく自然で人間的であるから、その関心はますます心から他人《ひと》ごととは思えないものとなるのである。この道に横たわっている障害といえるものは、今日では多くの場合に、時にはほとんど唯一（ここでは明らかにそうではないが）考慮に値する事柄、つまり、十分な生計だけであり（というのは、愛は、お互いを荒涼の地に引き込み、すべての快適さを断念しても、ただ愛によってのみ生きさせるほどには、強いものではないのだから）――そして、その条件がまだ十分

＊『レッシングとその妻との友情に溢れる往復書簡（Freundschaftlicher Brief-wechsel zwischen Gotthold Ephraim Lessing und seiner Frau）』（Hrsg. von Karl Gotthelf Lessing, Teile 1–2, Berlin, C. F. Voß und Sohn 1789）のこと。

＊＊ 以下のヘーゲルの抱いた印象を、現代の書簡の編集者は「非常に的確」と評価している。Briefe von und an Lessing 1770–1776, Hrsg. von H. Kiesel, Bibliothek deutscher Klassiker 36. 1988, Deutscher Klassiker Verlag, S. 857

に確実になっていなかったのであるから、*「二人の」和合は常に先延ばしにされたのである。――ここには、結婚を阻む、残忍な父親も、非情な伯父あるいは後見人も、無邪気に尻を追い回す殿下もいない。** 手紙の交換が続いていた期間は六年間、――花婿と花嫁には何と長い時間であったことか。そしてこのあいだにあるものはほとんど不機嫌と病気†から来る悩みだけであり、その後に――わずかに三年の――結婚生活が続いたのである。‡ ここで、人間の空しさ、人間がもっとも好ましいと思っている関心のもつ空しさに思いをいたさぬひとがいるであろうか。もし人間がこのことをあらかじめ知っていたならば、彼が、生きることよりも、自然が彼に定めた死の前に死ぬことを選ぶことがないと、だれが言うことができようか。――おそらく、困窮と辛苦のみの生活を思い浮べるならば、「そうであろう」。――しかし、ひとは、生活の具体的ナありようを、――ゲーテの言う、活動と仕事の好ましき習慣を――、すなわち、身体的快さの内に殺到する、われわれがたえず配慮しつづけとどまることを知らないさまざまの知覚の流れを、考えて「暮らして」いるだけではない。――人間はこのような「感覚的な」ものごとの外部で作られるべき思想を考えることができるのであり、そこで人間においては、表象と魂の働きのほとんどは内面にのみ向かうものであって、感官を通して人間を自然の全体に結び付けている紐帯は非常に弱いものであらざるをえないのである。

* レッシングのいたブラウンシュヴァイク公国は七年戦争によって財政が逼迫しており、公国の既成体制のなかに十分な地位を占めていなかった彼は特に生活に困窮した。一七七〇年八月には父親が亡くなり、長男の彼にその負債の弁済が迫られ、結婚もままならなかったのである。彼は繰り返し俸給の改善を大公に陳情している。

** おそらくレッシングの悲劇『エミリア・ガロッティ（Emilia Galotti）』（一七七二年出版）の登場人物、エミリアの父親のオドアルド、さらにゴンツアーガ伯爵などを指しているのであろう。

† 一七七二年の夏以来、レッシングにはヒポコンデリーと鬱状態の兆候が顕著になってきた。恋人エーファ・ケーニッヒと離れて暮らしていること、宮廷での屈辱的待遇がきっかけとなったのである。エーファもまたその手紙でレッシングに訴えているのは彼女のヒポコンデリー症状である。――われわれは、ヘーゲルの時代も含めて、何度この「ヒポコンデリー」の語を目にすることであろうか。

‡ レッシングは一七六七年四月、ベル

余談はさて置き、レッシングの往復書簡に話を戻さねばならない。この書簡の全体のトーンは、少なくともそのほとんどは、読者を心地よい感覚にひたすよりは、悲哀へと誘うものである。——けれども、苦痛や苦悩の言葉は喜びの言葉よりもはるかに雄弁であり、喜びの享受は苦痛の感覚ほど注意されないものである。われわれがものを書いているこの不透明な瞬間は、悲しみをさらに際立たせ、悲しみに濃い色を塗り、多すぎる影を絵の内に描き込むものだが、そればかりか、楽しい時の思い出をも黒いベールで覆うのである。——時には、かすかな、ひそやかな、気分を移された者にも気づかれない虚栄心が——われわれが楽しそうに見られているときよりも苦しそうに見られているときに、われわれが喜びよりもはるかに苦痛の内にあるように見えるときに、われわれに心の奥底から、もっと関心を呼び覚ませ、もっと共感を持て、と説得にあたる虚栄心が——紛れ込んでいる場合もある。さらにもう一つ、私には非常に奇異に感じられた言葉がある。レッシングの愛する人が憂鬱な気分、不愉快な状態を訴えている一方で、彼がすばらしい気分でいるとき、彼は処世訓、「ヨク生活スルタメノ法」の規則に則って——あたかも彼は、状況が彼をそうさせた（おそらく晴天が健康の感覚と結びついてそうさせたのであろう）この満足した気分を、まるで自分が賢明な格率を守ったおかげでもあるかのように感謝して——、彼女に対しているのである。——こういうときは愛すべきうぬぼれのお人好しはしばしば自らを欺くものであ

リーンからハンブルクに移り住み、そこでビロード工場を経営する大企業家エンゲルベルト・ケーニヒ（Engelbert König, 1728—1769）とその妻エーファ（Eva König, 1736—1778）を知った。ケーニヒは一八六九年イタリアで客死し、レッシングは後に彼の妻となるエーファの相談相手となった。一七七〇年四月、レッシングはブラウンシュヴァイクのカール大公からヴォルフェンビュッテル（Wolfenbüttel）にある著名なアウグスト図書館（Bibliotheca Augusta）の管理を委ねられ、その地に赴いた。この時から、結婚する一七七六年一〇月までの六年間、二人はヴォルフェンビュッテルとハンブルクの間で書簡を交わしたのである。エーファは一七七八年一二月一五日に難産の末子供をもうけるが、翌日子供は死に、エーファもその後を追うように翌一七七九年一月一〇日に亡くなった。したがって、二人の結婚生活は実質わずか二年と三カ月に過ぎなかった。

る。

上機嫌によってこそ、行為によるよりも、賢明な計画の達成よりも、外部の状況よりも、自分自身との満足は促進される。——しかし、事柄は常に逆に考えられている。われわれが自分の良心、自分の賢さに満足し、原因は自分にあると思い違いするときにのみ、その結果として心情の明朗さと真実の喜びが存在すると考えているのである。——ほとんどの事柄は逆転しているものなのである。——健康の感覚、すばらしい天気、目下の煩いからの解放、おいしい食事の見込み、これがわれわれを喜びの状態にしてくれるのであり、これはわれわれをまことにあまりにも心地よく騙すのである。ただ不幸のみが良心の呵責を目覚めさせ、後悔すべき思慮のなさへの追憶を積み上げ［るのだが］、魂をあえて悲しみや苦痛の感情で満たそうとすることは稀であり、またしても自分自身に満足していないと叫び、自らを責めながらも、その魂から、毅然として自分の無実を信じて苦痛に抵抗する勇気を、完全に奪い取ってしまうことになるのである。

それでは、ここでお前は、善良な人間と邪悪な人間との間にあるすべての区別を止揚してしまうのか。お前が描いたこの構図は邪悪な人間にのみ当てはまるのか［と問われよう］。そうではない、区別はあっても、ここではそれは質的ではなく、程度の違いにすぎない。われわれがここに見出している人間、彼は常に善き意図を自覚しており、常に正義の永遠の規範に従い、同時にもっとも優れた思慮をもって行動した人間であり、この点で彼は非難されるべきいわれは何一つない。不機嫌はしばしばはるか以前になされた事柄を呼び戻すものである。――そこで、われわれはそのような記憶をすばやく吐き出そうとしばしば試みるのだが、そこから生まれた感情は、現在の不機嫌と混ざりあって、消えることがないのである。

しかし、レッシングの処世訓に戻ろう。すると、われわれはしばしばその次の手紙の内にも、状況次第でこの処世訓の効果がまったく止揚されてしまうのを見るのであり、また、いかにわずかな格率が満足と不快に関連している印象を左右できるものであるか、その驚くべき実例を目にすることになる。

手紙のトーンは、いろいろな出来事や仕事を、嘆きや喜びを相互に伝えあい、共感しあうものであり、――互いの側からそれに係わっているものである。表現は作為的ではなく、*一般的な事柄から出ることもなく、――感覚を細かく分析するようなこともない。つまり、感覚は全体的印象を現わしているのである。――これこそ、われわれがギリシャ人の間に見るものである。彼らにおいては、悲劇が、今日しばしば見受けられるように、ツマルトコロハ経験的心理学の要約にすぎないようなものになることはなかった。――これこそが自然というものであり、――これは享受され感覚されることに向けられているのである。青年と教育に関する以前の状態はわれわれの内にある自然についての印象を抑制するよう

＊　以下の文章はレッシングに対する批評からはやや外れているように思われる。後に書き加えたものかも知れない。

に働いている。――われわれは、魂が自分自身のみを思い煩い、――外部の対象をあまりにも概念に従って判断して、美しきものについての感覚によっては判断しないことに、あまりにも慣らされてきた。――心は閉ざされてしまい、ただ冷たい計算づくの悟性のみが残され、――結局、悟性は手段にのみしがみついているだけで、目的はまったく念頭にないのである。われわれの慣習や性格とギリシャ人のそれとの決定的な違いはおそらく、死を思いつつ生を享受しようとして「人間よ、汝の生を楽しめ！」と叫ぶような詩人が、われわれの間では愚かに見えるに違いないということによって、明確になるであろう。――たとえ明日死が私を呼ぼうとも、今日私は生を楽しめるであろうか。

ただギリシャ人のみが、一人ひとりの実在のために、生命と感覚を表現することを楽しみ、それに関心を抱くことができた。――ギリシャ人の純粋な精神はいたる所に、心が関わっていく純粋な作為のない関係を発見した。この点で、彼らはその格言詩によって彼らがもっとも高貴なものであることを示しており、彼らは、われわれが薔薇から薔薇水を採取する薬剤師とするなら、薔薇の香りを嗅ぐ童児のように見える。穢れを知らない純粋と愛らしき含羞がそもそもギリシャの守護神の財産であったように思われるのである。

解　題

Ueber Lessing's Briefwechsel mit seiner Frau

この草稿は残っていない。初め「故人の友の会」版全集（Hegel's Werke）の第一七巻（一八三五年）の四〇六から四一〇ページに収められた。表題はヘーゲルのものか、編集者によるものか、明らかではない。この全集では成立年代についての記事はないが、後にその写真復刻版を編集したグロックナーは、これをベルリーン時代のものとした（Sämtliche Werke. Jubiläumsausgabe. Bd 20, 1930, 451－455）。しかし、ペゲラーはこの論文は「確実にヘーゲルの（テュービンゲンの）学生時代に書かれたものであり、考えうるとしても、この学生時代の名残りとしてベルンの最初の年（一七九三年）に属するだけであろう」（Hegel-Studein. Beiheft 4 (1969) Otto Pöggeler : Hegel, der Verfasser des Ältesten Systemprogramms des deutschen Idealismus S. 28）と言っている。シューラー番号はない。

翻訳の底本は、Gesammelte Werke Bd 1, Frühe Schriften I. Hrsg. von Fr. Nicolin und G. Schuler (1989) Sn. 405－407を用いた。

345　補　遺

レッシングのこの書簡集が出版された一七八九年、ヘーゲルは十九歳、テュービンゲン神学院の二回生であった。その数年後にヘーゲルはこれを読み、一気にその感想を記したのであろう。書簡集を一瞥すると、そこには、ヘーゲルも書いているように、「ヒポコンデリー（Hypochondrie）」「病気（krank）」「健康（gesund）」の文字（それと、なぜかロットーの五組の数字）がおどっている。学生のヘーゲルは、レッシング夫妻の欝的な気分の交流の内に、あるいは欝的状態を克服しようとする努力の内に、内面性のみを重視し、自己の力でそれを克服できるとする自己欺瞞の様相を見ているのである。むしろ、晴天が明朗な気分をもたらし、雨は悲哀（Wehmut）を生む、それだけのことなのである。したがって、論文の最後で突然論旨が逸れて、ギリシャ人の心性を「穢れを知らない純粋と愛らしき含羞」として讃えているのも、彼の心のなかでは必然的なつながりを持っていたのである。

ゴットホルト・エーフライム・レッシング（Gotthold Ephraim Lessing）については、私には語る能力も資料も持たないので、必要な事柄をごく簡単に記すにとどめる。彼は一七二九年、ザクセン侯国のカーメンツ（Kamenz 現在のラウジッツ Lausitz）に、プロテスタント牧師の長男として生まれた。カントの五歳年下、シラーより三十年、ヘーゲルより四十一年早く生まれたわけである。一七四六年、ライプチッヒで神学を学び始めるが、翌年には批評家及び劇作家としての活動を始める。一七四八年、神学から医学に専攻を変更し、ヴィッテンベルクで学ぶが、困窮し、ベルリーンに出る。ベルリーンでは、『フォス』に批評を発表し、また後に啓蒙主義者のニコライやメンデルスゾーンとともに雑誌を創刊し、批評活動を続けた。その後は省略しよう。脚注に述べたように、一七六七年、ハンブルクに移り、さらに一七七〇年、ヴォルフェンビュッテルに移り、一七七九年妻に先立たれ、一七八一年二月、ブラウンシュヴァイクで八十二歳で亡くなった。

2　ヴァレンシュタインについて

『ヴァレンシュタイン』を読んで得た第一印象は、権力を持ったひとりの人間が、声を立てず耳に聞こえぬ死せる運命に翻弄されて、没落していくこの劇に対しては、ただ悲しみに口を噤むしかないということである。この作品は結末に至ると、すべてが終わってしまい［何も残らず］、無の王国、死の王国が勝利をおさめる。つまり、これは弁神論として終わるのではない。

　この作品はヴァレンシュタインの二つの運命を含んでいる。――一つは決断によって［彼が］限定されたものとなる*という運命であり、第二の運命はこの決断とそれに対する反作用が［彼に］もたらす運命である。そのいずれもそれだけでひとつの悲劇的全体と見なしうるものである。

第一の運命。――ヴァレンシュタイン、このひとりの偉大なる人間が、なぜ偉大かといえば、それは、彼が彼自身として、個人として、多くの人間を意のままにしていたからであるが、このように支配する存在として、彼は謎めいた姿で、というのは、彼は全く秘密を持たないから［したがって人びとは彼の内心をはかりかねるから］であるが、その支配の栄光と享受の内に登場してくる。限定性は彼

* Bestimmtwerden　以下で「限定性」と訳したのは Bestimmtheit、「無限定性」と訳したのは Unbestimmtheit である。

の無限定性［得体の知れなさ］に対して必然的に二つに分岐する。その［限定性の］一つは彼の内部にあり、もう一つは彼の外部にあるものである。彼の内部にあるものは、限定性を求めて努力するというものであるよりも、限定性が醱酵してくる［のを待つ］ということである。彼は個人としての偉大さ、将軍としての名声、一人で［神聖ローマ］帝国を救済した者としての名誉、彼に従う多くの者どもを支配する権力、味方と敵の内に広がっている［彼に対する］畏怖を身に帯びている。彼は、彼が救済した皇帝と国家に所属するという限定性すら超越しており、ましてや熱狂にとらわれるようなことはない。彼の抱いている計画は全く熱狂というものを超越しているのである。このような彼をいったいいかなる限定性が満たしうるというのであろうか。

彼はその持てる力をその時代のもっとも偉大な［目的］のために、一般的にはドイツに平和をもたらすために、特殊には、自分には王国を、友人たちにはそれにふさわしい報酬を与えるために、捧げたのである。――［しかし］彼の、他に恃まず自らに満ち足りて、もっとも偉大な目的にのみ関わる、それゆえ性格を欠いている、この崇高な魂は、いかなる［限定された］目的をもつかむことができず、自分を突き動かすより高きものを求め続けるのである。不羈独立の人間、しかも修道士ではなく活動する人間は、限定性の罪［限定されていることによって受ける罪］を撥ね除けようとするものであり、彼に命令が下されること――彼にはその必要はないが――がないときは、彼は自ら、自分に命令を下す。ヴァレンシュタインは自分の決断、自分の行動、自分の運命を星辰に求めるのである（マックス・ピッコローミニはまるで恋人のようにそのことを語っている）*。周りのものがすべて限定されているただなかでひとり限定されずにいること、すべてが他のものに依存しているなかでひとり何ものにも依存せぬものとして存在すること、このような一面性もまた［彼の内部においてそうであったように、外部においても］、彼を数千の限定性との関係に置くのである。その限定性は、彼の友人たちが目的、すなわち、自らのものにせんとする目的として、作り上げたものであり、他方、彼らが戦わざるをえない敵たちにしてもことは同じなのである。そして、この、沸き立つ素材――なぜならここにいるのは人間だから――の内で作り上げられた限定性が、彼はそれらと結びついており、したがってそれらに依存してもいるのであるから、彼をとらえるのであって、彼が限定性を作るのではない。このように無限定性が限定性に屈服することが最高の悲劇的本質であり、それが壮大に首尾一貫して描かれているのである。――ここでは反省は天才たる所以を説明するものではない。ただそれを明示するだけである。

このようなことがこの悲劇の全体を支配しているという印象を私は非常に生き生きと感じ取った。もしこの全体がロマーンであったならば、この限定されたものを、――つまり、ヴァレンシュタインをしてこのように人びとを支配させるに

＊ 第二部「ピッコローミニ父子」の第二幕第六場で、ヴァレンシュタインは行動を起こすように迫る腹心のイローに対して、「天空の星は昼夜、春夏を作り、種蒔く者に種蒔時と収穫時を教えるだけではない。人間の行為も宿命の種蒔きだ。成就を願い運命の力に委ね、未来の暗い土壌に種が蒔かれる。」と言って、動く気配がない。マックス・ピッコローミニはヴァレンシュタインを裏切るオクタヴィオの息子であり、ヴァレンシュタインの娘のテクラの恋人であるが、彼は随所でヴァレンシュタインの人柄を誉め讃えている。

至ったもの［経緯］を、説明してほしいと要求できたかもしれない。偉大で限定を欠くもの、豪胆に見えるものはひとを魅了するものである。この作品にはそれが存在している。しかし、行為によってドラマ的であるもの、つまり、限定することによって同時に限定されるものが登場してくることは不可能であった。それはただ、「序曲」において、おそらく別の意味でであろうが、言われているように、「面影」として登場しているのである。* 一方、「陣営」** はそれ［過去のことの経緯］が［場面を］支配しており、すでに生成したこととして、［行為は終わり、その］所産として存在しているものである。

もしそうであったならば［ヴァレンシュタインの人となりの背景が描かれておれば］、この悲劇の結末は彼の決断するところのものとなったであろう。もう一つの悲劇、それはこの決断がそれと対立するものにぶつかって砕け散ってしまうものである。第一の悲劇が偉大であるだけに、私はこの第二の悲劇には満足できない。生に［対抗するもの］は生［である］。ところが、ここでは生に対抗しているのは死だけである。信じられない！　忌まわしいことだ！　死が生に勝利するとは！　これは悲劇ではない、恐ろしいだけだ！　これでは［心が］引き裂かれ（『クセーニエン』† を見よ）、ここからは胸の痞《つかえ》を下ろして新たに飛躍することは望むべくもない！

＊「序曲」（一七九八年一〇月、初演時のヴァイマル劇場改修の柿落《こけらおとし》の口上）、「今日この舞台に現われる者は彼（ヴァレンシュタイン）ではない。しかし彼の命令によって動き、彼の精神によって活かされる勇猛な軍勢の内に彼の面影を見るであろう。やがて内気な詩の女神は彼を生きた姿で登場させるであろう。というのは、彼の心を惑わすのは権力であり、彼の陣営のみが彼の犯罪を説き明かすからだ。」

「別の意味」というのは、今日舞台に掛かる第一部「陣営」にヴァレンシュタインは登場せず、彼の置かれた状況と行動の背景を説明するために彼の陣営の様子が明らかにされるとシラーの口上は述べているのに対して、ヘーゲルは、そもそもヴァレンシュタインが行動する人物として描かれてはいないと考えているのである。

＊＊ 全体の第一部が「陣営」である。シラーはヴァレンシュタインの罪は彼の「陣営」の描写が説き明かすと考え、ヴァレンシュタインの登場しない第一部を付け加えたのである。

† シラーとゲーテによる『クセーニエン』「ギリシャの悲劇と現代の悲劇」及び「対

立的効果」を参照。その一七九三年号には、「われわれの悲劇は理性に訴える、ゆえに心を引き裂いてしまうが、かの「ギリシャ」悲劇は激情を掻き立てる、ゆえに安んじて心を鎮めることができる」、あるいは「われわれ近代人は衝撃を受け感涙にむせんで劇場を後にし、ギリシャ人は安んじて小躍りしつつ出ていく」とある。ヘーゲルはこのシラー自身の言葉を引いて、彼自身がギリシャ悲劇に劣るとした近代悲劇の欠陥に陥っているではないか、と主張しようとしているのであろう。

解題

Über Wallenstein

ズーアカンプ版二十巻選集の1「初期著作」の六一八から六二〇ページに収録されているテクストを翻訳の底本とした。ヘーゲルの弟子たちはこれをベルリーン時代（事実これは『速達便』に掲載された）に属するものと考え、「故人の友の会」版全集のXVII巻（四一一から四一三ページ）に収録した。表題はヘーゲルの付けたものではない。これには草稿が残されており、その筆跡から、シューラーは一八〇〇年の末ないしは一八〇一年に執筆されたものと推定している。シューラーのリスト番号は96、『ヘーゲル事典』執筆年代表の番号は45。

ヨーハン・クリストフ・フリードリッヒ・シラー（Johann Christoph Friedrich Schiller）については贅言を費やすまでもないであろう。シラーは、一七五九年一一月一〇日、ネッカー川のほとりにある美しいマールバハの街に生まれた。現在ネッカーを見下ろす高台にはシラー博物館があり、そこには、シラーのみならず、ゲーテやシェリング、ヘーゲル、そしてコッタ書店に関する貴重な資料が収蔵、展示されている。シラーは一七八九年五月、ゲーテの推挙でイェーナ大学の歴史学の教授となり、一七九一年からヴァレンシュタインを主人公とする悲劇を構想し始め、一方で『ヴァレンシュタイン』の背景となった『三十年戦争史』の執筆に取り組んだ。そして一七九四年一月から『ヴァレンシュタイン』を書き初め、改作、推敲を重ねて、脚注に記したように、一七九八年一〇月一一日、ヴァイマル劇場で、第一部「ヴァレンシュタインの陣営」が初演された。翌年の一月三〇日には同じくヴァイマルで第二部「ピッコローミニ父子」が、四月二〇日には第三部「ヴァレンシュタインの死」が初演された。そして一八〇〇年の六月末、『ヴァレンシュタイン。シラーの悲劇』が出版された。ヘーゲルはこの本を早速手に入れ、一気にこの読後感を記したと思われる。その時点では劇を実際に鑑賞することはなかったであろう。ヘーゲルがフランクフルトからイェーナに移住したのは一八〇一年一月であり、その時シラーはすでにヴァイマルに居を移していたから（たまにイェーナを訪れることはあったが）、二人が見《まみ》える機会もなかったと思われる。シラーは一八〇五年五月九日ヴァイマルで亡くなった。

この批評の鍵になる言葉は「限定性（die Bestimmtheit）」である。人間は共同性の関係の内で必ず何らかの限定を被るものである。その限定性によって生み出される葛藤を、その限定性を止揚するのではなく、葛藤を主観的に克服して、明朗さをもたらすことが、『改宗者たち』の解説においても述べたように、喜劇の本質である。他方、ヘーゲルはここでは、悲劇の本質が「無限定性が限定性に屈服すること」にあると述べている。いかなる限定も持たない、得体の知れない人間、ヴァレンシュタインが、外部の状況によって余儀なく、自らの意志によってではなく、限定されていくすがたの内に、ヘーゲルは偉大な人物の最大の悲劇を見て、その点でこの劇を賞賛しているのである。ところが、ヴァレンシュタインの無限定性は、無限定性それ自身もひとつの限定性であるのだから、「行為によってドラマ的であるもの、つまり、限定することによって同時に限定されるもの」によって、劇のなかで明らかにされるべきものである。しかし、シラーはその無限定性を「序曲」でただ説明するにとどまり、それを劇の前提として放置しているのである。この点に、ヘーゲルはこの悲劇の欠陥を見ている。

それにもまして、ヘーゲルがこの劇の最大の欠陥と見なしているのは、彼が「第二の悲劇」と呼ぶもののなかにある。第三部「ヴァレンシュタインの死」で、ヴァレンシュタインは行動を起こす間もなく、裏切った部下の刃に斃れるが、ヘーゲルはこの結末に対して、「生に［対抗するもの］は生［である］。ところが、ここでは生に対抗しているのは死だけである」と、不満をぶつけている。ギリシャ悲劇のように、生と生とがぶつかりあい、実体を体現する力と力が戦い合い、ともに没落していって、新たな実体的精神が再興されるということが、この悲劇には存在していないのである。したがって、結末はただ無を生むだけで、ヴァレンシュタインの名誉は回復されず、観客はカタルシスを体験できず、「［心が］引き裂かれ、ここからは胸の痞を下ろして新たに飛躍することは望むべくもない」のである。これに対して、エーミール・シュタイガーはこのヘーゲルの判断を、「熱狂的なギリシャ崇拝者、偉大な思想家も自分の体系によってまるで目先がきかなくなってしまうものである」と批判し、劇の最後にある「侯爵ピッコローミニ殿」の一句によって、ヴァレンシュタインの名誉は回復されていると考えている（『フリードリッヒ・シラー』神代外訳、白水社）。

解説　ヘーゲルと批評

一　批評家ヘーゲル

ヘーゲルを批評家（Kritikos）と見なすことは、決してヘーゲルの哲学的活動の一側面を取り上げるにすぎないのではなく、彼の哲学の本質が批評にあるとすることである。彼の印刷された文章の半分近くが批評論文であり、それに彼が生涯にわたって幾度も批評雑誌(1)の創刊を企てては挫折し、わずか四年の余年を残すのみとなった一八二七年になってやっと『学的批評年報（Jahrbücher für wissenschaftliche Kritik)』（『年報』と略す）の発刊にこぎつけたことを知れば、彼の哲学にとっていかに批評活動（単に評論の執筆にとどまらず、批評機関の創設をも含めて）が重要な位置を占めていたかが、外面的にも理解されるであろう。そこで、特にベルリーン時代の批評を収録した本書の解説として、まず、『年報』の発行団体である「学的批評のためのベルリーン協会（Societät für wissenschaftliche Kritik zu Berlin)」(『協会』と略す）が創設されるまでの経緯をやや詳しく跡づけ、次に、批評が彼の哲学において有する意味及び『協会』と『年報』が有していた政治的意味を考え、両者合わせて晩年における批評家ヘーゲルの姿を描こうと思う。

一般に、『年報』はヘーゲル学派の拡大を目指す党派的意図を持ったものと見なされ、また『協会』を国家機関として構想した当初のヘーゲルのもくろみは、実現をみることはなかったが、ウィーン体制の復古的状況下では、検閲を容認するヘーゲルの態度とも絡んで、「プロイセンの御用学者」という芳しくない綽名を彼に与える一因ともなったのである。(2)しかし、私は彼の「公共性」の概念に注目して、批評家ヘーゲルに新しい光をあててみたい。

注

（1）定期刊行物、Journal, Zeitschrift, Zeitung, Blatt などを区別せず雑誌と称することにする。

（2）「疑り深い批評家」（次註のガンスの書参照）であるベルネ（Börne）や反ヘーゲルのミュルナーが当時そう見たが、現代ではシュラーヴェがその代表だろう。彼は『年報』の創刊から廃刊までの経過を、ヘーゲル学説の普及を前面に押し出した初期、ヘーゲルの死後、弟子たちがヘーゲルの学説を攻撃的な形で防衛した中期、ヘーゲル学派の崩壊と反動政策下で細々と一八四六年の死を待つのみであった終期の三期に分けている。Fritz Schlawe: Die Jahrbücher für wissenschaftliche Kritik. Eine Beitrag zur Geschichte des Hegelianismus. In: Zeitschrift für Religions- und Geistesgeschichte. XI (1959), Heft 3. S. 247

『協会』創設の回章

一八二六年三月、パリからベルリーンに戻ったガンスは(1)、旅装を解く間も惜しみ、大学と目と鼻の先にあった赤金《あかがね》堀のヘーゲルの私宅(2)に急いだ。ヘーゲルは、平板を並べただけの床と剝き出しの壁に囲まれ、奥に金具も彫刻もない書き物机と書棚（中にプラトンとアリストテレスの背文字が読める）が置かれている質素な書斎で、書きかけの草稿と書類が雑然と積まれている机を前にして、ビーダーマイヤー風の軽やかな肘掛け椅子に座り、緑色のナイトガウンにくるまり、ベレー帽様の黒い被物をかぶり、片手で愛用の缶からやや時代遅れになった嗅ぎ煙草を一つまみ捻り出し、もう一方の手で机の上の書類をかき分けていた(3)。

「おやまぁー、やっとご帰還か。もう一月も前から待っていた。シュルツェ(4)は、あなたはもう帰ってこないのではないか、念願の教授職には就かないのではないか、と心配していたよ。」

「遅れる者は逃げないものです。遅れたのには理由《わけ》があります。すばらしいベルリーンの文芸雑誌に出会ったのです。」

「ほぉー、それで、あなたはそれを出そうという人物をどこで見つけたのかね。」

「悪くはない人物です。コッタ[6]です。彼とパリで知りあって、シュトゥットガルトで話を詰めてきました。」

「コッタねぇー、彼はホーレンのことを忘れてはいまい。しかし出来る男だから、ことが始まったら一切を任せることはできるだろう。で、彼の方から提案があったのかね。」

「いいえ、私の方から持ち掛けました。ベルリーン大学のような大学が文芸雑誌なしでいることはできない、ここが中心になれば、これまで批評界を支配してきた恣意と放逸は改まり、批評は着実に前進する、と考えたのです。」

「私も以前そう考えたことがある。数年前に教育省に論文[7]を提出したが、音沙汰なしだ。あちらさんが食い付こうとしないのだから、われわれだけでやることもできるさ。しかし今は自分の教授職のことだけを心配しなさい。外のことは後で話し合おう。」

ヘーゲルは文芸雑誌を新しく創刊することを躊躇していた。そのために彼が嘗めたこれまでの苦労の記憶が彼を臆病にさせていたのである。ガンスはその足でもう一人、ファルンハーゲン・フォン・エンゼ[8]を訪ねる。彼はガンスの期待していた以上に積極的な賛意を表した。夫人は「子供を戦闘に送り出すスパルタかローマの女性のように」二人を激励した。

ガンスは毎晩のようにヘーゲル家を訪ねた。しかし、ヘーゲルは容易に首を縦に振ろうとはしなかった。聖霊降誕祭（五月末）の休日、ヘーゲルはガンスとホトーとともに数日ベルリーン近郊のポツダムに遊んだ。ガンスはヘーゲルも賛同せざるをえなくなるような理由を挙げ説得につとめるが、ヘーゲルはその度に創刊に伴う困難を数え上げ、「aber《しかし》」を連発した。ガンスは「今まさに生まれ出んとする人間に、これから克服しなければならない障害を数え上げたなら、彼は決して生まれようとはしないでしょう」と反論した。ヘーゲル哲学は本来始まり（initium）への意志に立脚しているのだが、その意志はそれに伴う困難の回想によって萎えさせられていたのである。

ガンスはコッタと書簡によって交渉を続けながら、倦むことなくヘーゲルを説得した。ヘーゲルは『エンチュクロペディー』の改訂に掛かりっきりになり、妻と子供たちは六月初めニュルンベルクに四か月ばかりの里帰りの旅に出た。彼が雑誌創刊に同意する気持ちに傾いたのはおそらくこの頃だろう。六月一一日付けのニートハマー宛ての書簡[9]に初めて彼自身が批評団体創設の計画にふれているからである。そしてあらかじめ口頭で伝達したうえで、ヘーゲルはついに七月一八日（火）、ベルリーン大学の同僚を中心に、次の十七人に協会創設の回章[10]を発したのである。

ＡＢＣ順に、まず、ガンスとヘーゲルを除いたベルリーン大学関係者十人。

ベック Philip August Boeckh（Böckh）（1785—1867）古典文献学者、一八一〇年からベルリーン大学教授。彼はフリース派と目されていたから、彼に回章を回したことはこの団体が必ずしも「ヘーゲル派」の党派結成を目指すものではなかったことを証明するであろう。

ボップ Franz Bopp（1791—1867）文献学者、一八二五年から比較言語学及びサンスクリット語の教授。ヘーゲルと親しい。本書所収の「フンボルト論」を参照。

ディルクセン Enno Heeren Dirksen（1792—1850）数学者、一八二〇年から員外教授、二四年に正教授となる。

ヘニング Leopold Dorotheus von Henning（1791—1866）哲学者、一八二五年から哲学及び国家学の員外教授、三五年正教授。ヘーゲルの弟子で友人、ヘーゲル全集の編集者。二八年には『年報』の総書記がガンスからこのヘニングに交替した。

フーフェラント Friedrich Gottlob Hufeland（1774—1839）医学者、一八一四年から病理学及び治療法の員外教授、二六年正教授。

レオ Heinrich Leo（1799―1878）歴史家、一八二五年から二七年まで員外教授、後にハレ大学の教授。ヘーゲルの義弟ゴットリープ・フォン・トゥーハー Gottlieb von Tucher の友人。

マルハイネッケ Phiipp Konrad Marheineke（1780―1846）神学者、一八一一年以来、教授。ヘーゲルとガンスの親しい友人。

リッター Carl Ritter（1779―1859）地理学者、一八二〇年から員外教授、二五年正教授。

ラウマー Friedrich Ludwig Georg von Raumer（1781―1873）歴史家、一八一九年から歴史及び国家学の正教授。『年報』でヘーゲルが書評した『ゾルガー遺稿集』の編者であり、またヘーゲルの第一回ベルリーン招聘に関わったが、『協会』とは距離を置き、回章が回された者の内でただ一人『協会』創設に参加しなかった。

シュルツ-シュルツェンシュタイン Carl Heinrich Schultz-Schultzenstein（1798―1871）生理学者、一八二五年から生理学と造園学の員外教授、三三年正教授。

次に、シュルツェとファルンハーゲンを除く大学外の三人。

ポール Georg Friedrich Pohl（1788―1849）物理学者、この後、一八三〇年にベルリーン大学の員外教授となり、その後三二年にブレスラウ大学に移る。

シュトレックフース Adolf Friedrich Streckfuß（1778―1844）一八二三年からプロイセン内務省の上級顧問官、文筆家及び翻訳家としても活躍。

ヴァーゲン Gustav Friedrich Waagen（1794―1868）芸術史家、一八二三年、ベルリーン王立エジプト博物館を創設した。

なお、一八二七年の一月号すなわち創刊号を見ると、ラウマーを除いた以上の十六人とホーマイヤー Homeyer との十七人によって編集局が構成され、さらにコッタ、ホトー、ウィルヘルム・フォン・フンボルト、ニートハマーらを加え、創設時の会員は総勢六十人に達した。

注

（1）Eduard Gans（1797—1839）は裕福なユダヤ人銀行家の息子としてベルリーンに生まれた。ハイデルベルク大学でヘーゲルに師事した。ヘーゲル最愛の弟子といえる。サヴィニーの歴史法学派をヘーゲルとともに厳しく批判した。一八二五年、彼はパリでキリスト教に改宗し、本文に書いたように、その地でコッタと知り合い、帰路、シュトゥットガルトでコッタと批評雑誌の構想を詰めてきたのである。この年一八二六年の春、ベルリーン大学の員外教授に任命される。後出のファルンハーゲンとともに「人民の友」と呼ばれた。ハイネやベルネとも交遊があり、ウィーン体制下のドイツ化したユダヤ人たちの文芸活動には興味深いものがあるが、今は触れられない。以下のヘーゲルとの会話などは彼の『回想録（Rückblicke auf Personen und Zustände)』(1936, 1995, Frommann-Holzboog) を下敷きにした。

（2）ヘーゲルの家は Am Kupfergraben 4a にあった。この堀はシュプレー川とともに中洲を作り、中洲には現在ペルガモン博物館など多数の美術館が建っている。彼の家はこの中洲に面しており、ベルリーン大学から数十メートルと離れていない。番地が当時のままだとすれば、現在は更地である。

（3）書斎の描写は L. Sebbers のリトグラフによる。Bildnisse der Philosophen G. W. F. Hegel（1974, Ernst Klett)

（4）Johannes Karl Hartwig Schulze（1786—1869）一八一八年、プロイセンの枢密顧問官となる。アルテンシュタインの下で特に大学行政に携わった。ヘーゲルの講義を聴講し、「故人の友の会」版ヘーゲル全集の『精神現象学』を編纂した。ヘーゲルの隣りに住んでいた。

（5）「あなた」と訳したのは敬称の Sie である。ヘーゲルはベルリーン時代になると、家族以外に親称の du を使うことはなくなった。

（6）Johann Friedrich Cotta, Freiherr von Cottendorf（1764—1832）ドイツ古典主義文学の著名な出版者、政治家、企業家。

次にある「ホーレンのこと」とは、コッタはシラーの編集する Die Horen, eine Monatsschrift（1795—1797）を発行していたが、初め二〇〇〇の発行部数であったものが、翌年には一五〇〇部に、最後には一〇〇〇部まで落ち、採算ラインの一三〇〇部を切って廃刊に追い込まれた経緯のことを指している。しかし、同じくコッタの手によって発行されたシェリングとヘーゲルとの協同雑誌『哲学批評雑誌』廃刊の経緯も当然ヘーゲルの脳裏をかすめたであろう。なお、『年報』の発売部数は一八二七年が四〇〇部で、次第に部数が減少し、廃刊された一八四六年には一三〇部まで落ちた。ヘーゲルの計算では経営の安定のためには六〇〇部が必要であったが、その数字に一度も達することがなかった。結局、『協会』の要請を受けて、政府は一八三〇年から毎年八〇〇ターラーの援助をすることになる。

（7）「文芸批評雑誌の原則（Über die Einrichtung einer kritischen Zeitschrift der Literatur）」（以下、「原則」と略す）のこと。一八一九年から翌年の冬にかけて書かれ、アルテンシュタインに提出された。その草稿が残っており、翻訳は拙編訳『ヘーゲル批評集』（一九九二年、梓出版社）（『批評集』と略す）にある。

（8）Karl August Varnhagen von Ense（1785—1858）外交官、文筆家。彼の Denkwürdigkeiten des eignen Lebens はナポレオン時代とウィーン体制下のドイツを知るのに重要な文献である。その夫人 Rahel Varnhagen（Levin）（1771—1833）はベルリーンで著名なサロンを主催していた。ハンナ・アーレントがユダヤ人である彼女の伝記を書いている。

（9）ヘーゲルはミュンヒェンへのニートハマーからの招待に対して、「私はエンチュクロペディーの第二版を何が何でも完成しなければなりません。代わりの人物を二人派遣します。私の愛すべき有能な友人、ガンス教授とホトー博士です。二人はあなたに批評団体についての私たちの計画を伝えるでしょう。そしてあなたの参加が私たちにとっていかに価値あるかをも。」（Briefe von und an Hegel. Bd. III Hrsg. von J. Hoffmeister, Sn. 115f. 以下、Briefe と略す。）

（10）『協会』の記録文書のほとんどは、この回章も含めて、散逸してしまったが、その後（規約成立間もない頃であろう）同人を募った勧誘文が残っている。『年報』の主旨を簡潔に述べているので訳出しておこう。"Hegel 1770—1970. Leben-Werk-Wirkung." Hrsg. von Fr. Nicolin, 1970, Sn. 225f.

「単に個人に係わるのみで、あまりに辛辣で侮辱を事とする論文は、排除し、逆にとらわれぬ自由な態度でテーマを論じている論文を採用することを特色とします。論文の内容は学識を有する教養された一般の公衆の興味にそうべきものであり、専門分野の学者の興味にだけ向けられるものではありません。したがってわずかな価値しか持たないあまりにも特殊で瑣末な事柄に関わることは避けるべきです。また、公に知らせるべきものは文芸のなかでも何らかの観点からして重要と見なされるものだけですから、本雑誌は書籍をただ否定的にのみ扱っているもの、批評者がただ個々の誤りを訂正しているだけのもの、一般に公衆とではなくただ著者とのみ関わりを持つものは排除するつもりです。要するに本雑誌の目指すところは、評価が個人に対してよりも対象に対して教訓を与え、評価そのものが内容を提供することにあります。」

『協会』の創設

七月二三日（日）の午前、ヘーゲルの自宅で、彼と一五人の同人によって『協会』の創設が宣言された。藁やもめのヘーゲルは自ら砂糖水を客に準備したが、それを飲む間も惜しんで議論は白熱した。まず『協会』の名称及び組織と責任者が決まった。(1)『協会』はベルリーン・アカデミーにならって、哲学部会、自然科学部会、歴史文献学部会の三部会に分けられ、各部会にそれぞれ一名の書記が選出された。ガンスは哲学部会の書記に指名されるとともに、『協会』全体を代表し財政と外部交渉を一任される総書記に任命され、さらに『協会』規約の草案の作成を任された。次の日曜日もヘーゲル家で協議が続けられた。その後も、ガンスを議長にして彼の規約草案をもとに、活発な会議が四、五回続けられた。以前ヘーゲルが主張していた国家機関としての団体という構想は、同人のなかに反対者も見られ政府の熱意も感じられなかったので、もはや議論のテーマとはならなかった。

合意に達した『協会』規約は次の通りである。(2)

第一章　創設及び外部組織

第一条　学的批評のためのベルリーン協会は、学問的文芸の進展、及びそれと関連する芸術の努力の進展を描くことを、その課題とする。すなわち、学問を前進させ促進させているものを広く知らしめ、それと以前の立場との関係を指摘せんとするものである。

第二条　かかる前進は書籍やその他の印刷物によって知られるとともに、他の形態、例えば発明品や発見あるいは芸術作品の内にも現われているものである。そこで、印刷されたもののみが広告されるべきではなく、また、販売に至らない文書も公表から除外されない。

第三条　本協会はかかる広告を「学的批評のためのベルリーン年報」と名づけるべき定期刊行の機関誌によって行う。

第二節　協会の組織

第四条　本協会はその職務との関連で三つの部会に分かれる。

第五条　第一部会は、哲学、神学、法学及び国家学の部会である。

第六条　第二部会は、自然科学部会であり、ここには数学と医学も含まれる。

第七条　第三部会は、歴史、文献学、芸術の部会である。

第八条　以上三つの部会が合わさって協会の全体を構成する。

第九条　各部会には、その外部的職務を遂行し、そのために特別の報酬を受ける書記一人を置く。

第十条　協会全体には一人の総書記を置く。総書記は同時に部会書記になりうる。総書記は協会の外部業務を遂行し、またその業務を部会書記に割り当てる。

第十一条　部会書記の職は確認された名簿に従って毎年輪番制で交替するが、会員は二回までその職を辞退することができ、また前任の書記はその職を部会の求めによって継続することができる。総書記は団体によって選挙される。

第十二条　総書記と部会書記は本団体の執行部を構成する。

第三節　会員

第十三条　本協会は正会員と員外会員あるいは協力会員からなる。

第十四条　常勤の正会員は二十人を越えることはできない。

第十五条　員外会員は会議に出席できるが、議決権は持たない。

第十六条　本協会に所属しない学者にも会員の提案により部会の同意を得て執筆を依頼することができる。

第十七条　新規の正会員は会員四人の提議によってのみ選抜される。他の四人の会員の積極的な意思表示はこの選抜を阻止する。入会は絶対過半数によって決定される。提議は少なくとも投票が行われる前の会議でなされなければならない。

第十八条　員外会員は各部会で受け入れることができるが、全員による同意を経なければならない。

第十九条　常勤の正会員は固定給を得、代わりに年間所定のボーゲン数の原稿を提出することとする。非常勤会員及び員外会員はその原稿量に応じて報酬を得る。正会員は、規程に規定されている所定のものより少ないボーゲンを提出した場合、そのボーゲン数に応じて固定給が削減されることを銘記すべきである。

第四節　会議

第二十条　会議は、第一に部会会議、第二に執行部会議、第三に全員会議、以上三種からなる。

第二十一条　部会会議は二週間毎に定期的に開催される。書記は出版された書物のリストを読み上げ、次に広告の資格を得た書物について所見を読み上げる。次いでその対象について秘密の話し合いがもたれ、必要がある場合にのみ採決に付される。各会員はこの際に提案を行う権利を持つものとする。さらに、到着した書評原稿は読み上げられ、必要に応じて、削除、短縮、変更、書き直しについて討議した後に、掲載を決定する。

第二十二条　他部会の会員も非所属の部会の会議に参加することができる。

第二十三条　執行部の会議には議長である総書記と部会書記とが出席する。ここでは一般業務が処理され、また各書記にその部会に属する業務が割り当てられる。また部会会議と全員会議に付される提案もここで準備される。

第二十四条　全員会議は一年に二回開催されなければならない。第一回は一月中に、後一回は七月中に開催される。第一回会議において総書記は協会の活動に関する年次報告を行う。その外、この第一回会議及び第二回会議において、全員に係わる案件、すなわち規約の変更と会員の受入が討議される。

第二十五条　執行部は必要な場合、特別の全員会議を招集することができる。

第二十六条　年次報告は本雑誌と他の公の誌面によって通知される。

第二章　内部活動の原則

第二十七条　批評対象はその意義によって賞賛に値する書物や芸術作品のみとする。

第二十八条　単独では批評に値するほど傑出したものではないが、総体としてそれが提示している方向性を考えれば考慮に値するテーマに関して、シリーズの書物が出版されたときは、そのシリーズ全体が書評されて然るべきである。

第二十九条　本雑誌の各号において書評された書物のリストが通知される。

第三十条　また、年次報告においては、出版された書物と書評された書物との関係について触れられるべきである。

第三十一条　一般に、教科書、修養書、経営書、古典の復刊書は、すべて批評から除外される。
第三十二条　すべての批評に批評者は署名する。

第二節　雑誌

第三十三条　論文は当該部会の許可なしに掲載することは認められない。
第三十四条　本雑誌はアウクスブルクで印刷される。
第三十五条　本雑誌は月刊とする。

第三節　J. G. コッタ書店との関係

第三十六条　本雑誌の刊行は締結されるべき相互の契約に則ってコッタ書店が請負う。
第三十七条　男爵フォン・コッタ氏は同時に本団体の非常勤の正会員となる。
第三十八条　本団体は、本団体が選挙した総書記が同時に本団体の権利を保持すべきことに関して、フォン・コッタ氏との間で合意に達するよう努力する。

創設同人の間でまず合意されたのは『年報』の編集方針についてである。

一、書評対象から、概説書、教科書、修養書、古典の復刻書、実用的な経営書（経済学はよい）、技術書を排除する。個々の書物の評価より、文芸全体の流れを示すことに力点を置き、年度初めに前年度の書評リストを掲示し、総書記によって文芸の概観を与えるという新しい試みをする。

二、批評する書籍の選別は個人の恣意や偶然によってはならず、隔週に開かれる編集会議の合意によって選ばれ、会議が執筆者を指名し、執筆された書評論文は朗読され、必要ならば会議によって修正や加筆が求められる。

三、何よりも特筆すべきことは、ヘーゲルの主張によって、書評にはすべて署名が付されることになったことである。

厳しい検閲制度の下で署名を記すことは、個人に対する弾圧を招く恐れはないか、あるいは自己検閲を強いることにならないか、また、署名は執筆者の「党派」への帰属を表わすものと誤解されないか、と疑われるであろう。それでなくとも『年報』はヘーゲル学派の宣伝誌と見なされる可能性があった。しかし、検閲に関しては、印刷地をアウクスブルク（ウィーン会議後バイエルン王国に併合されたかつての自由都市でほとんど無検閲であった）にすれば、免れうる。また、同人はヘーゲルの弟子に限られておらず、寄稿論文も学派外の人物のものを積極的に受け入れたのであるから、党派の拡大を目的として署名を付すことにしたとは考えられない。むしろ署名は執筆者個人が『協会』からの独立性を示すことを可能にさせ、他方『協会』には掲載論文との連帯責任を回避することを可能にした。『協会』と『年報』との関係は、規約に『年報』編集の規程が存在しないことからも分かるように、『協会』は『年報』に影響力を行使しない建て前であった。署名の付記は言論の公共性を保証する積極的意味を持っていたのである。

注

（1）雑誌名にベルリーンを付けるかどうかは、会議で紛糾した議題の一つであった。結局、『協会』名にはベルリーンを付け、雑誌名には、規約第三条では付いているが、実際には付けないことに決まった。この措置はおそらくベルリーン以外の学者たちの多数の参加を期待して取られたものであろう。

（2）『協会』の規約（Statuten）の写しは現在メルゼブルク州立中央図書館に所蔵されており、Die "Jahrbücher für wissenschaftliche Kritik" Hrsg.von Christoph Jamme, 1994, Frommann-Holzboog（Jamme と略す）Sn. 88ff. に復刻されている。

コッタとの契約

九月一一日、ガンスはホトーとともに、『協会』から全権を委任され、コッタとの契約調印のため、また諸国に同人を募るために、ライプチッヒ、イェーナ、エアランゲン、ニュルンベルク、シュトゥットガルト、ミュンヒェンを巡る旅に出た。この旅の様子はガンスがヘーゲルに宛てて書いた二通の報告書と彼の『回想録』から知ることができる。ガンスは訪ねた知人のほとんどを協会に加入させることに成功するが、エアランゲンではこの計画をヘーゲル学派の勢力拡大と考え入会を断ろうとする人物(Döderlein)に出会う。ヘーゲルはその報告に対してガンスに次の返信を書いているが、これからも彼がいかに党派色を拭うことに腐心していたかが分かるであろう。(1)

「われわれの計画には書評企業(Rezensieranstalt)とかそれとの専属契約(Engagieren)などという考えは含まれていない。われわれの学者たちが次第に力をつけて選挙区のキャンバス[教授候補]に載ることは当然あるだろう。しかしそれは個人の業績によってであって、我が陣営の活動によってそうなったと見られるようなことがあってはならない。われわれの議会主義的態度をしっかり守るには、協会が腐敗選挙区(rotten borough)でもあるかのように邪推されてはならない。」

九月二三日の夜遅くガンスはコッタ書店のあるシュトゥットガルトに到着するが、予期せぬ難題が彼を待ち構えていた。コッタは、数日前バイエルン王に謁見した折、王から新設のミュンヒェン大学のための文芸雑誌の発刊を依頼されたのである。コッタはディレンマに陥った。ベルリーンとの約束を反古にはできない。ミュンヒェンの件は王の要請であるから断ることはできない。一つの出版社が二つの事業を同時に進めるのは不可能である。コッタは今ただちにベルリーンと契約を締結することをためらう。それに対して、ガンスは「私は再度シュトゥットガルトに来ることはできない。手紙では契約締結はできない。いっそのこと両方を止めたらどうか」と強く契約の即時締結を迫る。

コッタは最後に「二つの計画を一つにできないだろうか。そうすれば不幸なシスマ（教会分裂）が回避される」と提案する。しかしガンスはミュンヒェンでは学者の間で雑誌創刊の機が熟していないのを確信し、ベルリーン協会の創設に固執する。結局、九月二六日の夜、契約書が締結され、ガンスはただちに翌朝同人の獲得にミュンヒェンに旅立った。ヘーゲルはコッタのこの提案を聞いて、「南ドイツと北ドイツとの統合か、なるほど世界史的スケールを持った展望ではある」と皮肉にガンスに書き送っている。コッタはその後ミュンヒェンに支店を開き、そこから雑誌『外国(Das Ausland)』を発行することで、王の希望をかなえた。

注

（1）一八二六年一〇月三日付け書簡、Briefe III　S. 142

プロイセン政府との関係

一〇月一三日、ガンスはミュンヒェンを離れる。ベルリーンに戻った彼はただちに二五日、大臣アルテンシュタインに『年報』創刊の経緯を説明し理解を求めるため会見を申し込んだ。こうして『協会』の礎石は据えられたが、一方で会員の拡大が求められた。一二月（初旬か中旬）の会議でこの件が検討された。ベックがベルリーン大学の教員名簿を順に読み上げ、皆で適当な人物を物色した。シュライエルマッハーの名前まで来たとき、多くの人は、特にファルンハーゲンは「彼にも入会を勧めなければならないだろう。少なくとも排除はできない」と述べた。それを聞いたヘーゲルは椅子から飛び上がり、せわしなく室内を歩き回り、誰にともなく「それは私を追放することと変わらない」とつぶやいた。大声で賛成と反対の主張が飛び交い騒然となったが、「彼を招請しない方が得策であろう。彼はそれを受けないであろうし、そうであるならば協会の面子に傷が付くだろう」という意見に落ち着いた。
一二月二一日、ガンスはアルテンシュタイン大臣に政府の資金援助を要請する手紙を書いた(1)。アルテンシュタインはカンプッと相談し、カンプッは四千ターラーを提示した。大臣は三〇日、フリードリッヒ・ヴィルヘルム三世に資金下賜の上申書を提出する。しかし、国王は翌一八二七年二月一三日の勅令で「願い出のあった四千ターラーの資金援助の件、私は(『年報』を)外国の出版社で発行することにもまして、これに同意を与えることはできない」として、この上申を撥ねつけた(2)。したがって『協会』は完全に私的な機関として発足したのである。そして『年報』は一八二七年一月に創刊号が出された(3)。ヘーゲルは『年報』に次の八篇の書評を発表している。

一八二七年　「ヴィルヘルム・フォン・フンボルトの『バガヴァットーギーター』の名で知られるマハーバーラタのエピソードについて』」
一八二八年　「ゾルガーの遺稿と往復書簡」
　　　　　　「ハーマン著作集」
一八二九年　「ゲッシェルの『無知と絶対知についてのアフォリスメン』」
　　　　　　「『ヘーゲルの学説、あるいは、絶対知と現代の汎神論について』」
　　　　　　「『ヘーゲルのエンチュクロペディーについて』」
一八三一年　「ゲレスの『世界史の基礎、区分、時代順序』について」
　　　　　　「オーレルトの『観念実在論』第一部について」

彼は、ベルリーン大学総長の職にあった一八三〇年を除き、毎年課せられたノルマをきちんと果たしているのである。特に一八二八年は、交互に掲載された「ゾルガー論」と「ハーマン論」によって、時代と人物の特性描写という魅力的で新しい叙述の方法に取り組んでおり、量、質ともに、彼の活動が批評に集中し、また批評活動を楽しんだ年であった。

注

(1) 彼らの緊密な人間関係から見て、もちろん政府要人はこの計画を早くから知っていた。例えば、ファルンハーゲンは第二回の会議の後、七月三一日の日記に、「ヘーゲル教授はベルリーンの文芸雑誌編集のための学者共同体を創設する。フォン・アルテンシュタイン大臣はこの件を喜んでいる。フォン・カンプツ氏も好意的である。ただ彼は、コッタが出版元で、アウクスブルクで印刷される（そこは検閲がないに等しい）ことを憂慮しているようだが」と書きとめている（Hegel in Berichten seiner Zeitgenossen. Hrsg. von G. Nicolin, S. 300）。しかし、政府に計画が公式に伝えられたのは、ガンスのこの書簡が最初である。（Friedrich Hogemann : Die Entstehung der "Societät" und der "Jahrbücher für wissenschaftliche Kritik" in Jamme S. 75、Hogemann と略す）。

(2) Hogemann S. 76

(3) 私の手もとに一八二七年一月号すなわち創刊号のファクシミール版がある。まず一面にタイトルと『協会』名、発行年及び月、出版地（シュトゥットガルト、チュービンゲン）、出版社（コッタ書店）が書かれている。二面には会員の名簿があり、三、四面は『協会』からの通知と一月号の目次、コッタ書店の広告である。以上の四つの面は一枚の紙表紙となり各月末に読者に配布された。本文には「一と二号（Nro. 1. u. 2.）」のように連番による号数が付けられ、一月号は「十九と二十号」まで、すなわち十回発行されているから、三日に一冊の見当で発行されたのであろう。本文は左右二欄に分かれ（各欄四六行）、各冊十六欄（ページ（Seite）と呼んでいる）すなわち八面であるから、四ツ折の全紙一枚分が毎回届いたことになる。「一と二号」「三と四号」そして「五と六号」（の一部）にはベックの書評が掲載され、「五と六号」と「七と八号」（の一部）にファルンハーゲンの書評が載り、「七と八号」の一部にヘーゲルの「フンボルト論第一編」が掲載されている。ページ（欄）数は年間の通し番号で、一八二七年号は総計一八五六ページである（年の後半に四冊分が欠けた）。しかし、翌年からは年間の通しページを改め、半年毎の通し番号となり、一八二九年からは各冊の複雑な連番の号数も廃止された。一八二七年には七六の書評によって九四冊の書籍が取り上げられている。

二　批　評

批評の哲学的意味

批評と哲学との関係及び批評が哲学に対して有する意味について、ヘーゲルは、すでにイェーナ大学の私講師時代に書いた『アフォリスメン』の五二において、[1]「哲学への一般の王道は序論と批評を読むことである。それによって主題についておおよそのイメージを獲得することができる」と書いている。こうして彼自身も積極的に批評の筆をとり、批評の理論を作り上げるとともに、他方で批評を組織化することを生涯の目的としたのである。その批評理論はヘーゲル哲学に固有の方法論の基盤を形成し、批評の組織化は批評機関の構想を生むことになる。批評の理論はシェリングとの協同雑誌『哲学批評雑誌』の巻頭論文「哲学批評一般の本質」（一八〇二年）（「本質」と略す）[2]に描かれており、批評の組織は一八〇七年に書かれた「ドイツ文芸雑誌の原則」（「原則」と略す）[3]及び上述の上申書（「組織」）と『協会』の規約に述べられている。私はまず彼の批評理論の哲学的意味を明らかにし、次に批評の組織論を検閲の問題との絡みで考えることにしよう。

批評とは、自然に対してではなく、人間の創りあげたものすなわち言葉ないしは文字（Literatur）に対して、同じく文字を介して係わる活動、すなわち文芸の行為のことである。批評は実証的な学問のように文字ならぬものを対象とするのではなく、その対象はすでに文字であり、すなわち思想であるから、それは思想について判断すること、アリストテレスの言う思惟の思惟であることになる。したがって批評の活動は純粋な知識あるいは絶対知の獲得を目指し、それを可能にする道の一つとなる。

しかしながら、批評がそれの対象と同じくそれ自身がすでに文字であり思想であるとは、別の面から言えば、それが相対の世界で活動するということである。批評は元来「訴訟を起こす（krino）」の意味を持っており、複数の人間が言論を戦わせ、相手を説得することである。しかし説得にあたって、批評は、物質のように関係を超越した絶対的基準を頼みにすることはできない。説得には両者が等しく認める客観的な基準（Kriterium）が必要であろうが、批評の基準はしるし（Kriterion）すなわち言葉以外にはありえないのである。実証的学問のように物的証拠や数値が批評の正しさを証明するのではない。多くの場合、絶対的基準と見誤まれているものは私的感情や宗教的信念であるから、言論の争いは往々にして侮辱と中傷の投げあいに陥りがちなのである。

批評のこの二つの矛盾した側面、絶対性と相対性を調停するには、絶対を相対と別にそれ自身で存在するものと考えると、失敗するであろう。それはただ絶対が相対の世界の内に現象してくると考えることによって可能である。ヘーゲルの絶対者の哲学は絶対をこのようにとらえたものであり、それは、経験の相対性のなかから意識の経験を通して絶対知に到達する現象学と、それを時間に投影した歴史の哲学を、そして絶対者を前提せずに人間の措定の活動を通して新しきもの（人間社会）を創設する反省の理論（論理学）を作り上げたのである。他方でまた彼は、これがわれわれのテーマであるが、現在の場において批評の相対性と絶対性をともに保証するものとして言論の公共性を主張し、その組織化を模索するのである。

上記の「本質」論文のテーマはこの相対と絶対の相関から批評の本質を説明し、そのうえで批評の取るべき戦術を提示することにあった。たしかにヘーゲルはそのなかで批評の客観的基準として「哲学が唯一であること」を挙げているが、この唯一の哲学とは決して（彼自身の哲学をも含めて）いかなる既存の体系を指すものでもない。この点を理解しないと、この論文を読み誤ることになろう。哲学の唯一性とは、個々の哲学の内に現象している、その各々の哲学が多かれ少なかれそれの反射（Reflexe）であるところの哲学の理念、これが一つであることをいうのである。つまり、批評にあたって哲学の理念は不可欠であるが、その理念はあらかじめ前提されているものではなく、批評行為の遂行のなかでのみ摑み取られる（begreifen）ものである。したがって、いかに不十分な哲学であろうとも、それをただ否定して終わりとするのではなく、それを「真の哲学に入るための道ならし」として活用することが批評の戦術とされることになる。

こうして批評は、相対的な思想と関わりその経験を積み重ねる過程であり、絶対的知に至る『精神現象学』の方法論ともなる。その「緒論」は真ならざる知と絶対知、知の吟味における基準の問題など、まさに批評の理論として読むべきものであり、その本文は、たんに個別的な諸著作をではなく、人間の社会（精神）を対象として歴史の視点をも入れた、「精神」批評の書として読むことができる。『現象学』は初め「学への導入」（批評の書）とされたが、後に学そのものと見なされるようになるが、けだしヘーゲルの学とは相対と歴史の内にこそ現れてくる絶対知のことにほかならないからである。

そして批評が相対の過程において活動することは、批評が人間社会の内に始まりを創設する働きであることを意味している。神は自然と人間を創造したが、複数の人間の合意によって新たに形成される社会を作ることはできなかった。人間のみが相対的なものの存在すなわち関係においてある存在（das Wesen）を、要するに始まりを持ちそれゆえにいつかしか終わるものを創設しうるのである。そして、その創設は言葉によってのみなされる。このように自然の有（das Sein）の束縛から抜け出て、言論によって新しい社会を創設する行為は、『大論理学』の本質論の反省（措定）論の内で分析されているのである。

注

（1）Dokumente zu Hegels Entwicklung. Hrsg. von J. Hoffmeister S. 369. 次の五三には「研究における最終の王道は自己思惟である」とある。

（2）Über das Wesen der philosophischen Kritik überhaupt und ihr Verhältnis zum gegenwärtigen Zustand der Philosophie insbesondere.『批評集』二五―四一ページ。

（3）Maximen des Journals der deutschen Literatur.『批評集』一四六―一五二ページ。

批評の公共性

一方、批評の組織化において批評の相対性と絶対性との相関を保持するには、複数の人間が言論を戦わせる自由な場、公共性（Öffentlichkeit）が確保されていなければならない。それが欠ければ、批評は悪罵と中傷の泥仕合、単なる相対の世界に堕してしまうからである。そして、公共性はまたドクサとしての批評の正しさを判定する基準ともなる。

ヘーゲルが言論の公共性を主題的に論じているのは『法の哲学』（「組織」論文と同時期に書かれた）の三一九節である[1]。彼はそれを保証するものとして三つの条件を挙げている。まずその直接的保証として、本能にも似た物書きの自己顕示欲の「ぞくぞくする衝動」の放縦を防ぐために、それを罰する法律、命令、そして警察的措置（検閲と考えてよいだろう）の必要性が指摘される。しかし、ヘーゲルが公共性を確保するためにより重要と見なしたのは次の二つの間接的保証であった。その一つは、「憲法の合理性、政府の安定、議会の公開によってそれらの衝動を無害化すること」、すなわち立憲制の確立であり、もう一つは、「浅薄で悪意に満ちた言論が必然的にただちに軽蔑の対象となるようにすること」である。この第三の保証は批評に権威（Autorität）を付与することと言い換えてもよいだろう。権威は検閲のように物理的な力を伴うものではない。それは多数者の合意によって形成されるものである。ヘーゲルは批評にその権威を付与する方法を「組織」論文のなかで提案し、その多くは『協会』の規約の内に生かされている。

つまり、

一、個人の恣意を排除するために書物の選択と批評論文の是非を共同の討議にかけること、

二、専門学者ではなく公衆を読者とし彼らの教養に期待すること、

三、批評には署名を付け責任の所在を明確にすることである。

しかし、言論の公共性を保証するためには検閲が必要だ、あるいはやむを得ないものとするヘーゲルの考えを、われわれはどのようにすれば許容できるであろうか。『法の哲学』はカールスバートの決議（一八一九年九月一日）を知りつつ書かれた。決議は九月二〇日に（審議を経ずに）ドイツ連邦議会で承認され、ザクセンや南ドイツのバイエルンではこれを実行に移すことに熱心ではなかったが、プロイセンにおいてはカンプツによって積極的に実施されたのである。ヘーゲルが決議の第四項「二〇折以内の雑誌を含む全出版物の事前検閲」及び第五項「マインツに中央審問委員会を設置」に対して何らかの異議を表明したことを示す資料は存在しない。では、「出版の自由」を侵してまでも保証されるべき「言論の公共性」とはいったい何であろうか。この疑問に回答するには、彼の自由についての考えを理解しなければならない。

彼は「出版の自由」というスローガンを、むしろ権利の濫用、あるいはより正確には、権利を問題にする前に、本

能の恣《ほしいまま》の発露を促進させるおそれのあるものと見なしている。それは彼が被ってきたさまざまの中傷と侮辱の体験(2)から余儀なく生まれた見方であり、そうして彼はそのような本能的衝動に対して上述のように理性的権威を対置する必要を痛感したのである。

この出版の自由と言論の公共性との対立に関しては、すでにその十二年前の手紙（「原則」論文と同じ時期、一八〇八年一月二二日付け、Briefe I-209）のなかでも指摘されているので、やや長いが引用しよう。この書簡は、神聖ローマ帝国が解体し、新生バイエルンではモンジュラの改革が推進され、その教育改革の掌にあたっていたニートハマーに、当時新聞編集者であったヘーゲルがバンベルクから助言を与えているものである。

「あなたに欠如しているのはその種の色欲（Pruritus）に対抗する手段です。あなたは『モニトゥール』（Gazette nationalé, ou le Moniteur universel）をお持ちでない。『モニトゥール』は、批評がそこに掲載されたというだけで、未熟で無作法な言動には畏敬の念を起こさせ、子供じみた悪態には権威によってそれを抑え沈黙させるという長所を持っています。これは思想と出版の自由の抑圧だという叫びを惹起するかもしれませんが、学問の領域において必要なものは権威です。われわれは権威からこそ出発すべきです。プラトンとアリストテレスの方が現代の思想よりもはるかに信頼に値するという信念から出発しなければなりません。……あなたは政治の『モニトゥール』も持っていらっしゃらない。はっきり言います。あなたは執筆と出版（Preß-）の（危うく「食欲の（Freß-）」と書くところでした）自由を持っていらっしゃるが、公報誌は持っていらっしゃらない。これは政府が国民に国家の現状、国家財政、国債の収支、官庁組織などを公表するものです。政府がこのように国民とともに、これらのことや国民の関心事を話し合うことこそ、フランスとイギリスの国力を構成している重要な要素の一つなのです。」

浅薄な批評を「色欲」に擬し出版の自由を「食欲の自由」と揶揄するヘーゲルは、この自由を、ただ欲することを行うだけの自由、一種の本能的ふるまい、つまり複数の人間の存在を必要とせず、自分一己の満足の実現を求めるだけの利己的活動と理解している。これに対してヘーゲルが求める自由は、複数の人間の行為の重なりのなかで成立する自由である。それは歴史において実現される自由であり、始めるものとしての人間が創設する組織（共同体）における自由であり、そして公開の議論と説得の場における自由である。このような公共性の場で達成される共同的な自由こそ、彼が批評機関を創設した目的であったのであろう。

現代のわれわれからすれば、中傷と侮辱の批評に怒るのみで、体制批判としての批評のもつ可能性には盲目で、検閲の危険性を黙視するヘーゲルに対して不満を覚え、また政府機関としての批評団体の構想に彼の迷妄を指摘するのは容易なことである。しかし、ヘーゲルに反体制の思想家の役割を期待することは、彼に対しても、彼の時代に対しても、歴史的誤りを犯すことになる。ドイツという国民国家は今新たに作られようとしているのであり、彼はそのプロイセンに始まりの意志を見ようとしているのである。われわれの期待が有意味なテーマとなるには次の世代とヘーゲルの死後十七年経った三月革命の時代を待たねばならない。

注

（1）ハーバーマスは就職論文（『公共性の構造転換』一九六二年）で、やはりこの箇所をもとにして、ヘーゲルの公共性概念を分析しているが、彼によると、「（ヘーゲルの）公共性は、精神が国家という形態でみずから築いた客観性へ各人の主観的意見を統合するための方便にすぎない」と否定的に理解されている。

（2）ヘーゲルが被った中傷の例をベルリーン時代のみに限って挙げよう。一つは、彼の宗教哲学の講義を密かに聴講していた助任司祭が、ヘーゲルは講義においてカトリックを公に侮辱しているとアルテンシュタインに密告した件である。ヘーゲルは一八二六年四月三日大臣に弁明書を提出した。この弁明書は『批評集』二五一—二五五ページにある。

もう一つは「権力者ヘーゲル」という神話を作り上げることになった噂である。彼の五十六回目の誕生日が一八二六年八月二七日の夜から翌日（ゲーテの誕生日）の早暁にかけて、学生と友人の二十人ばかりによってウンター・デン・リンデンの開店したばかりの酒場で祝われた（彼は旅行中の妻に「この日は、苦労の絶えなかった生涯にとって、報われる一日だった」と書き送っている）。この様子を報じた新聞に対して彼の敵が文句を付け、何と王までも嫉妬に駆られて介入したのである。この経緯はファルンハーゲンの『日報』にある（Varnhagen, Tageblätter Werke Bd. 5 Hrsg. von K. Feilchenfeld S. 138）。

「一八二六年一〇月一九日。ヘーゲルの敵たちは八月二七日の彼とゲーテの誕生祝いについて大声で騒ぎ立てている。特に彼らを激昂させたのは、フォス新聞に掲載された祝賀の記事である。王は今日上級検閲局の勅令を介して、個人の祝賀に関するこの種の記事が今後新聞雑誌に載ることは憂慮に値すると命じた。王室の家族あるいは少なくとも高級官僚の祝い以外をこのように重大視［して新聞に掲載］することは適切さを欠くということらしい。——『哲学よ、国家の受けがよくとも、注意せよ。宮廷はこれからもその悪口を言うだろう。ヘーゲルとて安全でない。』」

（この解説は愛知大学『文学論叢』第一二〇輯に掲載した文章に手を加えたものである。）

あとがき

本書には、補遺の二編の習作を除いて、五十五歳から亡くなる六十一歳までに書かれた四編の批評論文を収めた。これらに先の『ヘーゲル批評集』の論文、特に「ハーマン論」などを加えれば、晩年のヘーゲルの著作活動の目指していた全体を知ることができる。晩年の彼は新しい著作を構想していない。彼の体系は揺るぎないものであるかのように、彼は講義と旧著の改訂（体系の補強）、そして批評論文の執筆にすべての時間をあてたのである。時代はヴィーン体制、四八年の革命まではまだ間のあるビーダーマイヤーの時代である。彼は遅ればせに彼の時をつかんだ。「学的批評協会」を創設し、念願の「年報」を創刊し、そして彼の体系『エンチュクロペディー』の改訂版は多くの読者を獲得した。二カ月余に及ぶ大旅行も敢行している。彼は「公衆」が彼の体系を理解することに全精力を注いだ。批評論文の執筆はそのための最良の手段であった。ヘーゲルにおいても晩年は成熟であるが、しかしそれは諦念をもまた免れえない。死の一週間前、彼は『大論理学』第一部第二版の序文を書き上げ、その扉の裏に秘かにキケロの「トゥースクルム談議」の次の文を書き付けた。「哲学ハ少数ノ識者デ満足シ、哲学ヲ憎ミ不審ノ目ヲ向ケル公衆カラハアエテ身ヲ隠シサセエスルモノダ。」

これらの批評論文を翻訳しながら痛感したことが二つある。一つは、哲学と文芸（Literatur）の間に高い壁を作り、これまでヘーゲルを「体系的哲学者ヘーゲル」というあまりにも狭い枠にはめすぎてきてしまったことである。ヘルダーリーンやノヴァーリスを哲学者と見るように、ヘーゲルを文学者として、すくなくとも文芸批評家として見る態度と知識が必要であろう。この点では私はあまりにも知識とセンスに欠けた。いつか文学と哲学とが協同することを望みたい。もう一つは、完成したヘーゲルからそれ以前の思想の展開をバックミラーを覗くように、あるいはコマを逆送りにして見るように、いわば逆の発展史の視点が必要ではないか、ということである。私は三十数年前に卒論で『精神現象学』の一部を解釈し、修論ではフランクフルト時代のヘーゲル、博士単位論文では「イェーナ論理学」について書いた。草稿のテクストクリティークが格段に進歩したことが青年時代のヘーゲル研究の隆盛を生んだ一因であったが、それ以上に、限りなく未来があるかのようなあの時代が「若さ」と「未熟さ」を尊び、完成したものに嫌悪感を抱かせたのである。「若さ」と「成熟」とを分断し、「若さ」のうちに、実現されなかったが期待されるべき可能性を探ろうとしたのである。しかしひとりの思想家はやはりそうなるべくして成熟し完成したのである。それに気づくのに三十年もかかってしまったのだが、それを理解することによって青年時代の著作の正確な位置と意味を決めることができるであろう。解釈は終わったところから始まらなければならないのである。

前書『ヘーゲル批評集』は一九九二年の出版であるから、これだけのものに八年も費やしてしまった。一九九五年から足掛け三年間は「大学改革」を担当し、週に二日、多いときは毎日のように、時には翌暁に及ぶ会議の連続で、机に向かうこともままならなかった。「民主主義」は時間がかかるものだと頭では理解していても、「哲人王」でもいてくれたならと思うこと、しばしばであった。任を辞して研究室に戻り、ヘーゲル論理学の研究を再開し、かたわら暇を見つけては批評の翻訳を続けた。フンボルト論の一部とゲレス論は勤務する大学の「一般教育論集」に、「改宗者たちについて」とゾルガー論の一部は「国際問題研究所紀要」に掲載したが、今回全面的に見直した。初めは別の興味からヤコービ論を覗き見るつもりであったのが、批評の面白さに魅了されいつのまにか抜け出せなくなってしまったが、これで前書と併せてヘーゲルの批評論文はすべて翻訳し終え、ようやく肩の荷を下ろすことができる。われわれのヘーゲル理解はまだ批評論文の検討にまでは至っておらず、また時代や人間関係のなかで彼の思想に肉付けする作業も進んでいないように思われるので、本書もそのための捨石くらいの意義は認めてもらえるのではないだろうか。なお、ドイツ文学の知識については同僚で友人の竹中克英さんに、フランス語についての疑問点は大学院博士課程の前田豊子さんに教えていただき、今回も梓出版社の本谷高哲さんには大変お世話になった。記して感謝したい。

二〇〇〇年一月

豊橋にて　海老澤善一

人名索引

1. 哲学者ヘーゲル本人及び架空の名称は除き，ヘーゲルとほぼ同時代までの人物を，本文のみならず，脚注，解題と解説，全体の解説を含めて，すべて拾った。
2. 特に情報量が多いと思われる箇所はゴシック体で表記した。
3. 配列は一般の国語辞典に倣い，五十音順に掲げた。VとWはヴやウで表わすのが適当な場合，ア行に置いた。
4. 2ページにわたるときは44fと（ピリオドを省略して）記し，3ページ以上にわたるときは61-64のように記した。

ア 行

アーベケン Abeken *166, 169, 186, 210, 212*
アリストテレス Aristoteles *259, 358, 374, 379*
アリストファネス Aristophanes *8, 199, 241, 264*
アルテンシュタイン Altenstein *362f, 371-373, 380*
ヴァーゲン Waagen *361*
ヴァッケンローダー Wackenroder *183, 288*
ヴァールミーキ Vālmīki *121f, 142*
ヴィーラント Wieland *184*
ウィルキンズ Wilkins *44f, 49f, 54, 65, 67, 71f, 75, 77f, 106, 109f, 112, 115, 136f, 150f*
ヴィルケン Wilken *278*
ウィルソン Wilson *82*
ウィルフォード大尉 Kapitän Wilford *40f, 76, 104*
ヴィンディッシュマン Windischmann *284*
ヴォルフ Wolf *166*
エアブレヒト Erbrecht *50*
エックスタイン Eckstein *298f*
オーケン Oken *191*

カ 行

カノーヴァ Canova *135*
カピラ Kapila *57*
カーリダーサ Kālidāsa *142*
カルデロン Calderon *24, 175, 186, 204*
ガンス Gans *28, 358-360, **362**, 363f, 370f, 373*
カント Kant *152, 158, 182, 282, 346*
カンネ Kanne *205*
カンプツ Kamptz *192, 372f, 378*
キェルケゴール Kierkegaard *212*
キケロ Cicero *241*
キーザー Kieser *191*
ギニョー Guignaut *124, 134, 140, 143*
クザン Cousin *262, 299*
クライスト Kleist ***182**, 258f, 280*
クラウゼ Krause *168*
グリルパルツァー Grillparzer *188*

サ 行

タ 行

ターナー隊長 Capitain Turner *84*
ダライ－ラマ Dalai-Lama *84*
ダンテ Dante *175*
ディオゲネス・ラエルティウス Diogenes Laertius *170*
ティーク Tieck *164 f, 172, 176, 178–181, 183–186, 188, 192–202, 204 f, 207–212, 215–217, 222, 243, 248, 254, 256-258, 269, 272, 277–280, 282, 287 f*
ディドロ Diderot *262*
ディルクセン Dirksen *360*
デ・ヴェッテ De Wette *190*
デダーライン Döderlein *370*
デモクリトス Demokrits *170*
トゥーハー Tucher *361*
ドゥ・ポリエ de Plier *41*
トルック Tholuk *127 f*

ナ　行

ナーナク Nāna *105*
ナポレオン Napoleon *169, 189, 331 f, 334*
ニコライ Nicolai *346*
ニートハマー Niethammer *360, 362 f, 379*
ニーブール Niebuhr *188*
ノーアク Noack *271, 282, 331*
ノヴァーリス Novalis *176 f, 258 f, 272, 282*

ハ　行

ハイゼ Heyse *273*
ハイネ Heine *28, 362*
パウサニアス Pausanias *168*
バークリー Berkley *283*
ハーゲン Hagen *261, 268*
バーダー Baader *197*
パタンジャリ Patanjali *61–63, 80 f, 89 f*
ハーマン Hamann *197*
ハラー Haller *192*
パルメニデス Parmenides *126*
ピュタゴラス Pythagoras *39, 140*
ヒューム Hume *283*
ヒラー Hiller *187*
ファイト夫人 Dorothea Veit *282, 284 f, 288*
ファルンハーゲン・フォン・エンゼ Karl August Varnhagen von Ense *153, 157, 279, 359, 361 f, 363, 371, 373, 381*
ファルンハーゲン夫人 Rahel Varnhagen *282, 288, 359, 362*
フィッツ－クローレンス Fitz-Clarence *145*
フィヒテ Fichte *158, 167, 196, 205, 240, 272 f, 277, 279, 281, 283 f, 333*
フィンケンシュタイン伯爵 Graf v. Finckenstein *166*
フェルドゥスィー Firdowsi *323 f*
フォッセン Vossen *267*
ブショール Beschort *7*
フーフェラント Hufeland *360*
プラトン Platon *140, 168, 194, 196–198, 241, 260–264, 281, 287, 315, 358, 379*
フリース Fries *190 f*
フリードリッヒ・ヴィルヘルム三世 Friedrich Wilhelm III *190, 372, 381*
フンボルト弟　Alexander von Hum-

boldt *157*
フンボルト兄 Wilhelm von Humboldt *42, 45, 52, 56 f, 59, 61, 64 f, 67–71, 77, 81–83, 87–89, 106f, 115 f, 120, 124, 126, 149 f,* ***152–159****, 362*
ベック Boeckh *360, 371, 373*
ヘーゲル Karl Hegel *188*
ペスタロッチ Pestalozzi *187*
ヘースティングス Hastings *44 f, 83, 145*
ヘニング Henning *360*
ベーメ Böhme *139, 196–199*
ベルネ Börne *27, 358, 362*
ヘロドトス Herodot *111*
ボップ Bopp *88, 97, 360*
ホトー Hotho *182, 359, 362 f, 370*
ホフマン Hoffmann *177*
ホーマイヤー Homeyer *362*
ホメロス Homer *111, 200*
ホリンシェッド Holinshed *11*
ポール Pohl *361*
ホルベルク Holberg *172, 175*

マ 行

マルハイネッケ Marheineke *361*
ミュラー Müller *267, 270*
ミュルナー Mülner *253, 358*
ミルズ Mills *131*
メッテルニヒ Metternich *190, 205*
メンデルスゾーン Mendelssohn *346*
モリエール Molière *172*
モンジュラ Montgelas *291, 379*

ヤ 行

ヤコービ Jacobi *195, 273*

ラ 行

ラウパッハ Raupach *5, 7, 9–11, 22, 28, 31*
ラウマー Raumer *164 f, 189, 191 f, 208, 210, 253, 261, 269, 272, 361 f*
ラプター隊長 Capitain Rapter *105*
ラムネー Lamennais *298 f, 312*
ラモー Rameau *262*
ラーングレ Langlè *108 f*
ラングロア Langlois *57, 65*
リッター Ritter *361*
ルソー Rousseau *29, 182*
ルター Luther *286, 312*
ルートヴィッヒ王（バイエルン） König Ludwig *291, 334, 370*
レオ Leo *361*
レスラー Reßler *188*
レッシング Lessing *339–341, 343,* ***345 f***
レッシング夫人（エーファ・ケーニッヒ） Eva König *340 f, 346*
ロック Locke *282*
ローゼン Rosen *88*

訳編者略歴
1945年８月茨城県生。1964年都立戸山高校卒。1968年京都大学文学部哲学科卒。
1973年４月から愛知大学教養部教員，現在，一般教育の哲学と論理学を担当。

著書（単著）
存在・論理・言葉（1981），ヘーゲルの「ギムナジウム論理学」（1986），論理について（1988），ヘーゲル批評集（1992），いずれも梓出版社刊

論文（ヘーゲル関係）
始原考（1975，愛知大学文学論叢［以下，論叢と略す］53，54），悪無限考（1976，論叢55），反省の弁証法（1977，論叢58），純粋学としてのヘーゲル論理学（1978，理想第540号），概念の推理的構造（1978，論叢60），反省の原理と比例の論理（1980，論叢64，65），代理的世界の弁証法（1981，長谷正当編『認識と超越』北樹出版），若きヘーゲルの共同体倫理（1983，論叢72），哲学と大学と国家（1984，論叢77），ヘーゲルの教育活動（1985，論叢78），ギムナジウム論理学における論理学の基礎づけの問題（1985，論叢79），弁証法とはどのような論理か（1986，中埜肇編『ヘーゲル哲学研究』理想社），ヘーゲル論理学の区分について（1986，論叢82・83合併），ヘーゲル弁証法についての暫定的テーゼ（1987，論叢84），論理の再帰性について（1987，論叢86），方法としての弁証法（1988，加藤尚武外編『ヘーゲル哲学の現在』世界思想社），ヘーゲル論理学の生成と発展（1989，理想第641号），ヘーゲルにおける哲学批評の概念について（1990，ヘーゲル学報創刊号），方法としての始まり（1993，論叢102，103），ヘーゲル論理学とキリスト教（1994，宗教哲学研究11），とてもありえぬこと（1994，論叢105），ロゴスと否定（1994，上妻精外編『ヘーゲル』情況出版），G. ギュンターの「反省の論理学」について（1995,愛知大学一般教育論集８），仮象と反省（1995，論叢109），シェリングとヘーゲルとの差異（1995,『シェリングとヘーゲル』晃洋書房），矛盾と言語（1996，論叢111），根拠と物（1998，論叢116），現象と相関（1998，論叢117），現実と自由（1999，論叢118）

ヘーゲル批評集 II　　定価はカバーに表示

2000年３月17日　第１刷発行　　《検印省略》

著　者© 海老澤　善　一
発行者　本　谷　高　哲
印　刷　(有)にっぽり製版印刷
東京都荒川区西日暮里 2—48—2

発行所　梓　出　版　社
千葉県松戸市新松戸 7—65
電話・FAX 047 (344) 8118

乱丁・落丁本はお取り替えいたします。
ISBN 4—87262—005—4　C3010